第二版

QICHE DIANLU SHITU RUMEN

汽车电路
识图入门

付百学 苏清源 王革新 编著

中国电力出版社
CHINA ELECTRIC POWER PRESS

内 容 提 要

本书介绍了汽车电路识读的基础知识和识读方法，分析了汽车电气与电子控制系统的电路，给出了世界各国汽车电路识读示例，介绍了汽车电路的故障检修方法。

本书图文结合，深入浅出，能通过实例说明问题，具有较强的针对性和实用性，适合汽车维修工、汽车驾驶人以及相关学校汽车专业师生阅读。

图书在版编目（CIP）数据

汽车电路识图入门/付百学，苏清源，王革新编著. —2 版. —北京：中国电力出版社，2017.5（2018.5重印）

ISBN 978-7-5123-9472-8

Ⅰ. ①汽⋯ Ⅱ. ①付⋯ ②苏⋯ ③王⋯ Ⅲ. ①汽车-电气设备-电路图-识图 Ⅳ. ①U463.6

中国版本图书馆 CIP 数据核字（2016）第 140792 号

出版发行：中国电力出版社
地　　址：北京市东城区北京站西街 19 号（邮政编码 100005）
网　　址：http://www.cepp.sgcc.com.cn
责任编辑：杨扬(y—y@sgcc.com.cn)
责任校对：太兴华
装帧设计：左　铭
责任印制：蔺义舟

印　　刷：北京天宇星印刷厂
版　　次：2006 年 9 月第一版　2017 年 5 月第二版
印　　次：2018 年 5 月北京第五次印刷
开　　本：850 毫米×1168 毫米　32 开本
印　　张：10.5
字　　数：305 千字　（1 插页）
印　　数：10001—12000 册
定　　价：35.00 元

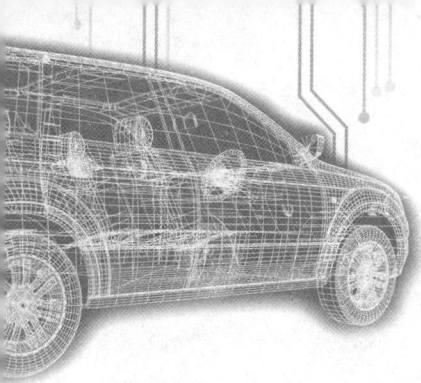

前　言

随着汽车工业的迅速发展，汽车车型、结构、性能不断地改变，汽车电子化程度越来越高，新结构与装置不断涌现。尤其是汽车电气与电子控制装置装车率迅速增多，使汽车电路愈加复杂，给汽车的使用和维修工作带来了诸多困难。汽车电路图已成为汽车维修人员必备的技术资料，很多汽车维修人员及汽车专业技术人员面对复杂的汽车电路束手无策，深感汽车电路基础知识的不足。怎样识读汽车电路图，真正看懂、弄清其内在联系，分析并找出其特点和规律，对正确使用和快速检修汽车关系重大。为了满足广大读者的迫切需求，使大家尽快熟悉、了解和掌握汽车电路及有关知识，更好地从事汽车电气和电子装置的使用、维修工作，作者在总结多年工作经验的基础上，并参阅了大量的技术资料，编写了《汽车电路识图入门》。

本次修订，在原书介绍汽车电路识读的基本知识，汽车电气与电子控制系统的电路分析，欧洲、美国、日本、韩国和中国汽车各主要车系的电路特点、表达方式及电路图的识读范例的基础上，增加了汽车电气与电子控制系统电路、汽车电路的故障检修方法等内容。本书在编写过程中本着由浅入深的原则，通过读图实例说明问题，各章简单明了，具有较强的针对性和实用性，适合汽车维修工、汽车驾驶人及有关学校汽车专业师生阅读。

本书共分五章。第一章介绍汽车电路基础知识；第二章介绍汽车电路图的识读方法；第三章介绍汽车电气与电子控制系统电路；第四章介绍欧洲、美国、日本、韩国和中国汽车电路识读示例；第五章介绍汽车电路的故障检修。本书第一章和第四章由郭建华编写；第二章由苏清源编写；第三章由付百学编写；第五章由王革新编写。

由于水平有限，书中难免有错漏之处，恳请广大读者批评指正。

编者

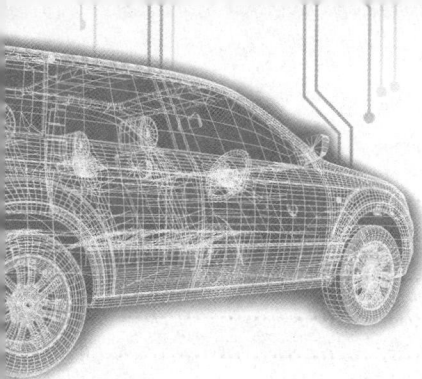

目 录

前言

第一章 汽车电路基础知识 ………………………………………… 1

第一节 汽车电工基础 …………………………………………… 1

一、电的基础知识 ……………………………………………… 1

二、电路的基础知识 …………………………………………… 3

三、电流的三大效应 …………………………………………… 6

四、电磁力与电磁感应 ………………………………………… 7

五、自感与互感 ………………………………………………… 9

第二节 汽车电路中常见电气元件 …………………………… 10

一、导线与线束 ……………………………………………… 10

二、开关装置 ………………………………………………… 13

三、显示装置 ………………………………………………… 18

四、电路保护装置 …………………………………………… 27

五、继电器 …………………………………………………… 29

六、插接器 …………………………………………………… 29

七、中央配电盒 ……………………………………………… 30

第三节 汽车电路的组成和特点 ……………………………… 33

一、汽车电路的组成 ………………………………………… 33

二、汽车电路的特点 ………………………………………… 34

第四节 汽车电路的类型 ……………………………………… 35

一、电源电路、搭铁电路及控制电路 ……………………… 35

二、直接控制电路与间接控制电路 ………………………… 36

三、非电子控制电路与电子控制电路 ……………………… 37

第二章 汽车电路图的识读方法 ……………………………… 42

第一节 汽车电路图形文字符号与标志 ……………………… 42

一、图形符号 ······································· 42

二、文字符号 ······································· 52

三、图形符号、文字符号的识读 ················· 56

四、导线颜色代号与标志 ························· 57

五、汽车电器接线柱标记 ························· 59

第二节 汽车电路图的类型及识读方法 ········· 76

一、电气布线图 ··································· 76

二、电路原理图 ··································· 77

三、定位图 ··· 82

第三节 汽车电路图的识读技巧 ··············· 86

一、化整为零 ····································· 86

二、认真阅读图注 ······························· 88

三、特别注意开关在电路中的作用 ············· 88

四、了解开关和继电器的初始状态 ············· 89

五、了解汽车电路电气图形符号 ··············· 89

六、了解电气元件在电路图中的布置情况 ······ 89

七、了解各局部电路之间的内在联系和相互关系 ·· 89

八、牢记回路原则 ······························· 90

第三章 汽车电气与电子控制系统电路 ········· 91

第一节 充电系统 ······························· 91

一、充电系统的组成 ····························· 91

二、充电系统基本电路 ··························· 92

三、充电系统典型电路 ··························· 95

第二节 起动系统 ······························· 98

一、起动系统的组成 ····························· 98

二、起动系统基本电路 ··························· 98

三、起动系统典型电路 ························· 104

第三节 点火系统 ······························ 105

一、点火系统的组成 ···························· 105

二、点火系统基本电路 ························· 108

三、点火系统典型电路 ························· 114

第四节　照明和信号系统 ···························· 116

一、照明系统 ···································· 116

二、信号系统 ···································· 118

第五节　仪表与报警系统 ···························· 123

一、仪表与报警系统的组成 ······················ 123

二、仪表与报警系统基本电路 ···················· 125

三、仪表与报警系统典型电路 ···················· 127

第六节　空调系统 ································ 129

一、空调系统的组成 ···························· 129

二、空调系统基本电路 ·························· 129

三、空调系统典型电路 ·························· 132

第七节　辅助电器系统 ···························· 133

一、风窗电动刮水器和洗涤器 ···················· 133

二、电子除霜加热器 ···························· 138

三、电动座椅 ·································· 140

四、电动车窗 ·································· 141

五、电动后视镜 ································ 143

六、电动天窗 ·································· 144

第八节　汽油发动机电子控制系统 ···················· 146

一、发动机电子控制系统的组成 ·················· 146

二、发动机电子控制系统电路分析 ················ 146

第九节　柴油发动机电子控制系统 ···················· 155

一、时间控制式柴油发动机电控系统 ·············· 155

二、共轨式电控高压喷射系统 ···················· 158

第十节　汽车电控自动变速器 ························ 162

一、汽车电控自动变速器的组成 ·················· 162

二、汽车自动变速器基本电路 ···················· 163

三、汽车变速器典型电路 ························ 172

第十一节　ABS/ASR/ESP 车辆制动控制系统 ·············· 176

一、制动防抱死系统（ABS） ···················· 176

二、驱动防滑转系统（ASR） ···················· 187

三、汽车电子稳定程序（ESP） ·················· 195

第十二节　电控悬架 ·················· 197

　　一、减振器阻尼控制系统 ·················· 197

　　二、车身高度控制系统 ·················· 202

第十三节　电控动力转向 ·················· 203

　　一、电控动力转向系统的组成 ·················· 204

　　二、电控动力转向系统控制电路 ·················· 204

第十四节　安全气囊 ·················· 207

　　一、安全气囊的组成和工作原理 ·················· 207

　　二、装备安全带收紧器的安全气囊 ·················· 210

　　三、安全气囊系统典型电路 ·················· 212

第十五节　中央门锁 ·················· 215

　　一、中央门锁的组成 ·················· 215

　　二、中央门锁控制电路 ·················· 216

第十六节　防盗系统 ·················· 217

　　一、防盗系统基本电路 ·················· 217

　　二、典型防盗系统电路 ·················· 218

第十七节　故障自诊断系统 ·················· 219

第十八节　网络数据传输 ·················· 221

第四章　典型汽车电路识读示例 ·················· 227

第一节　欧洲汽车电路识读示例 ·················· 227

　　一、奔驰汽车 ·················· 227

　　二、宝马汽车 ·················· 235

　　三、大众车系 ·················· 237

　　四、雪铁龙汽车 ·················· 242

第二节　美国汽车电路识读示例 ·················· 247

　　一、通用汽车 ·················· 247

　　二、福特汽车 ·················· 253

　　三、克莱斯勒汽车 ·················· 255

　　四、米切尔汽车 ·················· 262

第三节　日本汽车电路识读示例 ·········· 265

一、丰田汽车 ······················ 265

二、本田汽车 ······················ 271

三、日产汽车 ······················ 277

四、三菱汽车 ······················ 282

第四节　韩国汽车电路识读示例 ·········· 286

一、现代汽车电路图符号 ·············· 286

二、现代汽车电路图缩略语及其含义 ······ 288

三、现代轿车电路图识读说明 ·········· 291

四、现代汽车电路图识别示例 ·········· 294

第五节　国产汽车电路识读 ·············· 298

一、奇瑞汽车 ······················ 298

二、比亚迪汽车 ···················· 302

第五章　汽车电路的故障检修 ·········· 305

第一节　常用电路检修工具及其使用 ······ 305

一、跨接线 ························ 305

二、测试灯 ························ 306

三、汽车专用测试笔 ················ 307

四、万用表 ························ 308

五、汽车专用故障诊断仪 ·············· 313

第二节　汽车电路故障的检测 ·········· 316

一、汽车电路故障类型 ·············· 316

二、汽车电路故障的检测方法 ·········· 316

第三节　汽车电路故障的检修 ·········· 320

一、故障检修思路 ·················· 320

二、电路检修注意事项 ·············· 320

三、利用电路图检查电路故障 ·········· 321

四、汽车常见电路故障检修 ·········· 324

第一章

汽车电路基础知识

第一节 汽车电工基础

■ 一 电的基础知识

1. 电流

物体内电子（电荷）有规律（定向）的移动形成电流，电流是导体内的电子运动。电流用电流表进行测量，如图 1-1 所示。

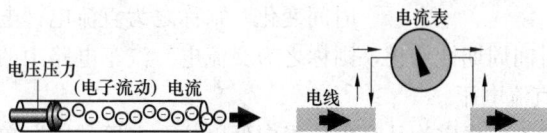

图 1-1　电流

电流的国际单位为安培（A），常用单位还有毫安（mA）和微安（μA）等。1A＝1000mA，1mA＝1000μA。

电流用字母 I 表示。通常规定电流的方向是从高电位（正极）到低电位（负极），如图 1-2 所示。

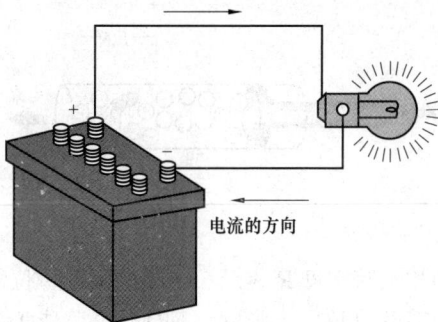

图 1-2　电流的方向

汽油机起动电流为 200～600A，部分柴油机起动电流可达到 1000A。

2. 电压

电压是指电路中两点之间的电位差，电路中由于电压的存在，电流从高电位点流向低电位点。如图1-3所示，电源给电路中的电流提供能量，使电路中存在一个稳定的电压，保证电路中的电流持续存在。电压是使自由电荷发生定向移动的原因，当电路中没有电流流动时，电压依然存在。

图1-3 电压

电压分直流电压和交流电压两种，用大写字母 U 表示。电压的大小和方向不随时间变化，则称之为直流电；电压的大小和方向随时间周期性变化，则称之为交流电。汽车电路中的电压通常指 12V 的直流电压。

电压的方向规定为从高电位指向低电位。电压的国际单位制为伏特（V），常用单位还有千伏（kV）、毫伏（mV）和微伏（μV）等。1kV＝1000V，1V＝1000mV，1mV＝1000μV。

3. 电阻

阻止电流流动及减缓流动的力，即电阻，如图1-4所示。所有电子元件和电路都有电阻，导体的电阻越大，表示导体对电流的阻碍作用越大。

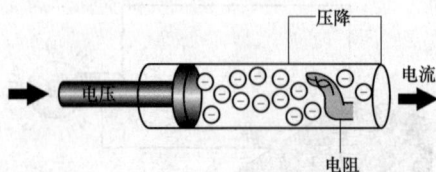

图1-4 电阻

导体的电阻用大写字母 R 表示。电阻的国际单位制为欧姆（Ω），常用单位还有千欧（kΩ）、兆欧（MΩ）等。1kΩ＝1000Ω，1MΩ＝1000kΩ。

电阻的大小与下列因素有关。

(1) 材料。银导电性最好，电阻最小；其次是铜、铝、铁。

(2) 温度。常温下，温度越高，导体的电阻越大；反之，电阻越小。

(3) 长度。导体越长，电阻越大；反之，电阻越小。

(4) 导体的横截面积。导体的横截面积越小，电阻越大；反之，电阻越小。

4．欧姆定律

欧姆定律反映了电流、电压和电阻之间的关系。在同一电路中，导体中的电流（I）跟导体两端的电压（U）成正比，跟导体的电阻（R）成反比，即欧姆定律。

$$I = \frac{U}{R}$$

电压不变时，若电阻下降，则电流上升；反之，电阻升高，则电流下降。

二　电路的基础知识

1．电路的组成

电路是电流流经的路径。汽车电路通常由电源、负载、保护装置、控制装置和导线等组成，如图 1-5 所示。

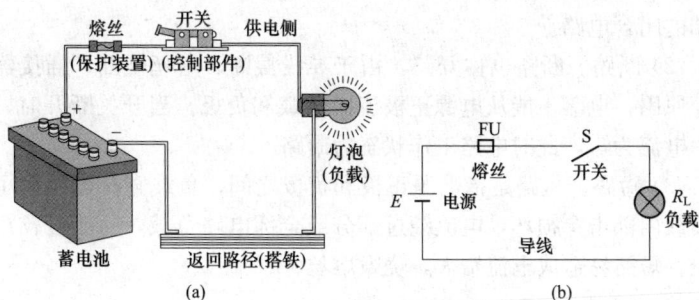

图 1-5　电路的基本组成

(a) 连线图；(b) 电路图

(1) 电源。电源是电路中产生电能的设备，如蓄电池、汽车发电机，蓄电池将化学能转换为电能，发电机将机械能转化为电能。

（2）负载。负载是将电能转换成其他形式能量的装置，如电动机、车灯等。电动机将电能转换成机械能，车灯将电能转换成光能。

（3）保护装置。保护装置用于防止电路过载，烧坏电子元器件，如熔丝（保险丝）、电路断电器等。

（4）控制装置。控制装置用于电路功能控制，如开关、车用电脑等。开关用于控制电路接通或断开，车用电脑实现汽车电控系统相关功能控制。

（5）导线。导线用于连接电源和负载，汽车电路中，蓄电池和电路的负极与车体金属架连接，以车体本身代替导线。

2. 电路的工作状态

电路的工作状态包括通路、断路和短路，如图1-6所示。

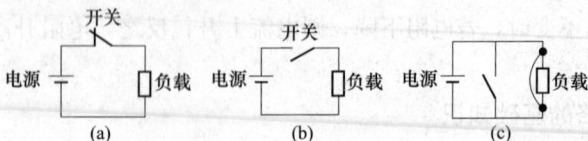

图1-6　电路的工作状态

(a) 通路；(b) 断路；(c) 短路

（1）通路。通路是指从电源的一端沿着导线经负载回到电源的另一端的闭合电路。

（2）断路。断路也称开路，由于导线截断、熔丝烧断、插接器断开等原因，电流不能从电源正极流向负载和负极。当开关断开时，电路中电流为零，此时电路工作状态为断路。

（3）短路。短路是指电源正极和负极之间，负载直接被导线短接或负载内部击穿损坏，电流绕过部分或全部电路负载，而流过较短的路径。短路易造成电流增大，烧毁熔丝。

3. 电路的基本连接方法

（1）串联。将所有负载连接成一个通路，如图1-7所示，每个元件的电阻可以不同，数值相同的电流流经每个元件，每个元件的电压不同。

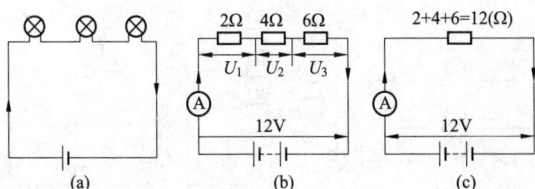

图 1-7 串联电路

(a) 实际电路；(b) 图示电路；(c) 等效电路

串联电路的特点：

① 电路中的总电阻等于各分电阻之和。

② 电路中各负载通过的电流相等。

③ 电路中各负载的压降等于电路两端的总电压或电源电压。

串联电路中，负载电阻越大，其分得的电压越大，如图 1-8 所示，灯泡 3 分得的电压是灯泡 1 的 3 倍。

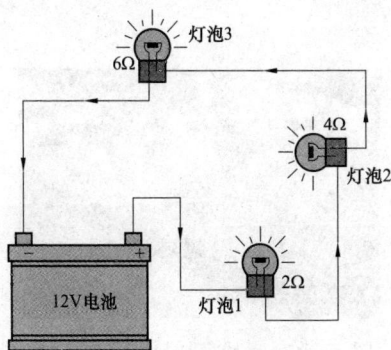

图 1-8 灯泡的串联电路

(2) 并联。并联电路是将几个负载的一端和另一端分别于电源相连，如图 1-9 所示。

并联电路的特点：

① 电路中，通过各分路的电压相等。

② 电路中的总电流，等于各分路电流的总和。

③ 电路中的总电阻小于分路中最小的电阻。

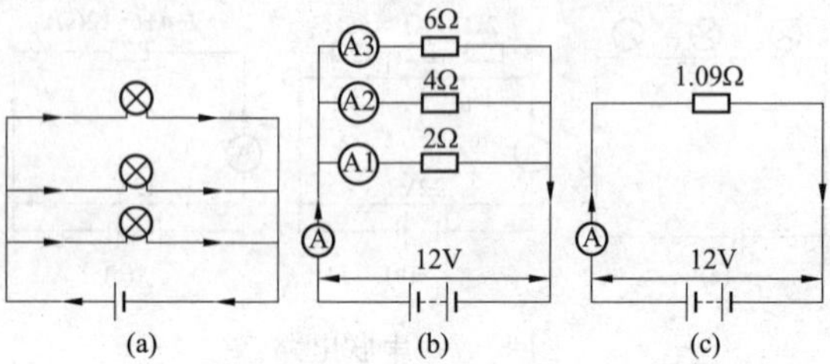

图 1-9　并联电路

（a）实际电路；（b）图示电路；（c）等效电路

三　电流的三大效应

1. 电流的热效应

当电流通过电阻时，电流做功而消耗电能，产生热量，这种现象称电流的热效应。汽车上的进气预热器、点烟器、后风窗加热器和电加热座椅等都是采用该原理制成的。图 1-10 所示为后风窗加热器（玻璃内）。

图 1-10　后风窗加热器（玻璃内）

2. 电流的磁效应

任何通有电流的导体，都可以在其周围产生磁场的现象，称为电流的磁效应。汽车的喇叭、继电器和点火线圈等都是采用该原理制成的。电磁开关工作原理如图 1-11 所示，较小的电流通过绕在铁心上的电磁线圈，产生电磁吸力使电路开关触点闭合，从而接通大电流到用电单元，即以小电流控制大电流。

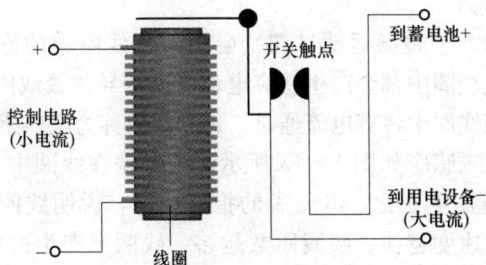

控制电路
（小电流）

开关触点

到蓄电池+

到用电设备
（大电流）

+

-

线圈

图1-11　电磁开关工作原理

3. 电流的化学效应

电流通过导电的液体，会使液体发生化学反应，产生新的物质，称为电流的化学效应。汽车蓄电池的充放电就是基于电流的化学效应。

四 **电磁力与电磁感应**

1. 电磁力

载流导体在电磁场中所受的作用力称为电磁力。

通电直导体在磁场中所受的作用力方向，可用左手定则判定，如图1-12所示。将左手伸开，使拇指与四指垂直，让磁力线垂直穿过手心（手心对准N极，手背对准S极），四指朝向导体电流的方向，大拇指所指的方向就是导体所受电磁力的方向。

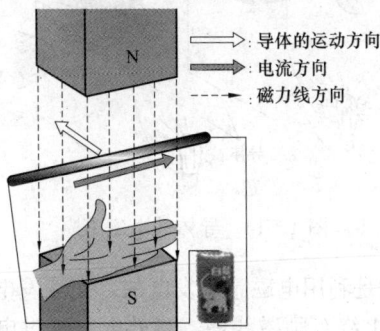

N

导体的运动方向
电流方向
磁力线方向

S

图1-12　左手定则

2. 电磁感应

当导体相当于磁场运动且切割磁力线或线圈中的磁通发生变化时，在导体或线圈中都会产生感应电动势。若导体或线圈构成闭合回路，则导体或线圈中将有电流通过，这种现象称为电磁感应现象。

线圈的电磁感应如图 1-13 所示，当磁铁在线圈中上下运动时，线圈中的磁通发生变化，电流表的指针摆动，说明线圈中有电流通过，磁铁移动速度越快、线圈匝数越多，线圈上产生的电动势越大。导体的电磁感应如图 1-14 所示，磁体与导体做相对运动。

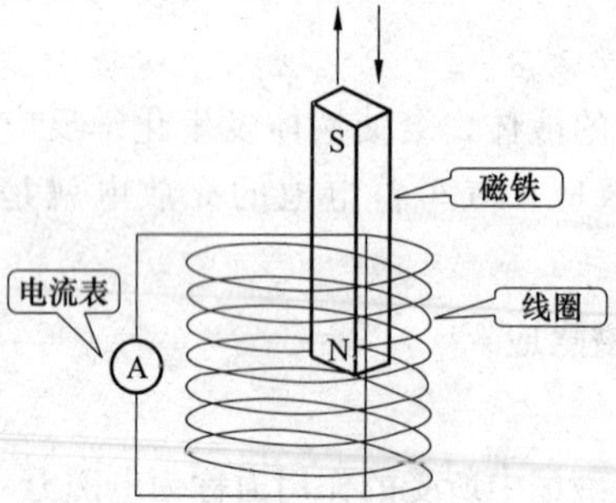

图 1-13　线圈的电磁感应

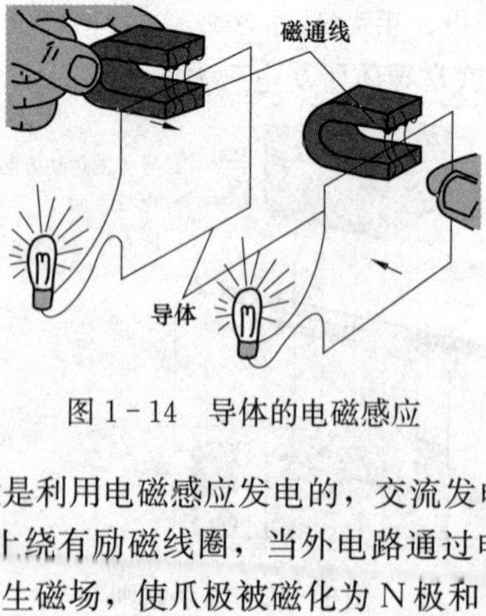

图 1-14　导体的电磁感应

汽车发电机就是利用电磁感应发电的，交流发电机发电原理如图 1-15 所示，转子上绕有励磁线圈，当外电路通过电刷使励磁线圈通电时，励磁线圈产生磁场，使爪极被磁化为 N 极和 S 极。当转子旋转时，磁通交替地在定子绕组中变化，根据电磁感应原理，定子的三相绕组中便产生交变的感应电压。

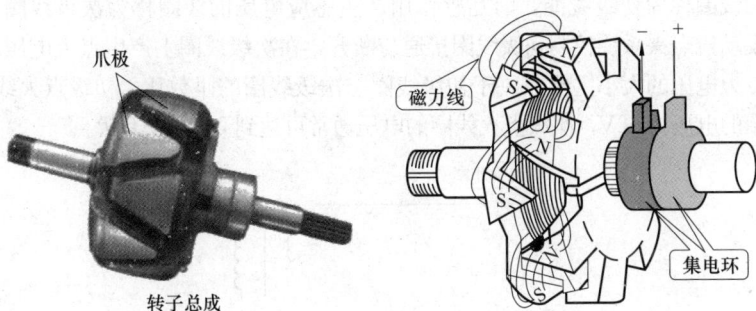

图1-15　交流发电机发电原理

五 自感与互感

1. 自感

一个线圈因本身电流的变化而引起电磁感应的现象，称为自感。当一个线圈或线圈绕组中的电流发生变化时，由于磁场的变化，通过线圈的磁通量也随之发生变化，线圈自身便感应出电动势，称为自感电动势。

2. 互感

一个线圈中的电流发生了变化，使另一个线圈产生感应电动势的现象，称为互感。

如图1-16所示，铁心上绕有两个线圈A和B，当线圈A有断续的电流通过时，铁心中的磁力线随着电流的通、断而产生或消失，变化的磁力线穿过线圈B，使线圈B的磁通量发生变化，根据电磁感应原理，线圈B上产生感应电压。

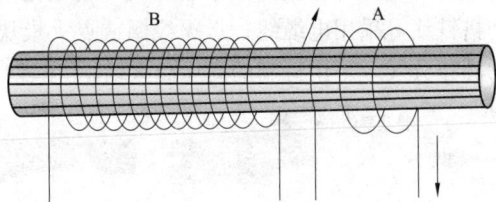

图1-16　互感原理

　　汽车点火线圈是基于互感原理进行工作的，如图1-17所示，将通电的线圈称为初级线圈，因互感作用产生感应电压的线圈称为次级线圈，发动机点火系统控制初级线圈接通与断开，在次级线圈上产生点火电压，点火电压的大小主要取决于初级线圈与次级线圈的匝数比，初级点火线圈的电压为12V，次级点火线圈的电压通常可达到2万～3万伏。

图 1-17　点火线圈工作原理

第二节　汽车电路中常见电气元件

一　导线与线束

　　汽车用导线分低压导线和高压导线两种，二者均采用铜质多芯软线。低压导线按用途可分为普通低压导线、带状导线和低压电缆线三种，如图1-18所示。汽车充电系统、信号、照明、仪表以及辅助电气设备等，均采用普通低压导线；汽车起动机与蓄电池的连接线、蓄电池与车架的搭铁线等采用电缆线；点火线圈或点火模块至发动机各缸火花塞上的高压分线，采用特制的高压点火线。

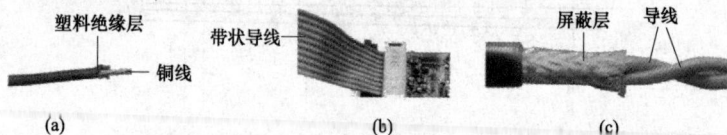

图 1-18　汽车低压导线

（a）普通低压导线；（b）带状导线；（c）低压电缆线

1. 低压导线

(1) 导线的截面积。导线的截面积主要依据绝缘、流过导线的电流和机械强度选择，对于一些工作电流较小的电器，为保证具有一定的机械强度，导线截面积不得小于 0.5mm²。各种低压导线标称截面积所允许的负载电流见表 1-1。

表 1-1　　　各种低压导线标称截面积所允许的负载电流

导线标称截面积/mm²	1.0	1.5	2.5	3.0	4.0	6.0	10	13
允许电流/A	11	14	20	22	25	35	50	60

汽车 12V 电气系统主要电路导线标称截面积推荐值见表 1-2。

表 1-2　　汽车 12V 电气系统主要电路导线标称截面积推荐值

导线标称截面积/mm²	用途
0.5	指示灯、仪表灯、牌照灯、后灯、顶灯、燃油表、水温表、雨刮电动机等电路
0.8	制动灯、转向灯、停车灯等电路
1.0	前照灯近光、电喇叭（3A 以下）电路
1.5	前照灯远光、电喇叭（3A 以上）电路
1.5～4	5A 以上线路
4～6	柴油车电热塞
6～25	电源线
16～95	起动机电缆

(2) 导线颜色。各国汽车厂商在电路图上用英文字母表示导线外皮的颜色及其条纹的颜色，各国车系的导线颜色代号见表 1-3。

表 1-3　　　　　　　各国车系的导线颜色代号

导线颜色	中	英	美	日	本田现代	德	奥迪大众	帕萨特	奔驰	宝马	法
黑	B	Black	BLK	B	BLK	SW	sw	BK	BK	SW	BL
白	W	White	WHT	W	WHT	WS	ws	WT	WT	WS	W
红	R	Red	RED	R	RED	RT	ro	RD	RD	RT	R
绿	G	Green	GRN	G	GRN	GN	gn	GN	GN	GN	GN

导线颜色	中	英	美	日	本田现代	德	奥迪大众	帕萨特	奔驰	宝马	法
深绿		Dark Green	DK GRN					DK GN			
淡绿		Light Green	LT GRN	Lg	LT GRN			LT GN			
黄	Y	Yellow	YEL	Y	YEL		ge	YL	YL	GE	Y
蓝	Bl	Blue	BLU	L	BLU	BL	bl	BU	BU	BL	BU
淡蓝		Light Blue	LT BLU	Sb	LT BLU			LT BU			
深蓝		Dark Blue	DK BLU					DK BU			
粉红	P	Pink	PNK	P	PNK			PK	PK	RS	
紫	V	Violet	PPL	Pu	PUB	VI	li	PL	VI	VI	VI
橙	O	Orange	ORN	Or	ORN			OG		OR	
灰	Gr	Grey	GRY	Gr	GRY		gr	GY	GY	GR	G
棕	Br	Brown	BRN	Br	BRN	BK	br	BN	BR	BN	
棕褐		Tan	TAN					TN			BR
无色		Clear	CLR					CR			

　　为便于安装和检修汽车电气设备，线束中的低压线由不同的颜色组成，选配时习惯采用单色导线和双色导线。双色导线的绝缘表面由主色和辅助色组成，导线面积比例大的颜色为主色，导线面积比例小的颜色为辅助色，辅助色为环绕布置在导线上的调色带或螺旋色带，标注时主色在前，辅助色在后。

　　2. 高压导线

　　汽车点火线圈或点火模块到火花塞之间采用高压导线，由于工作电压高，电流强度小，因此高压导线的绝缘包层很厚、线芯截面积很小，但耐高压性能很好。高压导线分普通铜芯高压线和高压阻尼点火线，高压阻尼点火线可抑制和衰减点火系统产生的高频电磁波，降低对无线电设备及电控装置的干扰。

3. 汽车线束

汽车线束是汽车电路的网络主体，连接汽车的电气电子部件，并使其发挥功能。汽车线束是由导线、插接器和包裹胶带（棉纱或薄聚氯乙烯塑料）组成，同一车型的线束在制造厂按车型设计好后，用卡簧或绊钉固定在车上的既定位置，其抽头在电气设备的接线柱附近，安装时按线号装在电器对应的接线柱上。图1-19所示为汽车线束。

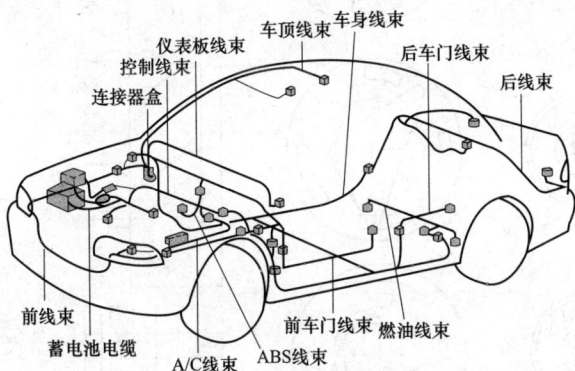

图1-19　汽车线束

二　开关装置

车用开关有手动开关、压力开关、温控开关等多种型式，手动开关主要有点火开关、照明灯开关、信号灯开关及各控制面板与驾驶座附近的按键式、拨杆式开关及组合式开关等。

1. 点火开关

点火开关用于控制点火电路、发电机激磁电路、仪表的电源电路和起动电路，停车时用钥匙锁住。其功能主要有：锁住转向盘转轴（LOCK），接通点火仪表指示灯（ON或IG），起动（ST或START）挡、附件挡（ACC主要是收放机专用），对于柴油车则增加预热（HEAT）挡。其中起动、预热因为消耗电流很大，开关不宜接通过久，所以这两挡在操作时必须用手克服弹簧力，扳住钥匙，一松手就弹回点火挡，不能自行定位；点火（ON）、附件（ACC）、锁定（LOCK）均可自行定位。

点火开关各厂家不完全一样，其表示方法如图1-20所示。点火开关各接线柱与挡位的对应关系见表1-4。

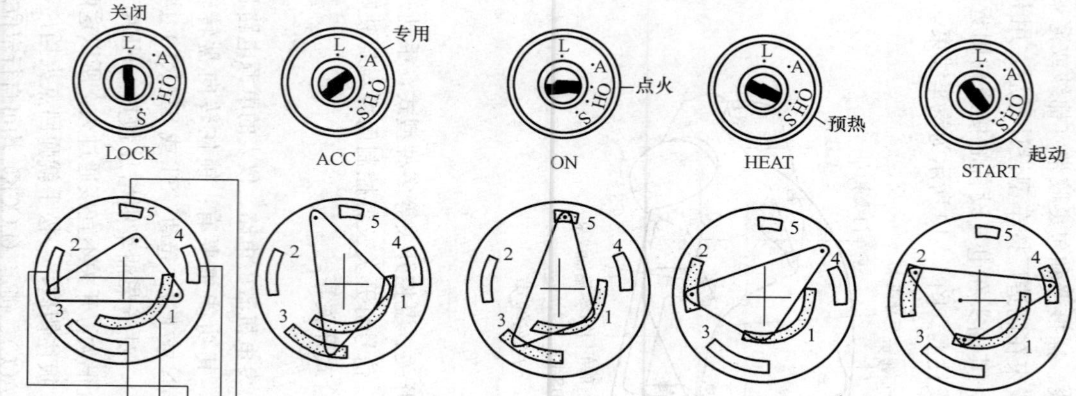

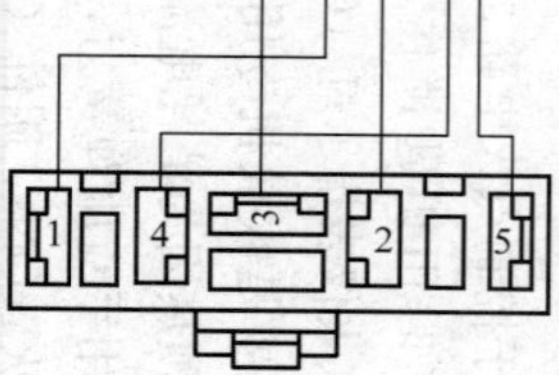

(a)

	1	3	5	2	4
LOCK 锁住(S)	○				
ACC 专用(A)	○—	—○			
ON 点火(O)	○—	—○—	—○		
HEAT 预热(H)	○—	—	—	—○	
START 起动(S)	○—	—	—	—○—	—○

(b)

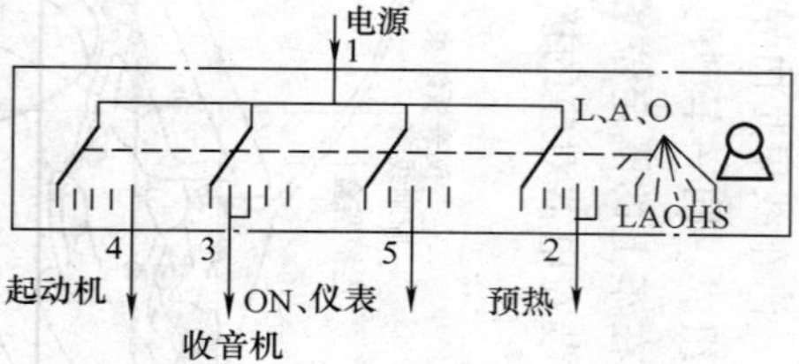

(c)

图 1－20　点火开关结构与表示方法

(a) 结构图；(b) 表格表示；(c) 图形表示

表1-4　　　　点火开关各接线柱与挡位的对应关系

			接线端子					
		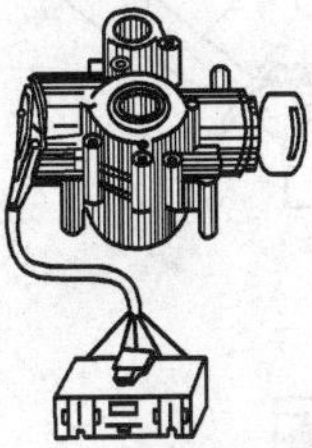 电源	附件	点火仪表指示灯	起动	预热	停车灯	厂家或车型
		1	3	2	4			解放
		1	3	5	4	2		跃进
挡位符号		30	15A	15	50	17.19	P	依维柯
		B	A	IG	ST	H		日产
		B1 B2 B3	A	I1 I3	C	R1 R2		日产
		AM1 AM2	ACC	IG	ST1 ST2			丰田

	解放1092	跃进	富康	依维柯	丰田	电路
锁定	O	S	O	STOP	LOCK	○————————○
断开	O	S	O	STOP	OFF	○
附件（专用）	3	O	A		ACC	○——○
点火（工作）	1	D	M	MAR	ON或IG	○——○——○
起动	2	Q	D	AVV	START	○——○——○
预热	4	H			HEAT	○————————○

2. 多功能组合开关

多功能组合开关主要对照明（前照灯）、信号（转向、危险警告、超车）、刮水器/洗涤器等进行控制。富康轿车多功能组合开关如图1-21所示，主要由灯光、信号装置控制手柄和刮水器/洗涤器控制手柄组成。

（1）灯光、信号装置控制手柄。用于控制全部灯光及信号装置的动作，其结构如图1-22所示，挡位通断情况见表1-5。

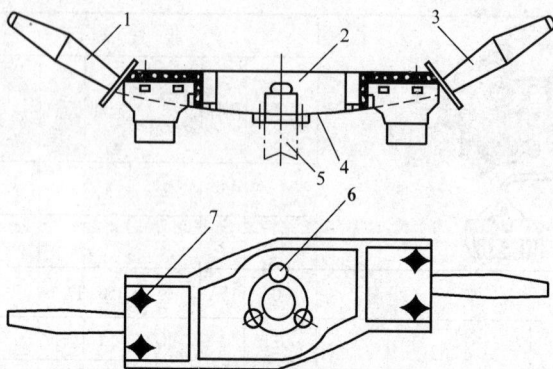

图 1-21　多功能组合开关

1—灯光、信号装置控制手柄；2—底座；3—刮水器和洗涤器控制手柄；

4—安装板；5—汽车转向套管；6—安装螺钉；7—螺钉

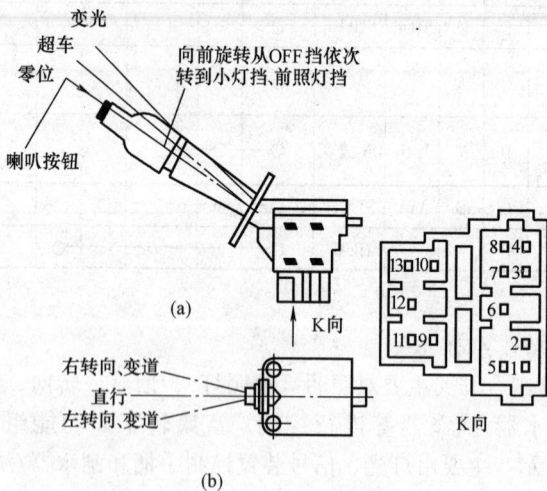

图 1-22　灯光、信号装置控制开关结构

(a) 主视图；(b) 俯视图

表 1 - 5　　　　　　灯光、转向装置控制开关挡位通断情况

接线端子号		1	2	3	4	5	6	7	8	9	10	11	12	13
左转向		○		○										
右转向		○		○										
OFF	零位					○			○					
OFF	超车				○	○	○		○					
OFF	变光				○		○		○					
小灯	零位					○			○			○	○	
小灯	超车				○		○					○	○	
小灯	变光		○				○	○				○	○	
前照灯	状态1 零位					○			○			○		○
前照灯	状态1 超车				○	○	○		○					○
前照灯	状态1 变光				○		○		○			○		○
前照灯	状态2 零位					○			○			○	○	○
前照灯	状态2 超车					○	○		○		○	○		○
前照灯	状态2 变光					○						○	○	○
喇叭按钮										○	○			

（2）刮水器和洗涤器控制手柄。用于控制刮水器和洗涤器的动作，其结构如图 1 - 23 所示，挡位通断情况见表 1 - 6。

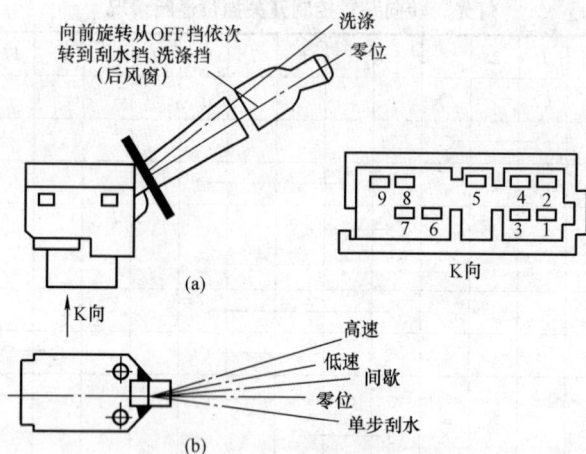

图 1-23　刮水器和洗涤器控制开关结构

(a) 主视图；(b) 俯视图

表 1-6　　　　　　　　刮水器控制开关挡位通断情况

	接线端子	1	2	3	4	5	6	7	8	9
前挡风玻璃	刮水器复位		○—|—○							
	零位		○				○			
	间歇刮水		○				○			
				○—|—○						
	低速刮水	○—|—○								
	高速刮水			○						
	洗涤			○—|—○						
后挡风玻璃	OFF								○—	—○
	刮水			○				○—|—○		
	洗涤			○					○—|—○	

显示装置

显示装置是指安装在汽车仪表板上的各种仪表、图形符号和报警装置，显示信息有冷却液温度、油压、车速、发动机转速、瞬时耗油量、平均车速、续驶里程、车外温度等，监视和报警的信息有燃油温度、冷却液温度、润滑油压力、充电状况、前照灯、尾灯、排气温度、制动液量、驻车制动、车门未关紧等。当出现不正常现象或通过自诊断系统检测出故障时，该系统会立即进行声/光（并用）报警。

车用部分开关和警示灯的标志见表1-7。

表1-7   车用部分开关和警示灯的标志

序号	图形或文字符号	名 称	说 明
1		点火开关（3挡）	0挡（OFF或STOP）—锁止；1挡（ON或MAR）—工作；2挡（ST或AVV）—起动
2		点火开关（4挡）	0挡（OFF或S）—锁止转向盘；1挡（ACC或A）—附件（收音机）；2挡（IGN或M）—点火、仪表；3挡（START或D）—起动
3		点火开关（5挡）	0挡（LOCK）—锁止转向盘；1挡（OFF）—断开；2挡（ACC）—附件；3挡（ON）—点火、仪表；4挡（START）—起动
4		柴油车电源开关	0挡（OFF）—断开；1挡（ON）—接通；2挡（START）—起动；3挡（ACC）—附件；4挡（PREHEAT）—附件
5	CHECK	发动机故障代码显示灯（自诊断）	电控发动机喷油与点火的传感器与电脑出故障时灯亮，通过人工或仪器可将故障码调出，迅速查明故障

续表

序号	图形或文字符号	名　称	说　明
6		节气门关闭指示灯	节气门关闭时指示灯亮
7	 CHARGE	蓄电池充电指示灯	发电机不充电时灯亮，正常充电时灯灭
8	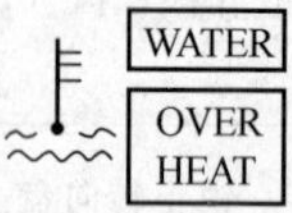 WATER OVER HEAT	水温表	冷却液温度过高时报警灯亮
9	 OIL-P	机油压力报警灯、机油压力表	当机油压力过低时灯亮
10	 FUEL	燃油表	燃油不足报警灯亮
11	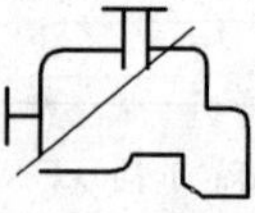	柴油机停止供油拉杆（或按钮）位置标志灯	当柴油机停止供油拉杆位于熄火位置时，标志灯亮
12	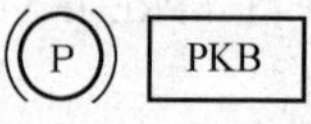 P PKB	驻车制动指示灯	停车制动，在驻车制动起作用时灯亮
13	 ! BRAKE AIR	制动系统报警灯	制动液面低、制动系故障时，报警灯亮
14	r/min RPM	发动机转速表（TACHO METER）	发动机转速表，能指示快怠速、经济转速与换挡时机、额定转速，用途很多

续表

序号	图形或文字符号	名　称	说　明
15	km/h	车速表（SPEED)	显示车速
16	20:08	时钟	数字显示时钟
17	COOLANT LEVEL	冷却液位指示灯	当冷却系统液位低于规定值时，灯亮报警
18		机油油面指示灯	当发动机机油量少于规定值时，灯亮报警
19		机油温度过高报警灯	机油温度超过规定值时，报警灯亮
20	kPa	真空度指示灯	
21	SRS	安全气囊指示灯	安全气囊装在转向盘毂内和仪表盘内，当汽车受到碰撞时气囊引爆、膨胀，将乘员挤靠到座椅靠背上，减轻伤害
22	TRAC	牵引力控制指示灯	
23	CRUISE	巡航（恒速行驶）指示灯	设定某一车速以后，电脑根据车速变化自动控制节气门开度使车速在设定范围内；装置起作用时灯亮，有故障时显示故障码
24	AIR SUSP	电子调整空气悬架指示灯	根据驾驶条件自动控制悬架中起弹簧作用的空气，改变弹簧刚度与减振力，以抑制车辆侧倾、制动时前部裁头、高速时后身下坐，保持乘坐舒适性和操纵性，指示灯显示车身高度变化。HIGH—高度调整；NORM—正常

序号	图形或文字符号	名　　称	说　　明
25	O/D OFF	OVER—DRIVE 超速挡开关 指示灯	超速挡开关装在换挡手柄上，按下此开关，高速挡换入超速挡；再按一下此开关，变速器退出超速挡，同时 O/D OFF 灯亮
26	VOLT	电压表	12V 电系量程为 10～16V；24V 电系量程为 20～32V
27	EXP TEMP	排气温度 报警指示灯	排气温度过高（大于 750℃）时，报警指示灯点亮
28	⇐ ⇒	转向信号 指示灯	L—左转向；R—右转向
29	△	危险警告 指示灯	当汽车遇到交通事故要呼救或需要其他车辆回避时，左右转向灯同时闪烁
30	BEAM	远光指示灯	前照灯远光 高光束（HIGH BEAM）
31		近光指示灯	夜间会车时使用前照灯近光，防止炫目
32		灯光开关 指示灯	灯光开关可接通前照灯、示宽灯、尾灯、仪表灯（亮度旋钮）、牌照灯等
33		示宽灯开关 指示灯	按下示宽灯开关，指示灯点亮
34	P	驻车制动 指示灯	驻车制动起作用时，该指示灯亮

续表

序号	图形或文字符号	名　称	说　　明
35		前雾灯开关指示灯	按下前雾灯开关，指示灯点亮
36		后雾灯开关指示灯	必须在前雾灯已亮的前提下使用
37	TEST	灯泡检查开关指示灯	指示灯、报警灯灯泡好坏的检查开关
38	R	倒车开关指示灯	倒车灯开关
39		室内灯开关指示灯	室内灯（顶灯）开关指示灯
40	PASS L HI LO R	转向灯开关与超车灯开关指示灯	L—左转向；R—右转向；PASS—瞬间远光（超车信号）；HI—常用远光；LO—定位中间挡
41		旋转灯标志	警车、急救护车、消防车的车顶旋转警灯开关标志
42	BELT	安全带指示灯	当点火开关接通，安全带未系时灯亮或伴有蜂鸣器
43	GLOW	预热塞（电热或火焰预热塞）指示灯	常温下起动前亮 0.3s 可直接起动；低温起动前亮 3.5s，表示"等待预热"灯灭可起动
44		排气制动指示灯	下长坡时，堵住排气管，利用发动机阻力使汽车减速，踩离合器、加油时自动解除
45		蓄电池液面指示灯	当液面低于规定值时灯亮

续表

序号	图形或文字符号	名　　称	说　　明
46		拖车制动指示灯	
47		制动蹄片磨损超限报警灯	
48	(ABS)	防抱制动指示灯	钥匙在起动挡或车速在 5～10km/h 以下应亮。ABS 出现故障时报警灯亮，并可显示故障码（用工具）
49		分动器前桥接入指示灯	用于越野车全驱动时灯亮
50	kPa	空气滤清器堵塞指示灯	
51		液力变矩器开关指示	
52		喇叭按钮标志	
53		点烟器标志	按下点烟器手柄即接通电路，发热体烧红后（约几秒钟）自动弹出，可供点烟用
54		发动机罩开启拉手指示	
55		行李箱盖开启拉手或电动按钮指示	

续表

序号	图形或文字符号	名　　称	说　　明
56	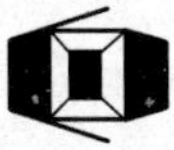	门未关报警灯	在仪表盘上设此灯坐垫加热指示灯室内灯门控挡，当门关严后室内灯灭，此外还有手控长明挡（ON）及断开挡（OFF）
57		坐垫加热指示灯	
58	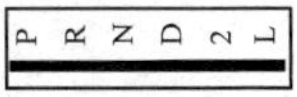 P R N D 2 L	自动变速器挡位指示灯	P—停车制动；R—倒挡；N—空挡；D—前进挡，自动在 1～4 挡间变速；2—前进挡，自动在 1～2 挡间变速，上下陡坡用；L—低挡，只允许 1 挡行驶，上、下陡坡使用
59	ECTPWR	自动变速器模式选择开关指示灯	电控自动变速器有两种选择模式：正常模式（Normal）和动力模式（Power），用开关选择动力模式时，指示灯亮
60		除霜指示灯	常为后窗除霜加热
61		风挡玻璃刮水开关指示	
62		风挡玻璃洗涤开关指示	
63		风挡玻璃刮水洗涤开关指示	OFF—断开；INT—间歇；LO—低速；HI—高速
64		后窗玻璃刮水指示灯和开关标志	

续表

序号	图形或文字符号	名　称	说　明
65	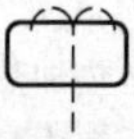	后窗玻璃洗涤开关指示	
66		前照灯刮水洗涤开关指示	
67		车门玻璃升降开关	UP—升起；DOWN—降下
68	 A/C	空调系统制冷压缩机开启指示	
69	 FAN	空调系统鼓风机指示	
70	 VENT	空调系统通风吹脸挡	
71	 HEAT	空调系统吹脚挡	
72	 BI-LEVEL	空调系统双层挡	
73	 DEF-LEAT		空调系统除霜与吹脚（加热）挡
74	 DEF	风挡玻璃除霜除雾指示	
75	 Outside	车外新鲜空气循环风道开启指示（FRESH）	

续表

序号	图形或文字符号	名　称	说　明
76	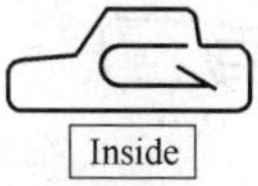 Inside	车内空气循环风道开启指示（REC）	
77		驾驶室锁止	可倾翻的驾驶室回位时没有到达规定锁止状态，报警灯亮
78	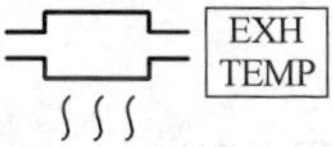 EXH TEMP	排气温度超过一定限度时此灯亮	
79		后视镜加热指示	
80		后视镜镜面上、下、左、右调节开关标志	
81	 AIR MPa	空气压力表	常用于气压制动系统中双管路气压指示

四　电路保护装置

电路保护装置串联在电源与用电器之间，当用电器或线路发生短路或过载时，切断电源电路，以免电源、用电器和线路损坏。车用电路保护装置有易熔线、熔丝和电路断电器。

易熔线由标准导线绞合而成，其外部为不易燃烧的绝缘层，其截面尺寸比要保护的电路中的导线小 1 个线规标号，但由于导线外部的加厚绝缘层使其看起来比同一条电路上的导线要粗。如果通过的电流过大，导线发热使绝缘层外部开始冒烟，5s 后绝缘层内导线熔断。除起动电源线外，其他电源一般都经过易熔线到达用电器。

熔丝一般有管式和片式两种，如图 1 - 24 所示。片式熔丝以其塑料外壳的颜色代表其额定电流值，熔丝颜色与电流强度的对应关系见表 1 - 8。熔丝熔断后，必须找到故障原因，彻底排除故障；更换熔丝时，必须与原规格相同；熔丝支架与熔丝接触不良，会产生电压降和发热现象，安装时要保证良好接触。

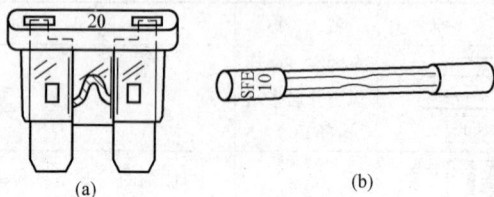

图 1-24　熔丝

（a）片式熔丝；（b）管式熔丝

表 1-8　　　熔丝颜色与电流强度的对应关系（美国汽车）

电流强度/A	颜色	电流强度/A	颜色
1	深绿色	9	橙色
2	灰色	10	红色
2.5	紫色	14	黑色
3	紫罗兰色	15	蓝色
4	粉红色	20	黄色
5	茶褐色	25	白色
6	金色	30	绿色
7.5	棕色		

　　电路断电器利用金属（双金属片）热膨胀系数的不同断开电路。当电流过大时，双金属片受热膨胀使触点断开；当电路断电冷却后，触点自行（或用手按下）闭合，如图 1-25 所示。通常用于前照灯、电动座椅、电动门锁及电动车窗等电路中。

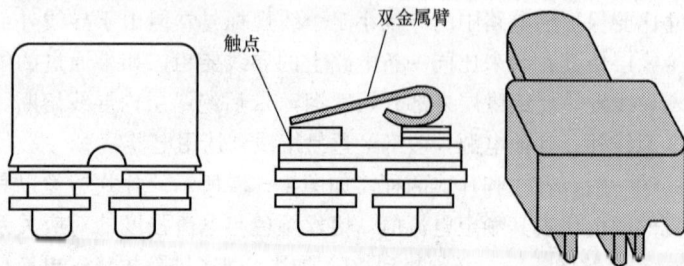

图 1-25　电路断电器

五 继电器

继电器主要由电磁线圈和触点组成,用于控制用电器工作。其图形符号如图 1 - 26 所示,符号由线圈和开关组成,线圈和开关用虚线连接,表示此开关受该线圈控制。开关处于不工作状态时,称常开继电器;反之,则为常闭继电器。

继电器的连接方式有接柱式和插接式两种。接柱式继电器触点容量较大,常用于国产车的起动电路、喇叭电路,但连接烦琐,正逐渐为插接式继电器所取代。插接式继电器安装方便、体积较小,其内部结构和安装情况如图 1 - 27 所示。

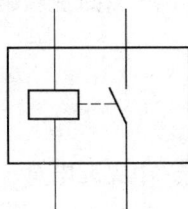

图 1 - 26 继电器图形符号

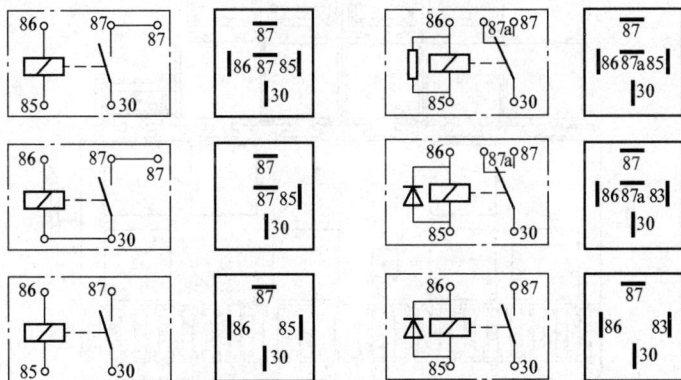

图 1 - 27 插接式继电器结构和安装情况

六 插接器

插接器用于分线束与分线束之间、线束与用电设备之间、线束与开关之间的连接,为保证接触可靠,插接器都有锁紧装置;为避免安装过程中出现差错,插接器制成不同的规格、形状,如图 1 - 28 所示。

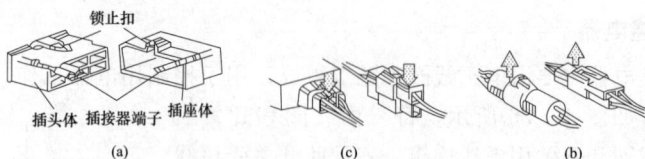

图 1-28　插接器
(a) 结构；(b) 外形；(c) 外形

七　中央配电盒

　　现代汽车均设有中央配电盒，汽车电气系统以中央配电盒为核心进行控制。大部分继电器和熔丝都安装在中央配电盒正面，当产生故障时，便于更换和检修。中央配电盒上标有线束和导线插接位置的代号及接点的数字号，主线束从中央配电盒背面插接后通往各用电器。

　　桑塔纳轿车中央配电盒的正面如图 1-29 所示。在中央配电盒下方安

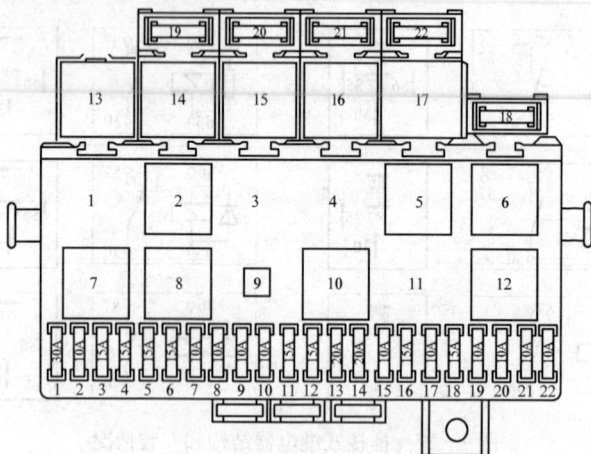

图 1-29　中央配电盒正面（桑塔纳轿车）

1、3、4、11—空位；2—进气歧管预热继电器；5—空调继电器；6—双音喇叭继电器；
7—雾灯继电器；8—减荷继电器；9—熔丝拆卸专用工具；10—前风窗刮水和洗涤器继电器；
12—报警、转向继电器；13—冷却风扇继电器；14—门窗电动机自动继电器；15—门窗电动机
延迟继电器；16—内部照明继电器；17—冷却液液面指示控制器；18—后雾灯熔丝；
19—热保护器；20—空调熔丝（30A）；21—自动天线熔丝（10A）；
22—电动后视镜熔丝（3A）

装有 22 个熔丝，各熔丝都标明编号、被保护的电路和额定电流见表 1-9。

表 1-9 中央配电盒上熔丝的编号、被保护的电路和额定电流

编号	被保护的电路	颜色	额定电流/A
S_1	冷却风扇电动机	绿色	30
S_2	制动灯	红色	10
S_3	点烟器、收放机、时钟、室内灯、后备厢灯	蓝色	15
S_4	危险报警灯	蓝色	15
S_5	燃油泵	蓝色	15
S_6	前雾灯	蓝色	15
S_7	左示宽灯、左尾灯	红色	10
S_8	右示宽灯、右尾灯	红色	10
S_9	右前照灯远光	红色	10
S_{10}	左前照灯远光	红色	10
S_{11}	刮水器和洗涤器	蓝色	15
S_{12}	电动门窗电动机	蓝色	15
S_{13}	后窗除霜器	黄色	20
S_{14}	鼓风机（空调）	黄色	20
S_{15}	倒车灯、车速传感器	红色	10
S_{16}	双音喇叭	蓝色	15
S_{17}	急速截止电磁阀、进气预热器	红色	10
S_{18}	驻车制动、阻风门指示灯	蓝色	15
S_{19}	转向灯	红色	10
S_{20}	牌照灯、杂物箱照明灯	红色	10
S_{21}	左前照灯近光	红色	10
S_{22}	右前照灯近光	红色	10
S_{23}	后雾灯	红色	10
S_{24}	空调	绿色	30
S_{25}	自动天线	红色	10
S_{26}	电动后视镜	紫色	3
S_{27}	ECU	红色	10

注 熔断器 23~27 为桑塔纳 2000GSi 型轿车的编号，插在中央线路板的旁边。

　　继电器上面标有的阿拉伯数字表示该继电器在中央配电盒正面的插接位置。如小圆圈中的数字为 2，表示该继电器应当插接在中央线路板正面的 2 号继电器位置上。继电器端子上标有诸如"3/49a"等字样，其中分子 3 表示继电器位置上的 3 号端子（插孔），49a 表示继电器或控制器的 49a 号端子（插头），一一对应。

　　中央配电盒背面结构如图 1-30 所示，各种插接器的插座均固定在中央线路板背面上，与相应的线束插接器连接后通往各电器部件。每个插座的位置代号均用英文字母标注在线路板上，各插接器的颜色及插座与线束插接器代号如表 1-10 所示。插接线束插接器时，线束插头字母代号必须与相同字母的插座连接，以便检查与维修。

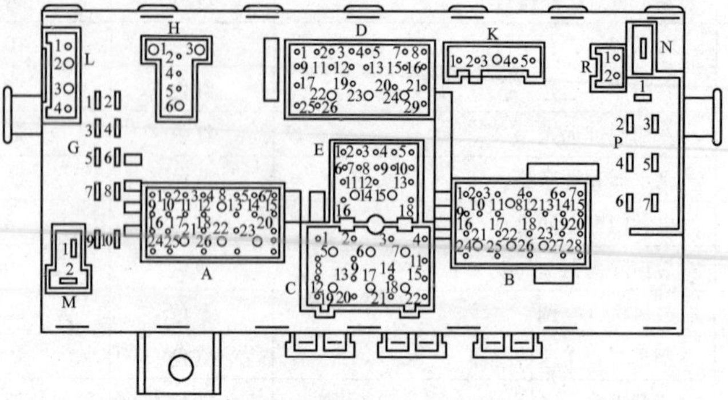

图 1-30　中央配电盒背面（桑塔纳轿车）

表 1-10　　　　中央配电盒上插接器代号、颜色及连接线束

插接器代号	颜色	连　接　线　束
A	蓝色	仪表盘线束
B	红色	仪表盘线束
C	黄色	发动机室左侧线束
D	白色	发动机室右侧线束
E	黑色	车辆的后部线束
G	不定	单端子插座（主要用于连接冷却液不足指示控制器电源线）
H	棕色	空调系统线束
K	不定	安全带与报警系统线束

续表

插接器代号	颜色	连 接 线 束
L	灰色	喇叭线束
M	黑色	车灯开关"56"端子与变光开关 56b 端子线束
N	不定	单端子插座（主要用于连接进气预热器加热电阻电源线）
P	不定	单端子插座（连接蓄电池与中央线路板"30"号电源线，中央线路板"30"端子与点火开关"30"端子电源线）
R		备用插接器插座

第三节　汽车电路的组成和特点

　　汽车电路是检修汽车电气系统和电子控制系统必备的资料。由于各汽车制造厂家电路图的绘制方法不同，并且近年来汽车电子控制装置增多，使汽车电路日趋复杂。但任何复杂的汽车电路，其原理基本相同，都是由电源和用电设备组成。各种车型电路的区别在于其熔丝形式和安装位置、灯光信号电路和辅助电气设备的数量及连接方法有所不同。

■ 汽车电路的组成

　　按照汽车电气设备的工作特性及相互间的内在联系，用导线和车体把电源、电路保护装置、控制器件以及用电设备等装置连接起来，构成能使电流流通的路径，即汽车电路。汽车电路主要由电源、过载保护器件、控制器件、用电设备及导线组成，如图 1-31 所示。

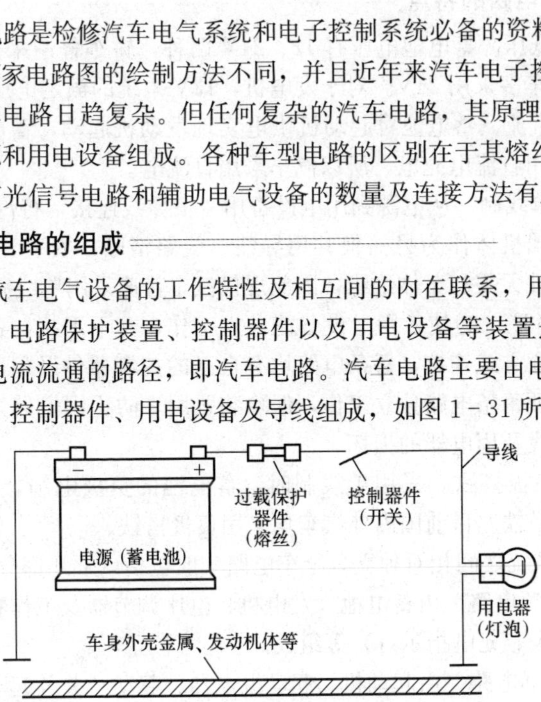

图 1-31　汽车电路的组成

（1）电源。汽车电源为蓄电池和发电机。

（2）过载保护器件。过载保护器件主要有熔丝（也称保险丝）、电路断电器及易熔线等，当电路中的电流超过规定值时切断电路，起保护作用。

（3）控制器件。除传统的各种手动开关、压力开关、温控开关外，现代汽车还大量使用电子控制器件，包括电子模块（如电子式电压调节器等）和电控单元（如发动机电控单元等）。电子控制器件需要单独的工作电源，并需配用各种传感器。

（4）用电设备。用电设备包括灯泡、仪表、音响、电动机、电磁阀、各种电子控制器件和部分传感器等。

（5）导线。导线用于将上述各种装置连接起来构成电路，此外汽车上通常用车体代替部分从用电设备返回电源的导线。

二 汽车电路的特点

（1）低压。蓄电池电压有 12、24V 两种，轿车普遍采用 12V，而重型柴油车多采用 24V。对于发电机，12V 系统的额定电压为 14V。

（2）直流。蓄电池对起动机供电实现发动机起动，蓄电池电能消耗后必须用直流电充电，所以汽车采用直流电。

（3）单线制。从电源到用电设备用一根导线连接，将汽车发动机、底盘等金属机体作为另一根共用导线，线路清晰，安装、检修方便，且电气部件无需与车体绝缘，因此现代汽车普遍采用单线制。

（4）并联。为使各用电设备能独立工作，互不干扰，各用电设备均采用并联方式连接，每条电路均有自己的控制器件及保险装置。控制器件保证每条电路独立工作，保险装置用来防止因电路短路或超载而引起导线及用电器的损坏。

（5）负极搭铁。采用单线制时，蓄电池的负极电缆接到车体上，称为负极搭铁。目前国内外汽车均采用负极搭铁。

（6）系统之间相对独立，全车电路一般包括以下几部分。

① 电源电路。由蓄电池、发电机、电压调节器及工作状况指示装置（电流表、充电指示灯）等组成。

② 起动电路。由起动机、起动继电器、起动开关及起动保护装置组成。

③ 点火电路。由点火线圈、分电器、电子点火器、火花塞、点火开关等组成，由发动机控制单元进行点火控制时，可不使用分电器。

④ 照明与信号电路。由前照灯、雾灯、制动灯、倒车灯、示宽灯、转向灯、电喇叭等及其控制继电器和开关组成。

⑤ 仪表与警报电路。由仪表、传感器、各种报警指示灯及控制器组成。

⑥ 辅助装置电路。由为提高车辆安全性、舒适性、经济性等各种功能的电气装置组成，如风窗刮水/清洗控制电路、起动预热控制电路、音响电路等。

⑦ 电子控制系统电路。由各种传感器、开关、电控单元及执行器组成，如燃油喷射系统电路、自动变速器控制电路等。

第四节　汽车电路的类型

一、电源电路、搭铁电路及控制电路

汽车电路根据功能不同可分为电源电路、搭铁电路及控制电路。电源电路为电气部件提供电源，搭铁电路为电气部件提供电源回路，控制电路控制电气部件是否工作。如图 1-32 所示，用电设备为电动机，电源为蓄电池，控制器件为开关和继电器。从蓄电池正极到电动机之间的线路 AB 段为电动机的电源电路，从电动机到蓄电池负极之间的线路 CE 段为电动机的搭铁电路，经过控制开关和继电器电磁线圈线路 AD 段为电动机的控制电路。

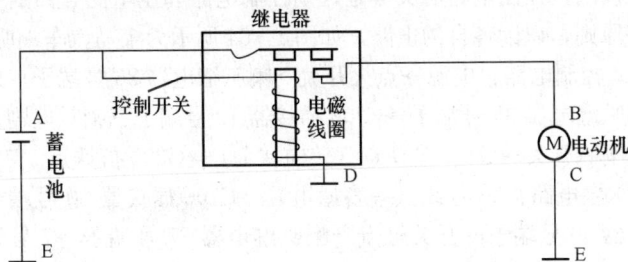

图 1-32　电源电路、搭铁电路和控制电路

直接控制电路与间接控制电路

根据控制器件与用电部件之间是否使用继电器，可分为直接控制电路和间接控制电路。

1. 直接控制电路

直接控制电路中不使用继电器，控制器件与用电器串联，直接控制用电器，是最基本、最简单的电路。直接控制电路：蓄电池正极→过载保护器件→控制器件→用电部件（灯泡）→搭铁→蓄电池负极，参见图1-31。

2. 间接控制电路

在控制器件与用电部件之间使用继电器或电子控制器，如图1-33所示，控制器件和继电器内的电磁线圈所处的电路为控制电路，用电器和继电器内的触点所处的电路为主电路。继电器或电子控制器对受其控制的用电器来讲是控制器件，但继电器和晶体管同时又受到各种开关、电控单元等控制器件的控制，其又是执行器件。

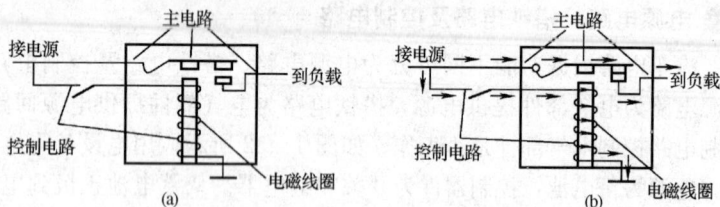

图1-33 继电器

(a) 开关断开时；(b) 开关闭合时

识读间接控制电路的关键是区别控制电路和主电路，然后分别根据回路原则，识读各自的电路。如图1-34所示为宝马汽车喇叭电路。

（1）控制电路：电源→点火开关→喇叭继电器86号端子→电磁线圈→喇叭继电器85号端子→C202插接器12号端子→喇叭电刷及滑环总成→喇叭开关→G201搭铁点（转向柱上）→G200搭铁点。

（2）主电路：30号线（一直通电）→C100插接器30号端子→喇叭继电器30号端子→开关触点→喇叭继电器87号端子→7号熔丝→左、右喇叭2号端子→左、右喇叭→左、右喇叭1号端子→S100（右喇叭S114）铰接点→G104搭铁点。

三 非电子控制电路与电子控制电路

1. 非电子控制电路

非电子控制电路采用手动开关、压力开关、温控开关及滑线变阻器等传统控制器件对用电器进行控制，手动开关有点火开关、照明灯开关、信号灯开关及各控制面板与驾驶座附近的按键式开关、拨杆式开关及组合式开关等。

2. 电子控制电路

目前电子控制技术在现代汽车上得到了广泛应用，如发动机电控燃油喷射取代了机械控制燃油喷射，ABS 及自动变速器由液压控制转变为电子控制等。电子控制电路增加了信号输入元件和电子控制器件，由电子控制器件对用电器（称执行器）进行自动控制。

在汽车电子控制系统中，电控单元（ECU）通过接收传感器和控制开关输入的信号，根据其内部预先存储的数据和编制的程序，通过数学计算和逻辑判断，然后直接或间接控制执行器工作。汽车电控系统电路可分为电控单元的电源电路、信号输入电路及执行器工作电路。

图 1-34 宝马汽车喇叭电路

（1）电控单元的电源电路。电控单元的电源电路如图 1-35 所示。电控单元与电源正极直接相连，在任何时候都给电控单元供电，以使

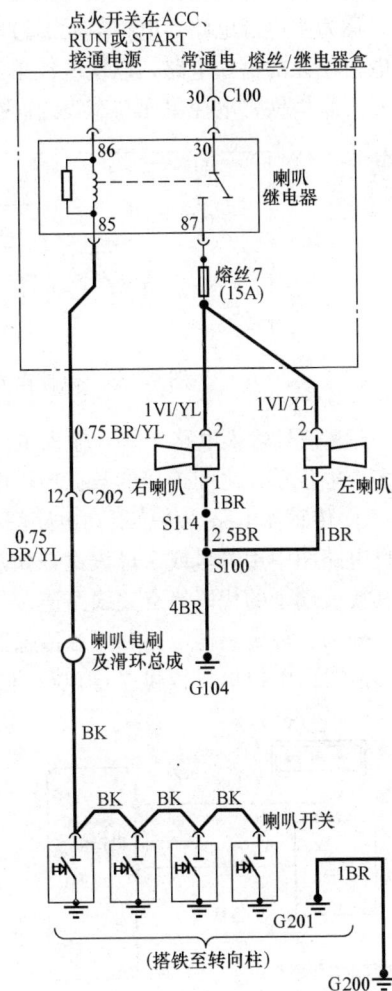

电控单元保存数据信息，称为永久电源电路；在点火开关或其他开关的控制下直接或间接向电控单元供电，以提供正常工作时所需要的电能，称为主电源电路。电控单元通过车体与电源的负极连接的电路称为电控单元的搭铁电路，以使电控单元与电源构成回路。为保证电控单元可靠搭铁，电控单元与车身之间往往有多条搭铁线。

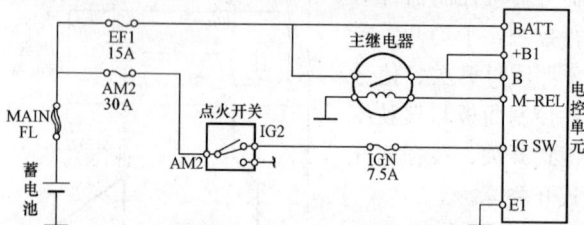

图1-35　电控单元的电源电路

（2）信号输入电路。信号输入电路有传感器电路、外接开关电路及多个电控单元之间连接的数据传输电路三种。

① 传感器电路。传感器在电路图中只采用符号或文字标注。有的车型电路图中用符号或字母表达，如热敏电阻、可变电阻等，通常了解其接线端子的代码等有关线路连接的内容即可。传感器信号输入电路可分为有源传感器电路和无源传感器电路。

需要由电控单元提供基准电压（一般为5V）作为电源才能工作

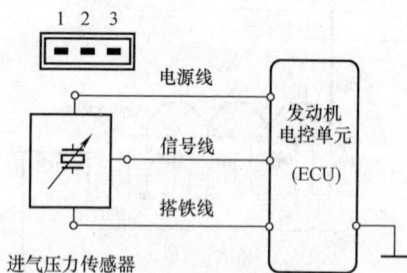

图1-36　有源传感器的连线

的传感器称为有源传感器，其由蓄电池直接或间接提供电源，也可由电控单元提供电源，如图1-36所示。有源传感器的连接线有电源线、信号线和搭铁线，电源线和信号线一般与电控单元连接，而搭铁线可经电控单元搭铁也可直接搭铁。

工作时无需提供电源，当外界条件变化时会产生电动势向电控单元发出电信号的传感器称无源传感器。无源传感器因其信号微弱，为防止电磁干扰引起信号失真，信号线需要采用屏蔽层，如图1-37所示。

图 1 - 37 屏蔽层的搭铁方式

② 开关信号电路。电控系统中有多种开关，如点火开关、空调开关、制动开关、自动变速器挡位开关等。开关向电控单元提供导通和断开两种电信号，常见开关电路有电压输入型和搭铁型两种，如图 1 - 38 所示。对于电压输入型开关电路，当开关闭合时，ECU 接收的电压信号为蓄电池电压；当开关断开时，ECU 接收的电压信号为 0V。对于搭铁型开关电路，当开关闭合时，ECU 接收的电压信号为 0V；当开关断开时，ECU 接收的电压信号为基准电压。

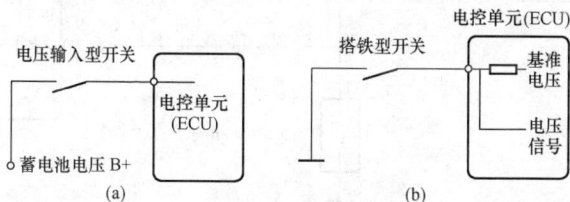

图 1 - 38 开关信号电路

(a) 电压输入型；(b) 搭铁型

当电控单元的一个接线端子同时与开关和用电器连接时，要注意区分电路的具体作用。一般有两种情况：

a. 电控单元与开关共同控制用电器工作，如图 1 - 39 所示。电控单元 12 号端子同时与灯控开关和继电器电磁线圈连接，该端子内部为电子开关并与灯控开关共同控制继电器的电磁线圈，从而控制前照灯工作。

b. 开关给电控单元提供信号并同时控制用电器工作，如图 1 - 40 所示。电控单元的端子 9 与行李舱开关和用电器连接，端子 9 的内部为信号接收电路。当行李箱门控开关闭合时，端子 9 的电压为 0V；当开关断开

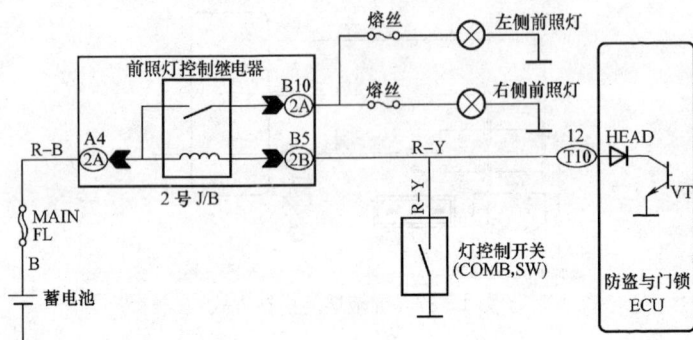

图 1-39　前照灯控制电路

时，端子 9 的电压为 12V。该电路为行李箱门控开关向电控单元接线端子
9 提供行李舱门开闭信号，同时控制行李箱的门控灯工作。

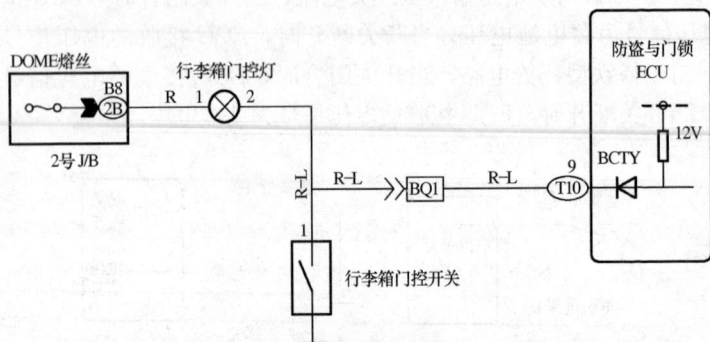

图 1-40　行李舱门控灯控制电路

　　以上两种情况在看电路图、分析电路工作原理时要注意区分，
区分方法如下。

　　(1) 看电控单元的接线端子代码及文字说明。若注明信号输入，
则开关给电控单元提供信号；若注明为控制某用电器工作，则为电
控单元控制用电器的电路。

　　(2) 看电控单元内部的电路。如电控单元内为电子开关，则电控
单元控制用电器工作电路；电控单元内部为信号接收电路，则为电
控单元信号电路。

（3）电控单元之间的通信电路。各电控单元之间往往需要传输信号，以实现数据共享及工作匹配。数据共享指几个电控单元需要同一个信号时，可由信号输入装置分别向各电控单元传输信号，也可向一个电控单元传输信号，然后由该电控单元通过电控单元间的信号电路传输信号。工作匹配是指几个系统之间相互影响，如自动变速器在进行换挡控制时，需要发动机电控单元匹配控制，减少喷油量并减小点火提前角，以改善换挡品质；若要由自动变速器电控单元向发动机电控单元传输换挡信号，需要在电控单元之间连接信号导线。

近年来，控制器局域网（CAN）技术在汽车上得到了广泛应用，更好地实现了汽车众多电控单元之间的数据共享及工作匹配。

3. 执行器工作电路

执行器由电控单元控制工作。常见执行器有电磁阀、继电器、电动机、灯、蜂鸣器和喇叭等。如图 1-41 所示，对于发动机燃油喷射系统，执行器为喷油器，其电路分为电源电路、搭铁电路。当电控单元中电子开关不导通、喷油器不喷油时，电源电路即为控制电路；当电控单元中电子开关导通、喷油器喷油时，搭铁电路即为控制电路。

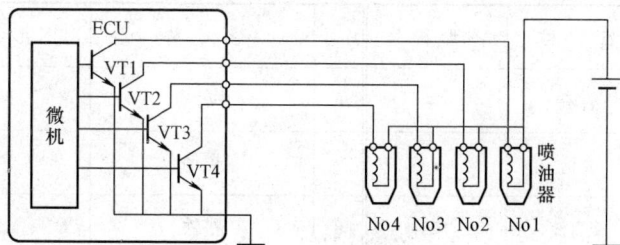

图 1-41 喷油器控制电路

第二章

汽车电路图的识读方法

第一节　汽车电路图形文字符号与标志

一　图形符号

　　图形符号是电路中表示结构或概念的一种图形、标记或字符，是电气技术领域中最基本的工程语言，是看懂汽车电路图的基础。汽车电路中常用的图形符号有限定符号，见表2-1；导线、端子和导线的连接符号，见表2-2；电器元件符号，见表2-3；触点与开关符号，见表2-4；电器设备符号，见表2-5；仪表符号，见表2-6，以及各种传感器符号，见表2-7。

表 2-1　　　　　　　　　　限定符号

序号	名　称	图形符号	序号	名　称	图形符号
1	直流	＝	6	中性点	N
2	交流	～	7	磁场	F
3	交直流	≂	8	搭铁	⊥
4	正极	＋	9	交流发电机输出接线柱	B
5	负极	－	10	磁场二极管输出端	D+

表 2 - 2　　　　导线、端子和导线的连接符号

序号	名　　称	图 形 符 号	序号	名　　称	图 形 符 号
1	节点	•	9	插头的一个极	
2	端子	○	10	插头和插座	
3	可拆卸的端子	∅	11	多极插头和插座（示出的为三极）	
4	导线的连接		12	接通的连接片	
5	导线的分支连接		13	断开的连接片	
6	导线的交叉连接		14	边界线	
7	导线的跨越		15	屏蔽（护罩）	
8	插座的一个极		16	屏蔽导线	

表 2-3 电器元件符号

序号	名　　称	图形符号	序号	名　　称	图形符号
1	电阻器		12	可变电容器	
2	可变电阻器		13	极性电容器	
3	压敏电阻器		14	穿心电容器	
4	热敏电阻器		15	半导体二极管一般符号	
5	滑线式变阻器		16	单向击穿二极管，电压调整二极管（稳压管）	
6	分路器		17	发光二极管	
7	滑动触点电位器		18	双向二极管（变阻二极管）	
8	仪表照明调光电阻		19	三极晶体闸流管	
9	光敏电阻		20	光电二极管	
10	加热元件、电热塞		21	PNP 型三极管	
11	电容器		22	集电极接管壳三极管（NPN型）	

续表

序号	名　称	图形符号	序号	名　称	图形符号
23	具有两个电极的压电晶体		31	一个绕组电磁铁	
24	电感器、线圈、绕组、扼流器				
25	带磁心的电感器		32	两个绕组电磁铁	
26	熔断器				
27	易熔线		33	不同方向绕组电磁铁	
28	电路断电器				
29	永久磁铁		34	触点动合的继电器	
30	操作器件一般符号		35	触点动断的继电器	

表2-4　　　　　　触点与开关符号

序号	名　称	图形符号	序号	名　称	图形符号
1	动合（常开）触点		5	双动合触点	
2	动断（常闭）触点		6	双动断触点	
3	先断后合的触点		7	单动断双动合触点	
4	中间断开的双向触点		8	双动断单动合触点	

续表

序号	名　称	图形符号	序号	名　称	图形符号
9	一般情况下手动控制		22	温度控制	t
10	拉拔操作		23	压力控制	p
11	旋转操作		24	制动压力控制	BP
12	推动操作		25	液位控制	
13	一般机械操作		26	凸轮控制	
14	旋转、旋钮开关		27	联动开关	
15	液位控制开关		28	手动开关的一般符号	
16	机油滤清器报警开关	OP	29	定位（非自动复位）开关	
17	热敏开关动合触点	$t°$	30	按钮开关	
18	热敏开关动断触点	$t°$	31	能定位的按钮开关	
19	热敏自动开关动断触点		32	拉拔开关	
20	钥匙操作		33	热继电器触点	
21	热执行器操作		34	旋转多挡开关位置	

续表

序号	名 称	图形符号	序号	名 称	图形符号
35	推拉多挡开关位置	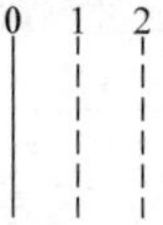	37	多挡开关、点火、起动开关，瞬时位置为2能自动返回到1（即2不能定位）	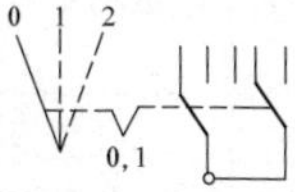
36	钥匙开关（全部定位）	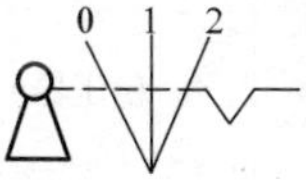	38	节流阀开关	

表 2-5　　　　　　　　　　电器设备符号

序号	名 称	图形符号	序号	名 称	图形符号
1	照明灯、信号灯、仪表灯、指示灯		9	报警器、电警笛	
2	双丝灯		10	元件、装置、功能元件	
3	荧光灯		11	信号发生器	
4	组合灯	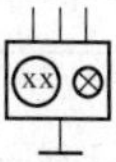	12	脉冲发生器	
5	预热指示器	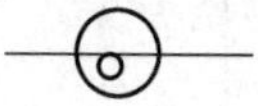	13	闪光器	
6	电喇叭	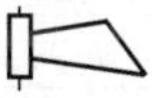	14	霍尔信号发生器	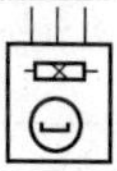
7	扬声器	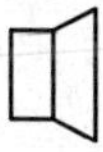	15	磁感应信号发生器	
8	蜂鸣器		16	温度补偿器	

续表

序号	名　称	图形符号	序号	名　称	图形符号
17	电磁阀一般符号		28	空气调节器	
18	动合电磁阀		29	滤波器	
19	动断电磁阀		30	稳压器	U const
20	电磁离合器		31	点烟器	
21	用电动机操纵的怠速调整装置	M	32	热继电器	
22	过电压保护装置	$U>$	33	间歇刮水继电器	
23	过电流保护装置	$I>$	34	防盗报警系统	
24	加热器（除霜器）		35	天线一般符号	
25	振荡器		36	发射机	
26	变换器、转换器		37	收音机	
27	光电发生器	G	38	内部通信联络及音乐系统	

续表

序号	名　称	图形符号	序号	名　称	图形符号
39	收放机		50	集电环或换向器上的电刷	
40	天线电话	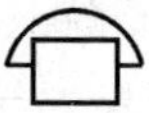	51	直流电动机	
41	传声器一般符号		52	串励直流电动机	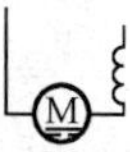
42	点火线圈		53	并励直流电动机	
43	分电器		54	永磁直流电动机	
44	火花塞		55	起动机（带电磁开关）	
45	电压调节器	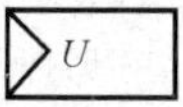	56	燃油泵电动机、洗涤电动机	
46	转速调节器	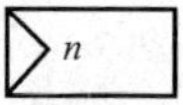	57	晶体管电动燃油泵	
47	温度调节器	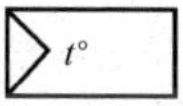	58	加热定时器	
48	串励绕组		59	点火电子组件	
49	并励或他励绕组		60	风扇电动机	

续表

序号	名　称	图形符号	序号	名　称	图形符号
61	刮水电动机		73	制动灯传感器	
62	天线电动机		74	尾灯传感器	
63	直流伺服电动机		75	制动器摩擦片传感器	
64	直流发电机		76	燃油滤清器积水传感器	
65	星形联结的三相绕组	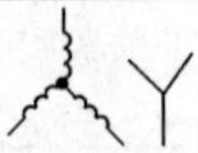	77	三丝灯泡	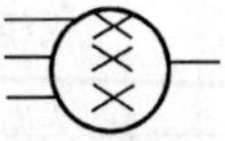
66	三角形联结的三相绕组	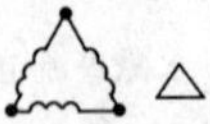	78	汽车底盘与吊机间电路滑环与电刷	
67	定子绕组为星形联结的交流发电机		79	自记车速里程表	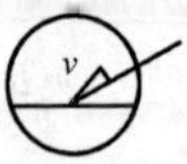
68	定子绕组为三角形联结的交流发电机		80	带时钟自记车速里表	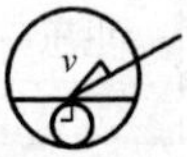
69	外接电压调节器与交流发电机	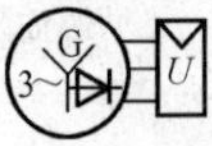	81	带时钟的车速里程表	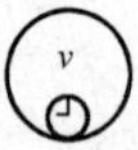
70	整体式交流发电机		82	门窗电动机	
71	蓄电池或蓄电池组	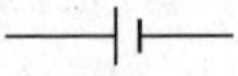	83	座椅安全带装置	
72	蓄电池传感器				

表2-6 仪表符号

序号	名　称	图形符号	序号	名　称	图形符号
1	指示仪表	＊	8	转速表	n
2	电压表	V	9	温度表	t°
3	电流表	A	10	燃油表	Q
4	电压/电流表	A/V	11	车速里程表	v
5	绝缘电阻表	Ω	12	时钟	○
6	功率表	W	13	数字式时钟	□○
7	油压表	OP			

表2-7 传感器符号

序号	名　称	图形符号	序号	名　称	图形符号
1	传感器的一般符号	＊	6	油压表传感器	OP
2	温度表传感器	t°	7	空气质量传感器	m
3	空气温度传感器	t°a	8	空气流量传感器	AF
4	冷却液温度传感器	t°w	9	氧传感器	λ
5	燃油表传感器	Q	10	爆燃传感器	K

续表

序号	名　称	图形符号	序号	名　称	图形符号
11	转速传感器	$\boxed{n}$	13	空气压力传感器	$\boxed{AP}$
12	速度传感器	$\boxed{v}$	14	制动压力传感器	$\boxed{BP}$

二　文字符号

　　文字符号由电气设备、装置和元器件的种类（名称）字母代码和功能（与状态、特征）字母代码组成。还可与基本图形符号和一般图形符号组合使用，以派生新的图形符号。文字符号分为基本文字符号和辅助文字符号两大类，基本文字符号又分为单字母符号和双字母符号。

　　1. 基本文字符号

　　（1）单字母符号。按拉丁字母将各种电气设备、装置和元器件划分为23类，每类用一个专用单字母符号表示，如"C"表示电容器类，"R"表示电阻类等。

　　（2）双字母符号。由一个表示种类的单字母符号与另一字母组成，其组合形式以单字母符号在前而另一字母在后的次序列出，如"G"表示电源、发电机、发生器，"GB"表示蓄电池，"GS"表示同步发电机、发生器，"GA"表示异步发电机。

　　常用的基本文字符号见表2-8。

表2-8　　　　　　　　　常用的基本文字符号

设备、装置 元器件种类	举　例	基本文字符号	
		单字母	双字母
组件 部件	电桥	A	AB
	晶体管放大器		AD
	集成电路放大器		AJ
	印制电路板		AP

续表

设备、装置元器件种类	举 例	基本文字符号	
		单字母	双字母
非电量到电量变换器或电量到非电量变换器	送话器、扬声器、晶体换能器	B	
	压力变换器		BP
	温度变换器		BT
电容器	电容器	C	
数字集成电路和器件	数字集成电路和器件	D	
其他元器件	发热器件	E	EH
	照明灯		EL
保护器件	熔丝	F	FU
	限压保护器件		FV
发生器 发电机 电源	发生器	G	GS
	发电机		GA
	蓄电池		GB
信号器件	声响指示	H	HA
	光指示器		HL
	指示灯		HL
继电器 接触器	交流继电器	K	KA
	双稳态继电器		KL
	接触器		KM
	簧片继电器		KR
电感器	感应线圈	L	
电动机	电动机	M	
模拟元件	运算放大器、混合模拟/数字器件	N	
测量设备 试验设备	指示器件信号发生器	P	
	电流表		PA
	（脉冲）计数器		PC
	电压表		PV

续表

设备、装置 元器件种类	举　例	基本文字符号	
		单字母	双字母
电阻器	变阻器	R	
	电位器		RP
	热敏电阻器		RT
	压敏电阻器		RV
控制、记忆、信号 电路的开关 器件、传感器	控制开关、选择开关	S	SA
	按钮开关		SB
	压力传感器		SP
	位置传感器		SQ
	温度传感器		ST

2. 辅助文字符号

辅助文字符号表示电气设备、装置和元器件以及线路的功能、状态和特征。常用的辅助文字符号见表2-9。

表2-9　　　　　　　　常用的辅助文字符号

序号	文字符号	名　称	序号	文字符号	名　称
1	A	电流	11	BK	黑
2	A	模拟	12	BL	蓝
3	AC	交流	13	BW	向后
4	A AUT	自动	14	C	控制
5	ACC	加速	15	CW	顺时针
6	ADD	附加	16	CCW	逆时针
7	ADJ	可调	17	D	延时（延迟）
8	AUX	辅助	18	D	差动
0	ASY	异步	19	D	数字
10	B BRK	制动	20	D	降低

续表

序号	文字符号	名　　称	序号	文字符号	名　　称
21	DC	直流	47	PE	保护搭铁
22	DEC	减	48	PEN	保护搭铁与中性线共用
23	E	搭铁	49	PU	不保护搭铁
24	EM	紧急	50	R	记录
25	F	快速	51	R	右
26	FB	反馈	52	R	反
27	FW	正；向前	53	RD	红
28	GN	绿	54	R RST	复位
29	H	高	55	RES	备用
30	IN	输入	56	RUN	运转
31	ING	增	57	S	信号
32	IND	感应	58	ST	起动
33	L	左	59	S SET	置位，定位
34	L	限制	60	SAT	饱和
35	L	低	61	STE	步进
36	LA	闭锁	62	STP	停止
37	M	主	63	SYN	同步
38	M	中	64	T	温度
39	M	中间线	65	T	时间
40	M MAN	手动	66	TE	无噪声（防干扰）、搭铁
41	N	中性线	67	V	真空
42	OFF	断开	68	V	速度
43	ON	接通	69	V	电压
44	OUT	输出	70	WH	白
45	P	压力	71	YE	黄
46	P	保护			

三 图形符号、文字符号的识读

对于基本的元器件，其图形符号、文字符号在任何时候都相同，如电阻、照明灯、蓄电池等。由于目前国际上还没有汽车电气设备图形符号、文字符号的统一标准，各个汽车生产厂家对某些汽车电器所采用的图形符号、文字符号有所不同，与标准规定有一些差异，这给识读电路图造成一定困难，但图形符号基本结构的组成相似，只要了解它们的区别，就能避免识读错误。目前，国产汽车制造企业大都采用电气技术行业标准，而合资汽车制造企业大都沿用国外的原标准，所以在识图过程中应不断总结，找出不同电路采用的图形符号的差异，以提高识图速度。

导线连接有两种表示形式，上海桑塔纳、南京依维柯采用图2-1（a）所示形式，神龙富康则采用图2-1（b）所示形式。

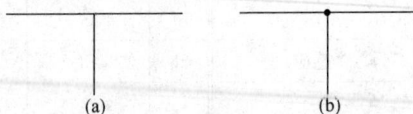

图2-1 导线连接形式
(a) 形式一；(b) 形式二

车用硅整流发电机和电压调节器有内装式和外装式，即使同一结构形式，不同的车型所采用的电路图形符号也有所不同，如图2-2所示。

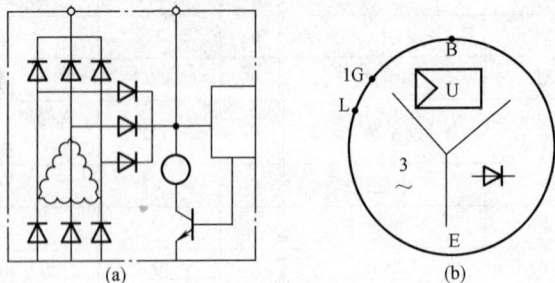

图2-2 硅整流发电机图形符号
(a) 富康轿车；(b) 威驰轿车

四 **导线颜色代号与标志**

1. 汽车导线的颜色代号

电路图常用英文字母表示导线颜色及其条纹颜色。日本常用单个字母，个别用双字母表示，其中后一个是小写字母，中国标准大体上与此相同。美国常用 2～3 个字母表示一种颜色，如果导线上有条纹，则字母较多。德国各公司，甚至各牌号汽车都不一致，如奥迪、宝马、奔驰、桑塔纳电路图导线颜色代号各不相同，在读图时要注意。

导线颜色表示常用黑、白、红、绿、黄、蓝、灰、棕、紫，其次用粉红、橙、棕褐，再次用深蓝、浅蓝、深绿、浅绿。在导线上采用条纹标志对比强烈，如黑/白（黑为主色，白为条纹辅色，下同）、白/红、白/绿等。

导线颜色代号见表 2 - 10。

表 2 - 10　　　　　　　　　　导线颜色代号

车型 颜色	全称	丰田 （日本）	本田	通用	福特	克莱斯勒	宝马	奔驰	三菱	米切尔	米切尔 选用
黑色	Black	B	BLK	BLK	BK	BK	BK	SW	B	BLK	BK
棕色	Brow	BR	BRN	BRN	BR	BR	BR	BR	BR	BRN	BN
红色	Red	R	RED	RED	R	RD	RD	RT	R	RED	RD
黄色	Yellow	Y	YEL	YEL	Y	YL	YL	GE	Y	YEL	YL
绿色	Green	G	GRN	GRN	GN		GN	GN	G	GRN	GN
蓝色	Blue	L	BLU	BLU	BL		BU	BL	L	BLU	BU
紫罗兰色	Voilet	V				VT	VI	VI		VIO	VI
灰色	Grey	GR	GRY	GRY	GY	GY	GY	GR	GR	GRY	GY
白色	White	W	WHT	WHT	W	WT	WT	WS	W	WHT	WT
粉红色	Pink	P	PNK	PNK	PK	PK	PK		P	PNK	PK
橙色	Orange	O	ORN	ORN	O	OR	OR		O	ORN	OG
褐色	Tan			TAN	T	TN	TN			TAN	TN
本色	Natural				N						

续表

车型 颜色	全称	丰田 （日本）	本田	通用	福特	克莱斯勒	宝马	奔驰	三菱	米切尔	米切尔 选用
紫红色	Purple	PUR	PPL	P						PPL	PL
深蓝色	Dark Blue		DK BLU		DB					DK BLU	DK BU
深绿色	Dark Green		DK GRN		DG					DK GRN	DK GN
浅蓝色	Light Blue		LT BLU		LB			SB		LT BLU	LT BU
浅绿色	Light Green		LT GRN		LG			LG		LT GRN	LT GN
透明色	Clear		CLR							CLR	CR
象牙色	Ivory						EI				
玫瑰色	Rose						RS				

注 "奔驰"一栏中的代码为奔驰、大众等德国车系电线颜色代码。

2. 导线标志

导线标志各国虽有不同，归纳起来主要有4种。

(1) 用颜色作为导线标志。按电路的重要程度将导线编号，重点线路导线选用醒目的颜色。单色导线颜色为红、黄、蓝、白、黑、棕、紫、灰、绿、粉，双色导线主要颜色是红/白、红/黑、白/红、白/黑、棕/红、棕/白、棕/黑、绿/红、绿/白、绿/黑等。典型汽车电路中各条支路颜色的选用见表2-11。

表2-11   典型汽车电路中各条支路颜色的选用

导线 代号	线芯截面 积/mm²	颜色	导线走向	导线 代号	线芯截面 积/mm²	颜色	导线走向
1	2.5	红	起动机－熔断器盒	3B	1.5	粉	线束中的3号线－点火开关
1A	2.5	红	熔断器盒－电流表	4	2.5	白	直流接触器L柱－熔断器盒
2	2.5	粉	电流表－交流发电机电枢柱	5	0.8	绿	点火开关－直流接触器SW柱
3	2.5	粉	电流表－直流接触器B柱	6	1.5	黑	交流发电机外壳搭铁线
3A	1.0	粉	线束中的3号线熔断器盒				

（2）用具有一定含义的颜色作为导线标志。目前，我国汽车电气系统导线广泛使用双色标。日本工业标准所规定的导线颜色匹配见表2-12。我国标准与日本标准相近，这种标志能较快地识别导线属于哪个电路系统，能大致找到控制开关。如果一个开关控制的电器属于一个系统，则底色就全都相同，靠条纹区分。当电路特别复杂时，查线、配线也不是很方便。

表 2-12　　　　　日本工业标准所规定的导线颜色匹配

1	2	3	4	5	6
B 黑	BW 黑/白	BY 黑/黄	BR 黑/红		
W 白	WR 白/红	WB 白/黑	WL 白/蓝	WY 白/黄	WG 白/绿
R 红	RW 红/白	RB 红/黑	RY 红/黄	RG 红/绿	RL 红/蓝
G 绿	GW 绿/白	GR 绿/红	GY 绿/黄	GB 绿/黑	GL 绿/蓝
Y 黄	YR 黄/红	YB 黄/黑	YG 黄/绿	YL 黄/蓝	YW 黄/白
Br 棕	BrW 棕/白	BrR 棕/红	BrY 棕/黄	BrB 棕/黑	
L 蓝	LW 蓝/白	LR 蓝/红	LY 蓝/黄	LB 蓝/黑	
Lg 浅绿	LgR 浅绿/红	LgY 浅绿/黄	LgB 浅绿/黑	LgW 浅绿/白	

（3）用数字和字母作为导线主要标志，颜色作为辅助标志。当电路特别复杂时，仅用颜色作为导线标志容易混淆，因此在导线上印上数字或字母作为各条电路识别标志，可做到准确无误。

（4）用有一定含义的数字、字母作为主要标志，颜色作为辅助标志。

五　汽车电器接线柱标记

为了使导线与电器部件尽可能准确无误地互相连接，汽车电器部件采用了大量的接线端子标记。赋有一定含义的汽车电器接线端子标记，对于汽车电器产品设计制造或汽车电路配线、检修具有重要的意义。

1. 充电、起动和点火系统接线柱标记

充电、起动和点火系统接线柱标记见表2-13～表2-15。

表 2 - 13　　　　　　　　　　充电系统接线柱标记

系　统	接线柱		标记的含义	曾用标记	接线图上应用示例
	基本标记	下标			
发电机	61		交流发电机和调节器上接充电指示灯的接线柱	L	图 2 - 5
	A		直流发电机上电枢输出接线柱，调节器上的相应接线柱	A、S	
	B		交流发电机上的输出接线柱	B、A	图 2 - 3～图 2 - 6
			交流发电机调节器上接点火开关或电源开关的接线柱		
			直流发电机调节器上接蓄电池正极的接线柱	B	
	D+		交流发电机上磁场二极管的接线柱，调节器上相应接线柱	D+	
			当无 61 接线柱时用于充电指示灯的接线柱	S	图 2 - 3
	F		发电机上的磁场接线柱调节器上的相应接线柱		图 2 - 3～图 2 - 6
	N		交流发电机上的中性接线柱，调节器上的相应接线柱	N	图 2 - 3～图 2 - 6
	S		交流发电机调节器上接蓄电池电压检测点的接线柱		图 2 - 6
	W		交流发电机上的相电流接线柱	R、W	图 2 - 3
		W1	交流发电机上的第一个相电流接线柱		
		W2	交流发电机上的第二个相电流接线柱		

接有关继电器

接点火开关

充电指示灯

D　+W

B

接蓄电池正极

E

交流发电机

>U

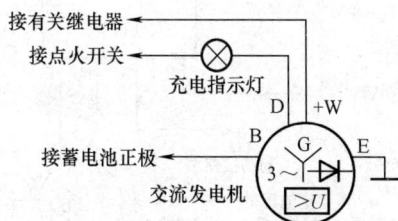

图 2-3　整体式发电机电路（IC 电压调节器）

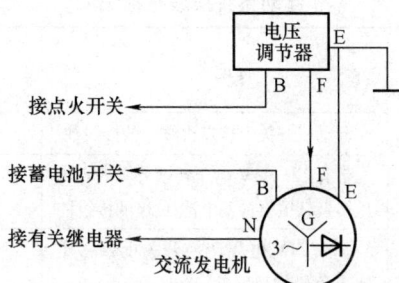

电压
调节器

E

B　F

接点火开关

F

接蓄电池开关

B

F

E

接有关继电器

N

交流发电机

图 2-4　分立式发电机电路（电子调节器）

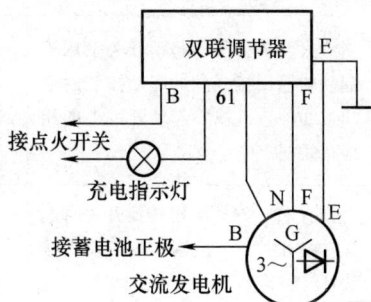

双联调节器

E

B　61

F

接点火开关

充电指示灯

N　F

E

接蓄电池正极

B

交流发电机

图 2-5　发电机电路（电磁振动式电压调节器）

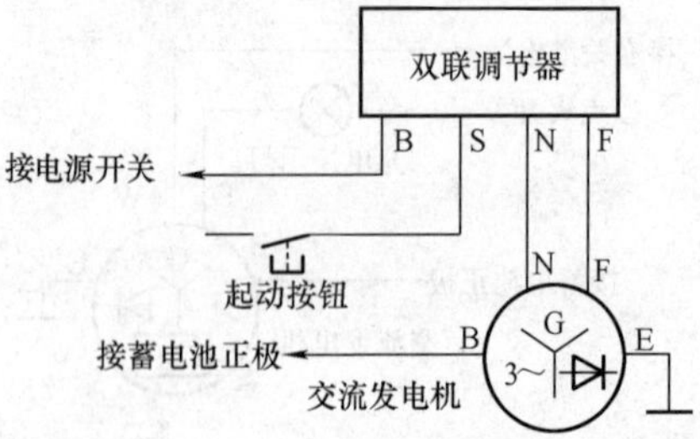

图 2-6　发电机电路（电磁振动式电压调节器）

表 2-14　　　　　　　　　　起动系统接线柱标记

系　　统	接线柱		标记含义	曾用标记	接线图上应用示例
	基本标记	下标			
起动系统		15a	起动机开关上接点火线圈的接线柱		图 2-7
		30a	带有 12～24V 电压转换开关时，电压转换开关上接蓄电池I负极的接线柱		
	31		12～24V 电压转换开关上接蓄电池Ⅰ负极的接线柱		
	48		起动继电器或 12～24V 电压转换开关上控制起动机电磁开关上的输出接线柱，起动机电磁开关上的相应接线柱		图 2-8、图 2-9
	50		点火开关、预热起动开关上用于起动的输出接线柱，起动按钮的输出接线柱，机械式起动开关上的相应接线柱		图 2-7、图 2-9
			带有 12～24V 电压转换开关时电压转换开关上，控制本身的输入接线柱		
		61a	复合起动继电器上接充电指示灯的接线柱	L	图 2-9

续表

系　统	接线柱		标记含义	曾用标记	接线图上应用示例
	基本标记	下标			
起动系统	86		起动继电器上绕组始端接线柱	S、SW	图2-8、图2-9
	A		起动继电器上接交流发电机A的接线柱		图2-8
	N		复合起动继电器上接交流发电机N或类似作用的接线柱		图2-9

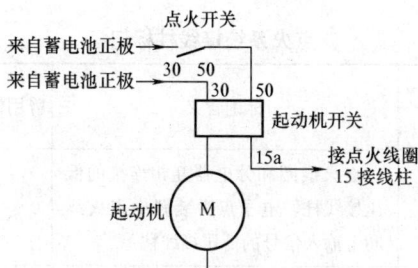

图 2-7　起动系统

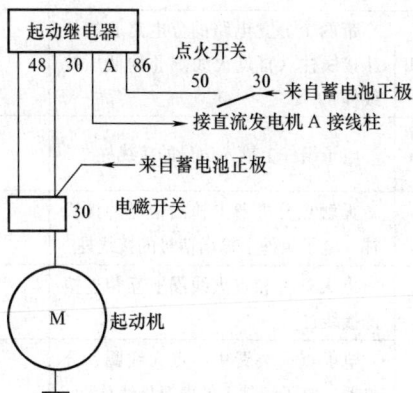

图 2-8　带起动继电器的起动系统

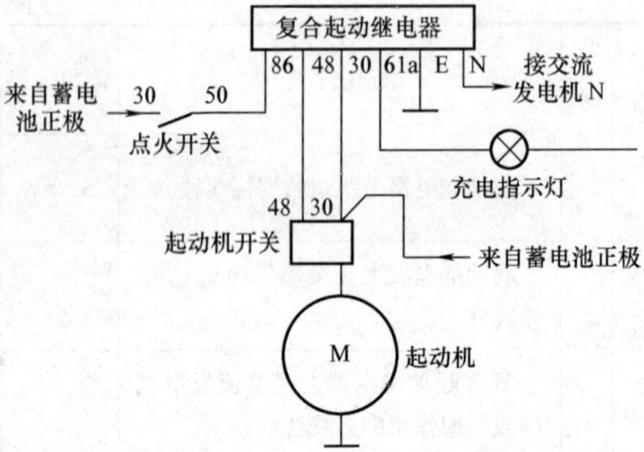

图 2-9　带复合起动继电器的起动系统

表 2-15　　　　　　　　点火系统接线柱标记

系　统	接线柱		标记含义	曾用标记	接线图上应用示例
	基本标记	下标			
点火系统	1		点火线圈和分电器互相连接的低压接线柱，电子点火装置中点火线圈上输入信号的低压接线柱		图 2-10～图 2-12
	1	1a	带两个分立电路的分电器Ⅰ的低压接线柱（自点火线圈Ⅰ的低压接线柱 1）		图 2-10～图 2-12
		1b	带两个分立电路的分电路Ⅱ的低压接线柱（自点火线圈Ⅱ的低压接线柱 1）		
		1e	电子组件上输入信号的接线柱		图 2-10、图 2-11
	7		无触点分电器上输出信号的接线柱，电子组件上输出信号的接线柱		图 2-11、图 2-12
	15		点火开关和点火线圈上互相连接的接线柱	＋	
			电子点火装置中，点火线圈、分电器、电子组件上的电源接线柱	－	

续表

系 统	接线柱		标记含义	曾用标记	接线图上应用示例
	基本标记	下标			
预热起动系统	15		预热起动开关上接其他用电设备的接线柱	BR	图 2-13
	19		预热起动开关上的预热接线柱	R1	
	50		预热起动开关上的起动接线柱	C、R2	
一般用途(特殊规定除外)	30		电器上接蓄电池正极或电源的接线柱	B	除发电装置外,所有电路中都可使用
	31		电器上接蓄电池负极的接线柱		
	E		电器上的搭铁接线柱	E	

图 2-10 传统点火系统

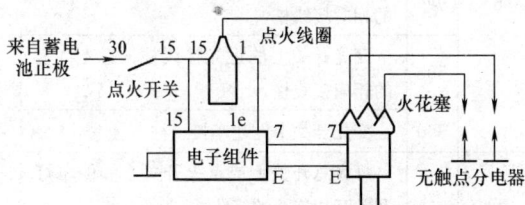

图 2-11 磁电式点火系统

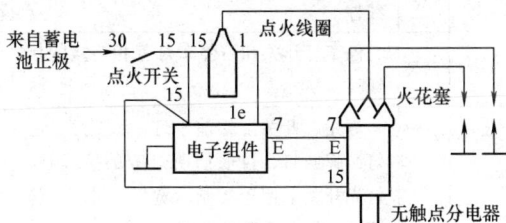

图 2-12 霍尔式点火系统

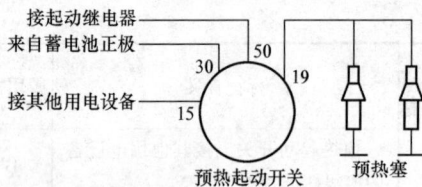

图 2-13 预热起动装置

2. 照明、信号与报警系统接线柱标记

照明、信号和报警系统接线柱标记见表 2-16～表 2-18。

表 2-16 照明和信号系统接线柱标记

系　　统	接线柱		标 记 含 义	接线图上应用示例
	基本标记	下标		
照明、信号系统（转向信号装置除外）	54		制动灯开关和制动灯互相连接的接线柱	图 2-14、图 2-15
	55		雾灯开关和雾灯互相连接的接线柱	
	56		灯光总开关和变光开关互相连接的接线柱，变光开关上除远光、近光、超车接线柱外的另一个接线柱	
		56a	变光开关上的远光接线柱，远光灯上的相应接线柱	
		56b	变光开关上的近光接线柱，近光灯上的相应接线柱	
		56d	变光开关上的超车接线柱	
	57		灯光总开关上或点火开关上和停车灯开关互相连接的接线柱	
		57L	停车灯开关和左停车灯互相连接的接线柱	
		57R	停车灯开关和右停车灯互相连接的接线柱	
	58		灯光总开关上接前小灯、示宽灯、尾灯、牌照灯、仪表照明灯等的接线柱，灯光开关上用于控制示觉灯、尾灯、牌照灯、仪表照明灯的接线柱	

续表

系 统	接线柱		标记含义	接线图上应用示例
	基本标记	下标		
照明、信号系统（转向信号装置除外）	58	58a	仪表照明灯开关和仪表照明灯互相连接的接线柱（单独布线时）	图2-14、图2-15
		58b	室内照明灯开关和室内照明灯互相连接的接线柱（单独布线时）	
		58c	灯光总开关和前小灯互相连接的接线柱（单独布线时）	
	59	59a	倒车灯开关和倒车灯互相连接的接线柱	
		59b	倒车指示灯上电源接线柱	
			倒车警报器上的电源接线柱	

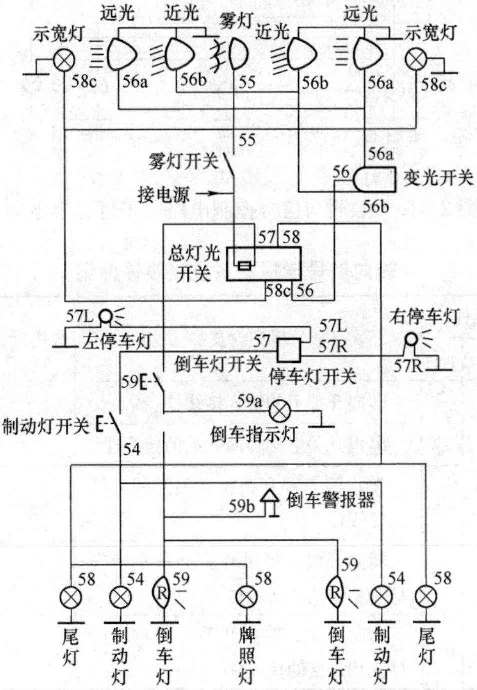

图 2-14 照明与信号控制电路（带总灯光开光）

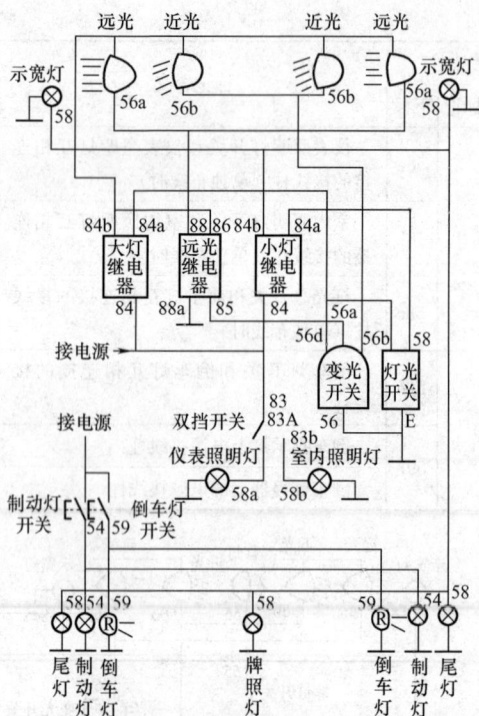

图 2-15　照明与信号控制电路（带灯光继电器）

表 2-17　　　　　转向信号与报警系统接线柱标记

系　统	接线柱		标记含义	曾用标记	接线图上应用示例
	基本标记	下标			
转向信号系统	49		转向开关上的输入接线柱		图 2-16～图 2-18
			警报开关上接转向开关的接线柱		
		49a	警报闪光器和警报开关互相连接的接线柱		
		49L	转向开关、警报开关上和左转向灯互相连接的接线柱		
		49R	转向开关、警报开关上相右转向灯互相连接的接线柱		

续表

系 统	接线柱		标记含义	曾用标记	接线图上应用示例
	基本标记	下标			
转向信号系统	L		转向信号闪光器上接转向开关的接线柱	L	图2-16～图2-18
			警报开关上接转向信号闪光器的接线柱		
	P		转向信号闪光器上接监视灯的接线柱	P	
		P1	左监视灯的接线柱		
		P2	右监视的接线柱		

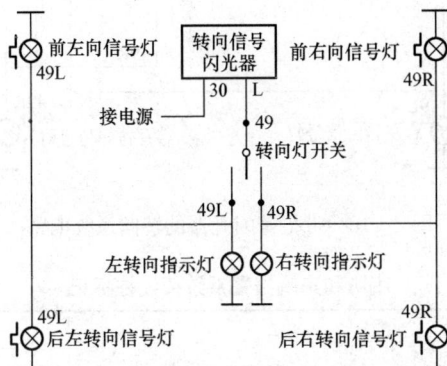

图 2-16 转向信号系统电路

图 2-17 带监视灯的转向系统电路

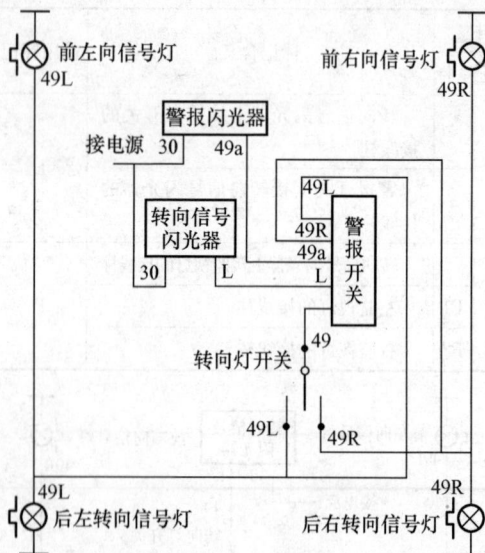

图 2-18　带报警闪光器的转向系统电路

表 2-18　　　喇叭和声响报警系统接线柱标记

系　统	接线柱		标记含义	曾用标记	接线图上应用示例
	基本标记	下标			
电喇叭和声响警报装置	72		警报开关上的接线柱		图 2-19、图 2-20
	H		喇叭继电器上，接电喇叭的接线柱	H	
	S		喇叭继电器上，电磁阀上，接喇叭按钮的接线柱	S	
	W		警报继电器上，接警报灯、警报喇叭的接线柱		

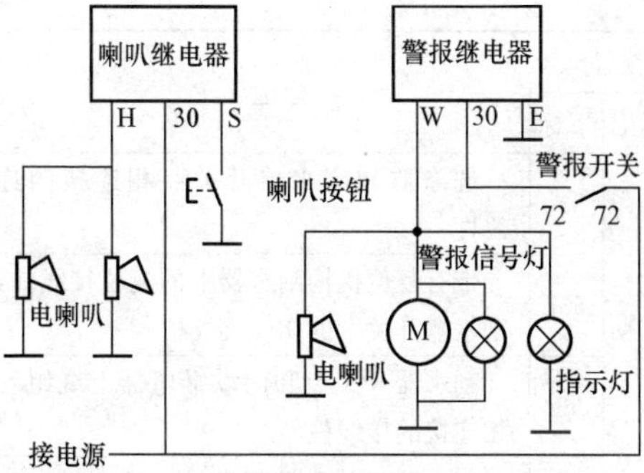

图2-19 喇叭和声响报警装置电路

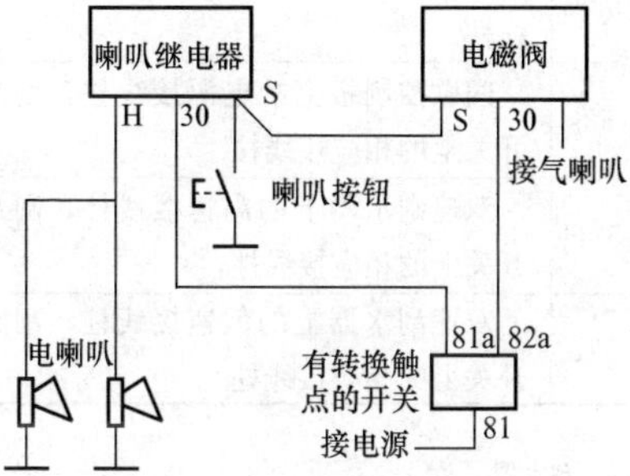

图2-20 带气喇叭的喇叭电路

3. 刮水器与洗涤器接线柱标记

刮水器与洗涤器接线柱标记见表2-19。

表2-19　　　　　刮水器与洗涤器接线柱标记

系　统	接线柱		标记含义	接线图上应用示例
	基本标记	下标		
（风窗）刮水器和洗涤器	53		刮水电动机上的主输入接线柱，刮水器开关上的相应接线柱	图2-21、图2-22
			间歇继电器上绕组始端接线柱	
			洗涤器上电源接线柱	

续表

系　统	接线柱		标记含义	接线图上应用示例
	基本标记	下标		
（风窗）刮水器和洗涤器	53	53c	洗涤器和刮水器开关互相连接的连线柱	图2-21～图2-24
		53e	带有复位机构刮水器上的复位接线柱，刮水器开关上的相应接线柱	
		53i	刮水器开关上和间歇继电器上绕组互相连接的接线柱	
		53j	刮水器开关上和间歇继电器上触点互相连接的接线柱	
		53m	刮水器和间歇继电器互相连接的接线柱	
		53s	间歇控制板上的电源接线柱，刮水器开关上的相应接线柱	
		53H	双速刮水器上的高速接线柱，刮水器开关上的相应接线柱	
		53L	双速刮水器上的低速接线柱，刮水器开关上的相应接线柱	

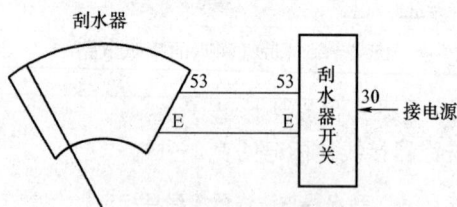

图2-21　单速刮水器电路

图2-22　双速刮水器电路（带复位电动机）

图 2-23 刮水器、洗涤器电路（带刮水间歇继电器）

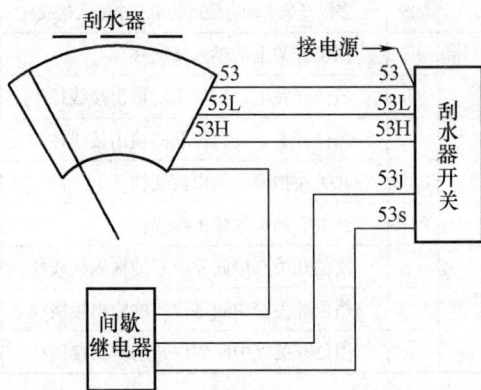

图 2-24 刮水器电路（带间歇控制板）

4. 机械开关和继电器接线柱标记

机械开关和继电器接线柱标记见表 2-20 和表 2-21。

表 2-20　　　　　　　机械开关和继电器接线柱标记

系　统	接线柱		标记含义	接线图上应用示例
	基本标记	下标		
机械开关（专用开关除外）	81		开关动断触点和转换触点上的输入接线柱	图 2-25
		81a	开关动断触点上的第一个输出接线柱（转换触点在动断触点一侧）	
		81b	开关动断触点上的第二个输出接线柱（转换触点在动断触点一侧）	
	82		开关上动合触点的输入接线柱	
		82a	开关上动合触点的第一个输出接线柱（转换触点在动合触点一侧）	
		82b	开关上动合触点的第二个输出接线柱（转换触点在动合触点一侧）	
		82z	多极开关上动合触点的第一个输入接线柱	
		82y	多极开关上动合触点的第二个输入接线柱	
	83		挡位开关上的输入接线柱	
		83a	挡位开关上，挡位Ⅰ的输出接线柱	
		83b	挡位开关上，挡位Ⅱ的输出接线柱	
		83L	开关左挡位的输出接线柱	
		83R	开关右挡位的输出接线柱	
	84		挡位开关（中间零位）的输入接线柱	
		84a	挡位开关（中间零位）的输出接线柱	
		84b	挡位开关（中间零位）的输出接线柱	

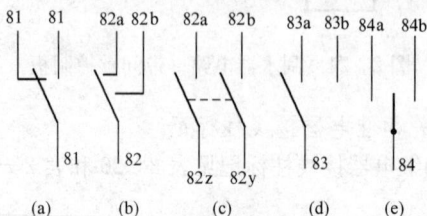

图 2-25　机械开关

（a）带转换触点的开关；（b）双触点常开开关；（c）双触点双极开关；
（d）双挡开关；（e）中间零位双向开关

表 2 - 21　　　　　　　　　　　继电器接线柱标记

系　统	接线柱		标记含义	接线图上应用示例
	基本标记	下标		
继电器（专用继电器除外）	84		继电器上绕组始端和触点共同输入接线柱	图 2 - 26
		84a	继电器上绕组末端输出接线柱	
		84b	继电器上触点输出接线柱	
	85		继电器上绕组末端输出接线柱	
	86		继电器上绕组始端输入接线柱	
	87		继电器上动断触点和转换触点的输入接线柱	
		87a	继电器上动断触点的第一个输出接线柱（转换触点在动断触点一侧）	
		87b	继电器上动断触点的第二个输出接线柱（转换触点在动断触点一侧）	
		87c	继电器上动断触点的第三个输出接线柱（转换触点在动断触点一侧）	
		87z	继电器上动断触点和转换触点的第一个输入接线柱（单独电流回路时）	
		87y	继电器上动断触点和转换触点的第二个输入接线柱（单独电流回路时）	
		87x	继电器上动断触点和转换触点的第三个输入接线柱（单独电流回路时）	
	88		继电器上动合触点的输入接线柱	
		88a	继电器上动合触点的第一个输出接线柱	
		88b	继电器上动合触点的第二个输出接线柱	
		88c	继电器上动合触点的第三个输出接线柱	
		88z	继电器上动合触点的第一个输入接线柱（单独电流回路时）	
		88y	继电器上动合触点的第二个输入接线柱（单独电流回路时）	
		88x	继电器上动合触点的第三个输入接线柱（单独电流回路时）	

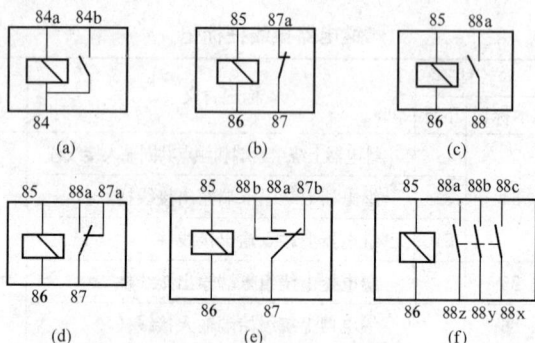

图2-26 继电器

（a）绕组与触点共用一个输入端；（b）带一个常闭触点；（c）带一个常开触点；
（d）带一个转换触点；（e）带组合转换触点；（f）3个触点继电器

第二节 汽车电路图的类型及识读方法

汽车电路图是将各电气部件的图形符号通过线条连接在一起，用于表达各电气系统的工作原理及电气部件之间的连接关系，同时还可表示各种电气部件、线束等在车上的具体位置。汽车电路图可分为电气布线图、电路原理图和定位图3种。

电气布线图

1. 特点

汽车电气布线图专门用来标记电气设备的安装位置、外形、线路走向等，是传统的汽车电路表示方法，如图2-27所示。它按照全车电气设备安装的实际方位绘制，部件与部件之间的连线按实际关系绘出，并将线束中同路的导线尽量画在一起。因此，布线图能较明确地反映汽车实际的线路情况，查线时导线中间的分支、接点很容易找到，为安装和检测汽车电路提供方便。但其导线密集，纵横交错，版面小不易分辨，版面大又受限制；读图费时费力，不易抓住电路重点、难点；识图、查找、分析故障不便；不易表达电路内部结构及工作原理。

2. 识别方法

（1）布线图中的元器件、部件、组件和设备等项目，尽量采用简化外形（如圆形、方形、矩形）表示，为了便于识图，必要时使用图

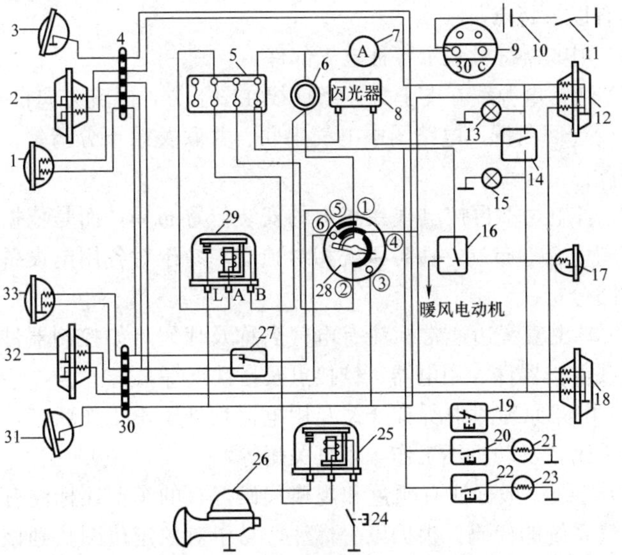

图 2-27　汽车照明和信号系统电路

1—右前照灯；2—右前组合灯；3—右侧灯；4—右前接线板；5—熔断器盒；

6—20A 熔断器；7—电流表；8—闪光器；9—起动机；10—蓄电池；11—电源总开关；

12—右后组合灯；13—右转向指示灯；14—转向灯开关；15—左转向指示灯；

16—暖风电动机与行李箱门控灯开关；17—行李箱门控灯；18—左后组合灯；

19—制动灯开关；20—顶灯开关；21—顶灯；22—发动机罩灯开关；

23—发动机罩灯；24—喇叭按钮；25—喇叭继电器；26—喇叭；

27—变光开关；28—车灯开关；29—灯光继电器；30—左前接线板；

31—左侧灯；32—左前组合灯；33—左前照灯；①—电源；

②—侧灯电源；③—侧灯；④—尾灯；⑤—前照灯；⑥—前组合灯

形符号表示。

（2）在布线图中，接线端子用端子代号表示。

（3）导线可用连续线或中断线表示。连续线是用连续的实线来表示端子之间实际存在的导线。中断线是用中断的实线来表示端子之间实际存在的导线，并在中断处标明去向。

电路原理图

1. 特点

电路原理图可清楚地反映出电气系统各部件的连接关系和电路原

理，具有以下特点。

（1）用电器符号表示各种电气部件。

（2）通常电源线在图上方，搭铁线在图下方，电流方向自上而下。电路较少迂回曲折，电路图中电气串联、并联关系十分清楚，电路图易于识读。

（3）各电气不再按电气在车上的安装位置布局，而是依据工作原理，在图中合理布局，使各系统相对独立，易于对各用电设备进行单独的电路分析。

（4）各电气旁边通常标注有电气名称及代码（如控制器件、继电器、过载保护器件、用电器、铰接点及搭铁点等）。

（5）电路原理图中所有开关及用电器均处于不工作状态，例如点火开关关闭，发动机不工作，车灯关闭等。

（6）导线一般标注有颜色和规格代码，有的车型还标注有该导线所属电气系统的代码。根据以上标注，易于对照定位图找到该电气或导线在车上的位置。

电路原理图有整车电路原理图和局部电路原理图。

汽车整车电路原理图如图 2-28 所示。为了尽快找到某条电路的始末，以便分析确定有故障的路线，不能孤立地仅局限于某一部分，而要将这一部分电路在整车电路中的位置及关联电路都表达出来。

汽车局部电路原理图如图 2-29 所示。为了弄清汽车电气的内部结构、各个部件之间相互连接的关系，以及某个局部电路的工作原理，常从整车电路图中调出需要研究的局部电路，参照其他资料，必要时根据实地测绘、检查和试验记录，将重点部位进行放大、绘制并加以说明。

2. 绘制方法

（1）元器件的表示方法。电路图的一个重要特征是元器件采用国家标准所规定的图形符号来表示。绘图时国家标准中规定的图形符号均可选用。有些元器件没有国家标准对应的图形符号，可根据标准中给出的规则，使用一般符号、基本符号来派生所需的新符号。对于不常用的符号，应增加文字注释，以便于理解。对于新研制的元器件，在尚无标准的图形符号之前，可采用其简化的外形图来表示，以便于反映该元器件的工作原理。

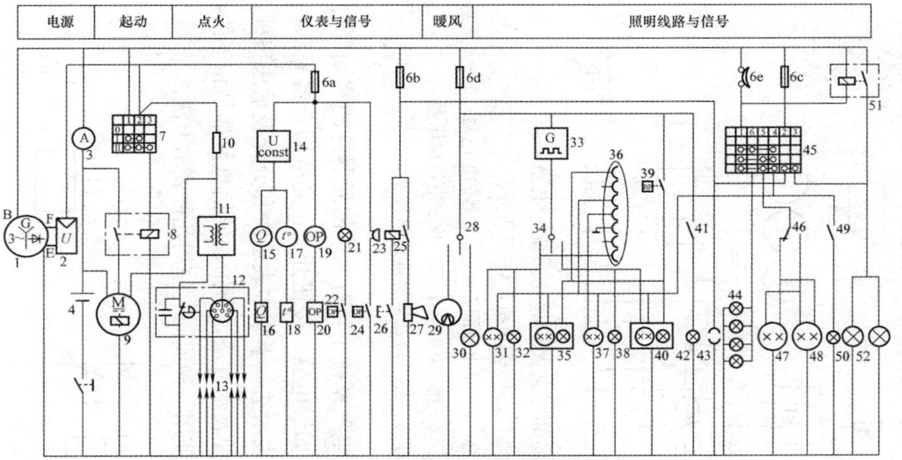

图 2-28 汽车整车电路原理图

1—交流发电机;2—发电机调节器;3—电流表;4—蓄电池;5—电源总开关;

6a~d—熔断器;

6e—双金属片式熔断器(20A);7—点火开关;8—起动机;9—起动继电器;

13—火花塞;14—仪表稳压器;15—燃油表传感器;16—燃油表;17—冷却液温度传感器;18—冷却液温度表;19—油压表;

10—附加电阻线;11—点火线圈;12—分电器;

20—油压表传感器;21—油压过低指示灯;22—油压过低报警开关;23—气压过低蜂鸣器;24—气压过低报警开关;

25—喇叭继电器;26—喇叭按钮;27—喇叭;28—行李箱门控灯和暖风电机开关;29—暖风电机;30—行李箱门控灯;

31—左前组合灯;32—左转向指示灯;33—右组合灯;34—转向灯开关;35—左后组合灯;36—左前组合灯;37—右前组合灯;

38—右转向指示灯;39—制动灯开关;40—右后组合灯;41—驾驶室顶灯开关;42—驾驶室顶灯;43—工作灯插座;44—仪表灯;

45—车灯开关;46—变光开关;47—左前照灯;48—右前照灯;49—发动机罩灯开关;50—发动机罩灯;51—灯光继电器;52—前侧灯

图 2-29　汽车局部（点火和起动系统）电路

1—蓄电池；2—电动机；3—发电机；4—点火开关；

5—点火线圈附加电阻；6—电压调节器；7—点火线圈；8—分电器的配电器；9—火花塞；

10—电压表；11—燃油表；12—燃油传感器；13—仪表电源稳压器；

14—冷却液温度表；15—冷却液温度传感器

（2）图形符号的布置。在电气系统中，有大量的元器件的驱动部分和被驱动部分采用机械连接，如继电器、按钮开关、光电耦合器等都属于这一类，其表示方法有集中表示法、半集中表示法和分开表示法三种，如图 2-30 所示。不管采用何种表示方法，所给出的信息量都是相等的，在同一张图纸上可以根据需要使用一种或同时使用几种表示方法。

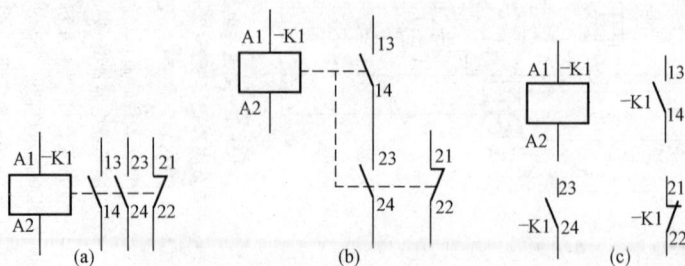

图 2-30　图形符号的布置

（a）集中表示法；（b）半集中表示法；（c）分开表示法

① 集中表示法。将元器件各组成部分的图形符号绘制在一起，易于查找项目的各个部分，元器件整体印象完整，适用于较简单的电路。

② 半集中表示法。将一个元器件某些组成部分的图形符号在图上分开布置，相互之间的关系用虚线表示，可以是直线，也可以折弯、分支和交叉。可减少电路连接线的往返和交叉，图面清晰，便于识读。但会出现穿越图面的机械连接线，仅适用于一般电路，复杂电路不采用这种方法。

③ 分开表示法。将一个元器件的各组成部分的图形符号在图上分开布置，相互之间的关系用项目代号表示。分开表示法既减少了电路连接线的往返和交叉，又不会出现穿越图面的机械连接线，因此在实际中应用广泛。

（3）电路与导线的排列。电路的排列优先采用从左到右、从上到下的原则，尽可能用直线、无交叉点、不改变方向的标记方式。另外，作用方向应与电路图边沿平行，如果出现许多平行线重叠成堆的情况，则将其编组，通常是把三条线集中为一组，留出距离，再表示下一组线，图 2-31 所示表示多条平行线的分组画法。

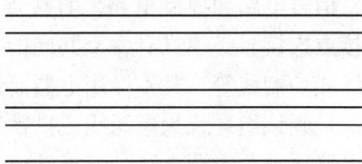

图 2-31　多条平行线的分组画法

（4）分界线与边框。电路的各部分用点画线或边框线限制，以此表明仪器、部件功能或结构上的属性。点画线表示仪器和电路中不导电的边框，这种图示可以不与外壳相一致，也不用来表示仪器的搭铁线。

（5）区段识别。区段识别符号标注在电路图的下沿，有助于更方便地寻找电路部件，以往区段识别标记也称为电路，可能的标记方式有 3 种。

① 用连续数字以相同的距离从左到右标注，如：1 2 3 4 5 6 7 …

② 标明电路区段的内容，如：电源　起动装置　点火装置　……

③ 以上两种方法的结合。汽车电路大多数都在电路图中指明电路区段的内容。

（6）标注。利用字母和数码可对设备、部件或电路图中的线路符号作标注，标注位于线路符号的左边或下边，如果设备的定义明确，标准内所规定的几种设备可不作标注。

3. 识读方法

（1）判断电气系统的控制方式。若属于电子控制系统，则将该系统电路分成电控单元的电源电路、信号输入电路和执行器工作电路；若用电器电路使用了继电器，则要区分主电路及控制电路，但无论主电路还是控制电路，往往都不止一条。

（2）识图从用电器入手。在电路图中，从其他部分入手不利于掌握各电器的工作原理；从用电器入手，很容易找到与之相关的控制器件。

（3）运用回路原则。运用回路原则找出用电器与电源正、负极构成的回路。

（4）分析各条主要电路。电路按其作用可分为电源电路、搭铁电路、信号电路和控制电路。直接连接在一起的导线（也可经由熔丝、铰接点连接）必须具有一个共同的功能，如都为电源线、搭铁线、信号线或控制线等。凡不经用电器而连接的一组导线若有一根接电源或搭铁，则该组导线为电源线或搭铁线。与电源正极连接的导线在到达用电器之前为电源电路；与搭铁点连接的导线在到达用电器之前为搭铁电路。

分析各条电路（电源电路、信号电路、控制电路、搭铁电路等）的作用时，经常采用排除法判断电路，即对不易判断功能的电路，通过排除其不可能的功能确定其实际功能。如分析某一具有三根导线的传感器电路时，已经分析出其电源电路、搭铁电路，则剩余的电路必然为信号电路。

（5）注意各元器件的串联、并联关系，特别要注意几个元器件共用电源线、共用搭铁线和共用控制线的情况。传感器经常共用电源线和搭铁线，但一定不会共用信号线。执行器会共用电源线、搭铁线、控制线。

三　定位图 ══════════════════════

在汽车上，为了安装方便和保护导线，将同路的许多导线用棉纱编制物或聚氯乙烯塑料带包扎成束。定位图是根据电气设备在汽车上的实际安装部位绘制的全车电路图。

1. 特点

整车电路定位图常用于汽车厂总装线和修理厂的连接、检修与配线。定位图主要表示线束与各用电器的连接部位、接线端子的标记、线头、插接器的形状及位置等，不必详细描绘线束内部的电线走向，只将露在线束外面的线头与插接器作详细编号或用字母标记。定位图突出配线记号，非常便于安装、配线、检测与维修。若将此图各线端用序号、颜色准确无误地进行标注，并与电路原理图和布线图结合使用，则效果更佳。

定位图在某些车型中还可定位用电器、控制器件、熔丝盒、继电器盒、接线盒、插接器搭铁点、铰接点、诊断座等，还可确定熔丝在熔丝盒内的具体布置以及插接器内部端子的具体布置情况。熔丝布置图如图 2-32 所示，插接器内部端子布置如图 2-33 所示。

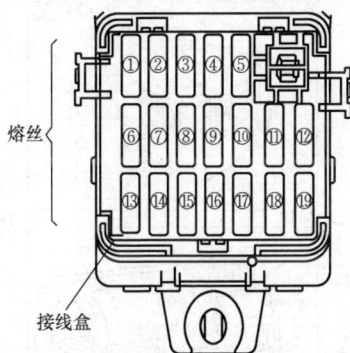

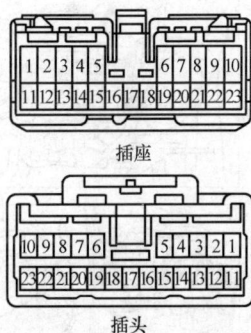

图 2-32　熔丝布置图　　　　　图 2-33　插接器内部端子布置

导线的定位由导线的两个端点确定，由于大多数导线裹在线束中，只用定位图找不到各导线，需要参照电路原理图中该导线两端插接器的相应端子号，在定位图中找到相应插接器，参照插接器的端子排列图找到导线相应的端子或接线柱，然后找到该导线。

目前，大多数汽车制造公司均采用了电路原理图结合定位图的表达方式，同时还附有表格，指出电路原理图上的电器、导线等在哪一张定位图上，如通用等车型。

2. 识读方法

定位图直观地反映了各电器及线路在车上的具体位置，有绘制和照片两种形式。按照作用可以分为以下几类。

（1）电器定位图。显示用电器、控制器件（包括传感器、电控单元、开关、继电器等）、插接器、接线盒、熔丝盒、继电器盒等在车上的具体位置，如图 2-34 所示，有助于迅速准确地找到各电器元件在车上的安装位置。

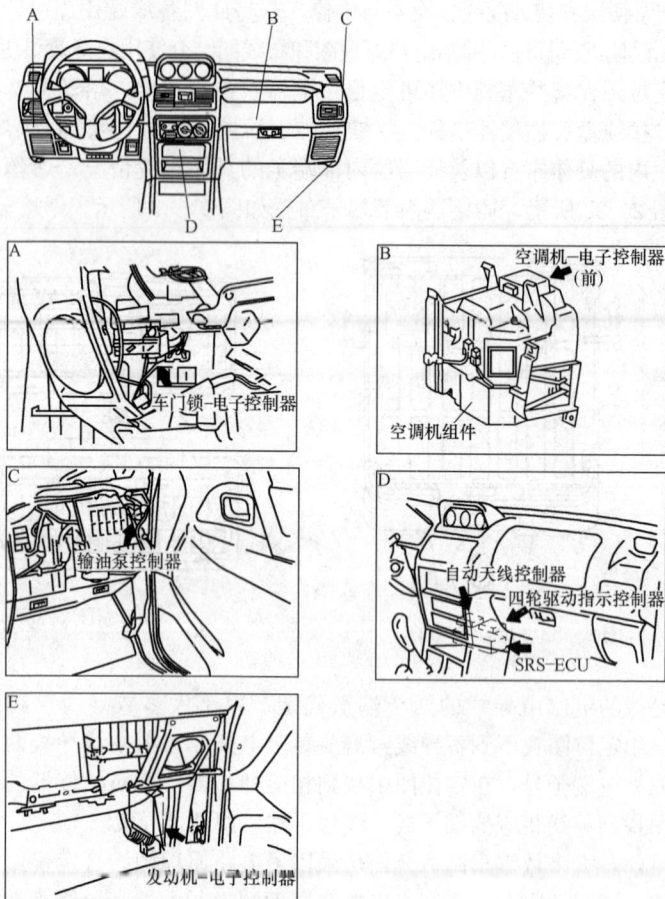

图 2-34　电器定位图

　　(2) 线束图。线束是电路的主干，通过插接器、铰接点与车内电器或车体连接，如图 2-35 所示。可从线束图中了解线束的走向及线束各插接器的位置。

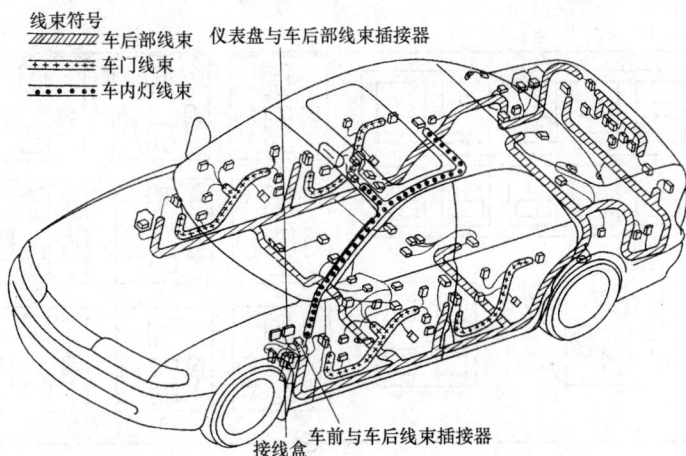

线束符号
////// 车后部线束
·+·+·+· 车门线束
·-·-·-· 车内灯线束

仪表盘与车后部线束插接器

接线盒 车前与车后线束插接器

图 2-35 线束图

　　(3) 插接器端子布置图。插接器是一个连有线束的插座，是电路中线束的中继站。对电路中导线连接的正确及可靠起重要的作用。电控单元与外部所有电器的连接都通过 ECU 插接器。

　　了解各导线如何与插接器连接是识读电路图的重要前提。一般插接器用代码标注，标注内容有插接器代码，根据此代码从定位图上找到其安装位置；插接器端子代码，与插接器平面图上各端子对应。插接器有多个端子，必须通过端子位置图明确各端子的连接情况，追踪各条进入该插接器的导线，如图 2-36 所示。丰田、马自达、克莱斯勒等车型常将插接器端子布置图附在原理图上。

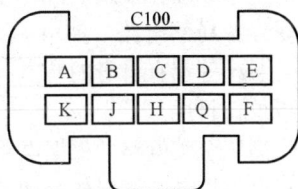

　　(4) 熔丝盒、继电器盒及接线盒的内部线路图。为便于检修，熔丝、继电器及导线的铰接点往往集中安装在

C100

| A | B | C | D | E |
| K | J | H | Q | F |

图 2-36 插接器端子布置图

熔丝盒、继电器盒及接线盒中。在读图时先根据电器定位图了解各盒在车上的安装位置后，再通过各盒的内部线路图了解盒内的连接关系，如图2-37所示。多数车型将这三种盒组合在一起成为熔丝/继电器盒、中央接线盒等。

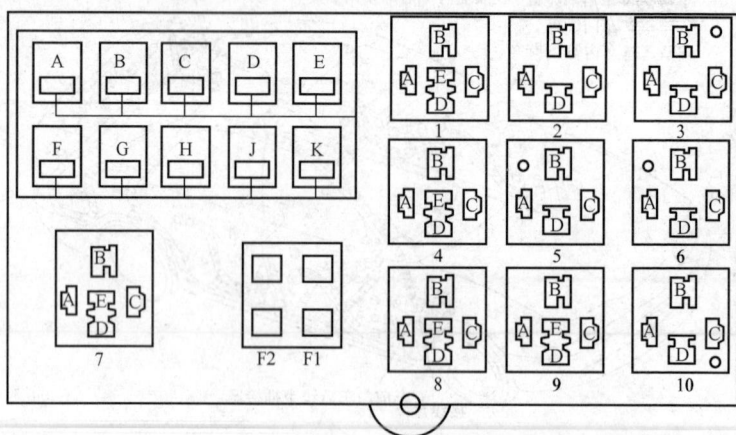

图2-37 熔丝/继电器盒平面图

第三节 汽车电路图的识读技巧

▬ 化整为零

整车电路由多个局部电路组成，表达了局部电路之间的连接、控制关系。要将局部电路从整车电路中分解出来，就必须掌握各局部电路的基本原理和接线规律。汽车电路的基本特点是单线制，电器互相并联。各局部电路，如电源系统、起动系统、点火系统、照明系统、信号系统等都有自身的特点，以其自身特点为指导去分解全车电路就会减少盲目性。

浏览全车电路，根据电路图上的电气图形符号及文字符号，先对全车电气设备的概况作全面了解，然后在全车电路图中将各局部电路分别框划出来。其优点是在同一局部电路中，各电气设备间的联系比较紧密，而与其他局部电路的联系相对松散，框划出来后，比较容易看出其特点，便于进行工作原理分析和查找故障；许多汽车的某些局部电路是相同、基本相同或相近的，这样只要略作比较，便可知其异同，从而可以举一反三。

查找局部电路时，必须遵守回路原则。各局部电路只有电源和电源总开关（若有）是公用的，任何一个用电器都要自成回路。看电路图时，应先找出电源部分，然后从电源火线到熔丝、开关，再往下找到用电器，最后经搭铁回到电源负极。

（1）电源系统电路。

① 先找到电源（蓄电池）与起动机之间的连接部件。

② 再找到发电机、调节器、电流表、蓄电池充电主回路：发电机"＋"→电流表→熔断器→蓄电池→搭铁→发电机"－"。充电电路是全车的主干电路，由它确立了两个直流电源（蓄电池和发电机）之间的关系。

③ 找出激磁电路。交流发电机的激磁电路常由点火开关或磁场继电器控制通断。

（2）起动系统控制电路。起动机通常与电源总开关相接。

（3）点火系统电路。蓄电池点火系统的低压电路由电源、断电器、点火线圈、点火开关等串联而成，高压电路的高压线则按工作顺序与各缸火花塞相接。

（4）照明系统电路。先找到车灯总开关，按接线符号分别找到电源火线、前照灯远近光、变光器、小灯、仪表灯与尾灯、顶灯及其他灯等。新增加的特殊用途灯常经备用熔断器引出，单设开关控制。由于汽车电路中灯线多而长，若将照明系统改用原理图来表达，看图与查线都很方便。

（5）信号系统电路。汽车转向信号灯、制动信号灯和喇叭等信号装置属于随时可能短暂工作电器，都接在常通电的接线柱上，只受一个开关控制，以免延误信号的发出。

（6）仪表系统电路。仪表系统都受点火开关（或电源总开关）控制。电热或电磁式仪表的表头与传感器串联，有的几块表共用一个稳压器或降压电阻，以获得较高的读数精度。

（7）辅助电器控制电路。为了提高汽车的操纵性、安全性和舒适性等，汽车电器的种类越来越多。目前较常见的辅助电器有：排气制动电控装置、刮水器、暖风、空调、洗涤电动泵、门窗电动机、点烟器、除霜器等。这些电器用途不同，结构各异。

此外，现代汽车还采用了先进的控制电子装置，如电子燃油喷射系统、电控自动变速器、防抱死制动系统（ABS）、电控动力转向系统、电子悬架、巡航控制系统、安全气囊（SRS）等。首先要了解每种电子控制装置的核心元件电控单元（ECU）各端子的功能及各种传感器、执行器的作用，然后再分析控制系统与有关部件之间的相互关系。

二　认真阅读图注

图注说明了汽车电路所包含的电器种类、名称、数量和用途等，通过阅读图注可初步了解该车都装配了哪些电气设备。然后通过电气设备的数码代号在电路图中找出该电气设备，再进一步找出相互连线、控制关系。这样有利于在读图中抓住重点，对提高读图速度大有帮助。

三　特别注意开关在电路中的作用

对于多层多挡多接线柱的开关要按层、按挡位、按接线柱逐级分析其各层各挡的功能。有的用电设备由两个以上的单挡开关（或继电器）控制，有的由两个以上的多挡开关控制，其工作状态可能比较复杂，如间歇刮水器电路。当开关接线柱较多时，首先抓住从电源来的一两个接线柱，再逐个分析与其他各接线柱相连的用电装置处于何种挡位，从而找出控制关系。对于组合开关，在线路图中是画在一起的，而在电路图中又按其功能画在各自的局部电路中。因此，分析汽车电路中的开关时，应注意以下问题。

（1）蓄电池或发电机的电流是通过哪种路径到达这个开关，中间是否经过其他开关和熔断器，这个开关是手动的还是电控的。

（2）这个开关控制哪些用电器，每个被控电器的作用是什么。

（3）开关的接线柱哪些是接电源的，哪些是接用电器的，接线柱旁边是否有接线符号，这些符号是否常见。

（4）开关共有几个挡位，每一挡位中哪些接线柱有电，哪些无电。

（5）在被控制的用电器中，哪些用电器应经常接通，哪些应短暂接通；哪些应先接通，哪些应后接通；哪些应当单独工作，哪些应当同时工作，哪些电器不允许同时接通。

四　了解开关和继电器的初始状态

电路图中的各种开关和继电器都是按初始位置画出的，如按钮未按下，开关未接通，继电器线圈未通电，其触点未闭合（常开触点）或未打开（常闭触点），这种状态称初始状态。但看电路图时，不能完全按原始状态分析，否则很难理解电路所表达的工作原理，因为大多数用电器都是通过开关、按钮、继电器触点的变化，实现不同的控制回路。如刮水器通过刮水开关挡位的变化来实现间歇、低速、高速刮水功能。

五　了解汽车电路电气图形符号

汽车电路图利用电气图形符号表示其构成与工作原理，因此必须了解电气图形符号的含义，才能看懂电路图。

六　了解电气元件在电路图中的布置情况

电气系统中的大量电气元件是驱动部分和被驱动部分采用机械联接，如各种继电器，还有多层多挡组合开关。这些元件在电路图上表示时，应做到画面简单、又便于识图，可采用集中表示法或分开表示法。

随着汽车电路日趋复杂，电气元件的组成越加复杂（如组合开关、继电器的线圈和触点等），若集中画在一起，则线条交叉过多，造成识图困难。此时宜采取分开表示法，即把继电器的线圈、触点分别画在不同的电路中，用同一文字符号或数字符号将分开部分联系起来。

七　了解各局部电路之间的内在联系和相互关系

对于整车电路，各局部电路除电源电路公用外，其他部分都是独立的，但它们之间存在着内在联系和相互影响。如起动发动机时，由于起动机瞬间电流很大，导致蓄电池内部电压降增大，其输出电压降低，因而影响其他电路的正常工作。因此，不但要熟悉各局部电路的组成、特点、工作过程和电流流经的路径、来龙去脉，还要了解各局部电路之间的联系和相互影响。在电路故障诊断过程中，可实现准确判断和快速确定故障部位。

八　牢记回路原则

任何一个完整的电路都是由电源、开关、用电器、导线等组成。电流流向必须是：电源正极→导线→开关→用电器→搭铁→同一个电源的负极。这个简单而重要的原则必须牢记，否则读汽车电路图时会理不出头绪来。具体的方法可以沿着工作电流的流向，由电源查向用电器；也可逆着工作电流的方向，由用电器查向电源。尤其是查寻一些不太熟悉的电路，后者比前者更为方便。

读电路图时常发生这样的错误：从电源正极出发，到某用电器或再经其他用电器，又回到了电源正极。众所周知，电源电压存在于电源正负极之间，而电源的同一电极是等电位的，没有电压，所以从正极到正极的电路不会产生电流，这样读图必然错误。

读电路图时往往将蓄电池、发电机这两个电源当作一个电源，常从一个电源的正极出发，经过用电器回到另一个电源的负极，但并未构成真正的回路，不能产生电流。因此，读图时要强调从一个电源正极出发，经过用电器回到同一个电源的负极。

有时虽然讲究回路原则，但在电流方向上却是随意的，有时从电源正极出发，经用电器回到同一电源的负极，这是正确的；有时又从电源的负极出发，经用电器回到电源的正极，这样虽然构成了回路，却因电流方向不确定，容易在某些线圈与磁路中引出错误的结论，而且这种电流方向在电子电路中是行不通的，且可能使元器件损坏。

第三章

汽车电气与电子控制系统电路

第一节 充电系统

一 充电系统的组成

汽车电源有两个，即蓄电池和发电机。蓄电池为辅助电源，当发动机处于静止状态或发电机电压低于蓄电池电压时，对汽车上各用电器供电。发电机为主电源，当发动机正常运转后，并且发电机电压高于蓄电池电压时，对汽车各用电器（除起动机外）供电。

汽车充电系统电路主要由蓄电池、发电机及电压调节器、充电指示装置及控制开关等组成。为使发电机在转速变化时输出稳定的电压，必须使用电压调节器。图3-1所示为装用电子式调节器的电源电路，电路特点如下。

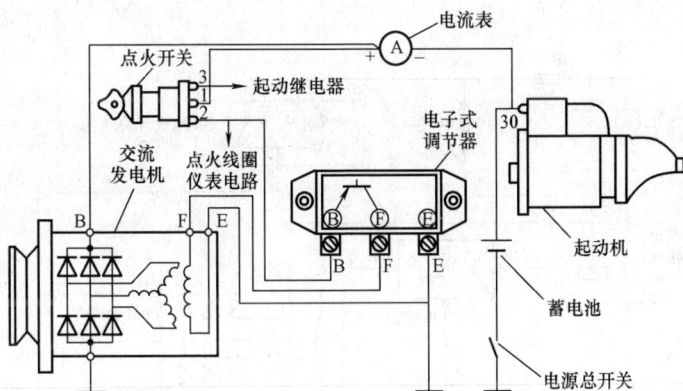

图 3-1 装用电子式调节器的电源电路

（1）发电机与蓄电池并联，蓄电池的充放电电流由电流表指示。接线时应注意电流表的"－"端接蓄电池正极，电流表"＋"端接发电机电枢接线柱 A（或 B），用电器由电流表"＋"端引出，电流表用于指示蓄电池的充、放电电流。

（2）蓄电池的负极经电源总开关搭铁，在汽车停用时，应注意切断电源总开关，以防蓄电池漏电。

（3）发电机的磁场电流由点火开关控制。当发电机转速很低，输出电压没有达到规定电压时，由蓄电池向发电机供给磁场电流。

二　充电系统基本电路

按发电机和调节器的装配关系，充电系统可分为外装调节器式充电系统和整体式交流发动机充电系统。

1. 外装调节器式充电系统

外装调节器式充电系统采用的发电机有内搭铁和外搭铁两种型式。

（1）内搭铁型发电机充电系统。磁场绕组的一端经滑环和电刷在发电机端盖上搭铁的发电机称为内搭铁型交流发电机。内搭铁型发电机充电系统电路，如图 3-2 所示。电压调节器有三个接线端子，其中一根通过熔丝、点火开关与电源正极连接，另外两根与发电机连接。与发电机连接的两根导线一根为调节器的接线端子 F 与发电机的接线端子 F 连接，另外一根用于保证调节器与发电机之间可靠搭铁。

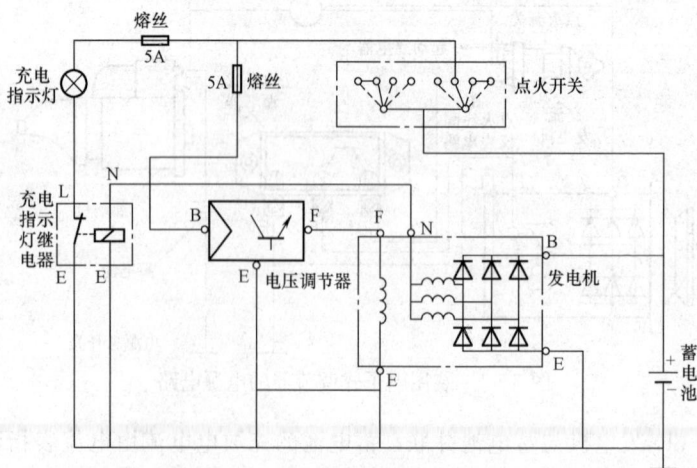

图 3-2　内搭铁型发电机充电系统电路

当点火开关接通（ON），发动机不起动时，充电指示灯点亮。发电机激磁电路：蓄电池正极→点火开关→熔丝→调节器的接线端子B→调节器的接线端子F→发电机D的接线端子F→发电机磁场绕组→发电机磁场的接线端子E→搭铁→蓄电池负极。

当发动机运转后，发电机正常发电，发电机中性点电压控制充电指示灯继电器的触点断开，切断充电指示灯电路，充电指示灯熄灭，说明发电机工作正常。此时发电机的激磁电路：发电机的接线端子B→点火开关→熔丝→调节器的接线端子B→调节器的接线端子F→发电机磁场绕组→发电机磁场的接线端子E。

（2）外搭铁型发电机充电系统。磁场绕组的两端均与发电机的端盖绝缘，其中一端经调节器后搭铁的发电机称为外搭铁型交流发电机。外搭铁型发电机充电系统电路，如图3-3所示。发电机接线端子F1通过熔丝、点火开关直接与电源正极连接，接线端子F2与调节器的接线端子F连接。

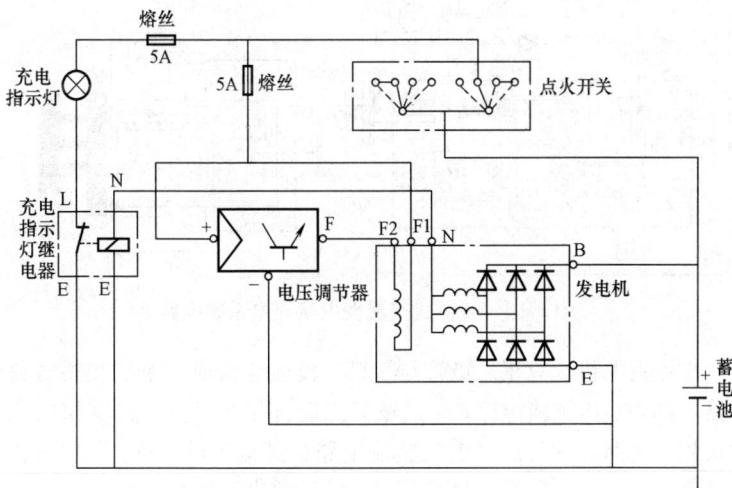

图3-3 外搭铁型发电机充电系统电路

当点火开关接通时，发电机激磁电路：蓄电池正极→点火开关→熔丝→发电机的接线端子F1→磁场绕组→发电机的接线端子F2→调

节器的接线端子 F→调节器的接线端子"−"→发电机的接线端子 E
→搭铁→蓄电池负极。

当发动机运转后，发电机正常发电时，发电机激磁电路：发电机
的接线端子 B→点火开关→熔丝→发电机的接线端子 F1→磁场绕组→
发电机的接线端子 F2→调节器的接线端子 F→调节器的接线端子
"−"→发电机的接线端子 E。

2. 整体式交流发动机充电系统

整体式交流发电机充电系统电路如图 3-4 所示。部分轿车发电机
的输出端"B＋"用红色导线经 80A 易熔线与蓄电池正极柱连接，易
熔线支架固定在蓄电池正极柱附近的发动机防火墙上。

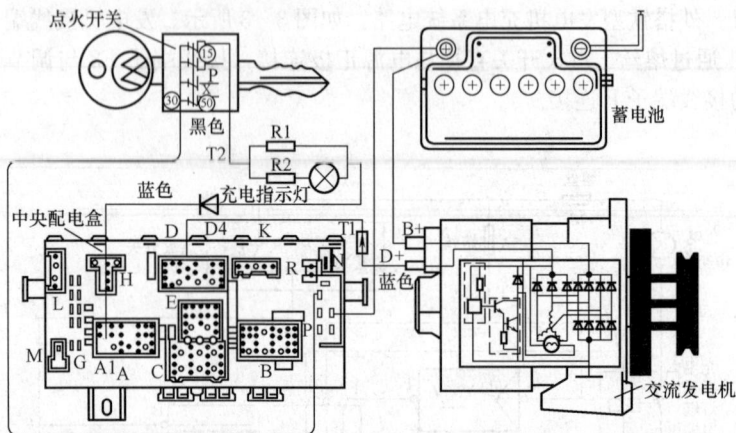

图 3-4　整体式交流发电机充电系统电路

交流发电机 3 只正二极管与 3 只二负极管组成一个三相桥式整流
电路，称为输出整流电路，3 只磁场二极管与 3 只负二极管组成三相
桥式整流电路，称为磁场电流整流电路，其输出端"D＋"用蓝色导
线经蓄电池旁边的单端子插接器 T1 后与中央配电盒（也成为中央线
路板）D 插座的 4 端子连接，再经中央配电盒内部线路与 A 插座的 16
端子相连。点火开关端子⑩用红色导线经中央配电盒上的单端子插座
P 与蓄电池正极连接，点火开关端子⑮用黑色导线与仪表盘下方黑色

插座的端子 14 连接（图中未画出，可参见电路图），经仪表盘印刷电路上的电阻 R1、R2 和充电指示灯 LED（R2 和充电指示灯串联后再与 R1 并联）及二极管接回到黑色插座端子 10，再用蓝色导线与中央配电盒 A 插座的 16 端子连接。

当发电机工作时，定子绕组中产生的三相交流电经输出整流电路整流后，输出直流电压 U_{B+} 向负载供电并向蓄电池充电，发电机的磁场电流则由磁场电流整流电路整流后输出的直流电压 U_{D+} 供给。充电指示灯的控制过程如下：

当点火开关接通时，充电指示灯电路接通，其电路：蓄电池正极→中央配电盒 P 插座→点火开关端子⑩→点火开关→点火开关端子⑮→电阻 R1、R2 和充电指示灯→二极管→中央配电盒 A 插座的 16 端子→中央配电盒内部线路→D 插座的 4 端子→蓄电池旁边的单端子插接器 T1→发电机端子"D＋"→发电机磁场绕组→调节器→搭铁→蓄电池负极。可见，充电指示灯一端（左端）接蓄电池电压，一端（右端）接发电机"D＋"端输出电压。在发电机尚未发电时，发电机"D＋"端尚无电压输出，充电指示灯两端电位差较大，指示灯发亮，指示磁场电流接通并由蓄电池供电。

发动机起动后，随着发电机转速升高，发电机"D＋"端电压随之升高，充电指示灯两端的电位差降低，指示灯亮度减弱。当发电机电压升高到蓄电池充电电压 U_C 时，发电机"B＋"端与"D＋"端电位相等（$U_{B+}=U_{D+}+U_C$），此时充电指示灯两端电位差降低到零，指示灯熄灭，指示发电机已正常发电，磁场电流由发电机本身供给。

当发电机转速降低时，"D＋"端电位降低，指示灯两端电位差增大，指示灯又亮，指示蓄电池放电。当发动机高速运转、充电系统发生故障，导致发电机不能发电时，由于"D＋"端无电压输出，因此充电指示灯两端电位差增大，指示灯发亮，警告驾驶人应及时停车排除故障。

三 充电系统典型电路

捷达轿车电源系统电路，如图 3-5 所示。捷达轿车电源系统主要由发电机、蓄电池、起动机和点火开关组成。

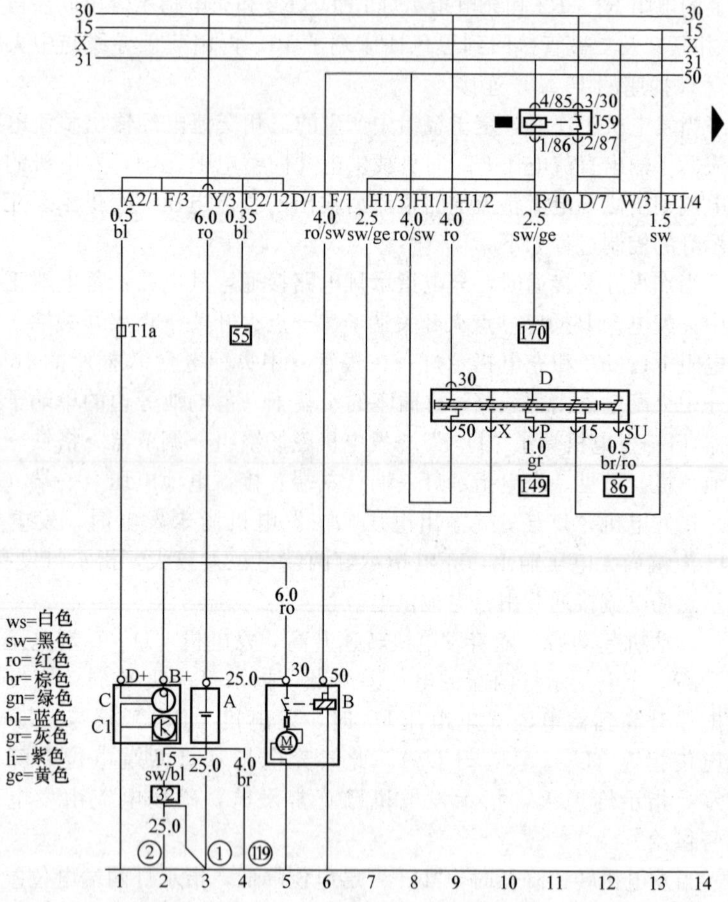

图 3-5　捷达轿车电源系统电路

A—蓄电池；B—起动机；C—发电机；C1—电压调节器；D—点火开关；
J59—卸荷继电器；T1a—单孔接头（蓄电池附近）；①—搭铁线（蓄电池-车身）；
②—搭铁线（变速器-车身）；119—搭铁连接点，前照灯线束内

（1）蓄电池电路。蓄电池的正极与起动机接线端子 30 用粗线连接，用来向起动机供大电流，同时通过接线端子 30 用一根 6.0mm² 的

红色线与发电机的 B＋接线端子连接，另一条 6.0mm² 的红色线与插接器 Y 的第 3 个接线端子连接，向其他用电设备供电，以 30 线标示。

蓄电池的负极搭铁，用①表示搭铁点在车身上，用②表示搭铁点在变速器。这两条搭铁线较粗，截面积为 25.0mm²。另一个搭铁点用 119 表示，在前照灯线束内，线粗 4.0mm²，棕色。还有一个搭铁点在晶体管点火系统控制单元，位于压力通风舱左侧，线粗 1.5mm²，黑/棕双色线。

（2）起动机电路。接续号 5、6 表示自身内部搭铁。接线端子 30 如前所述。接线端子 50 用线粗 4.0mm² 的红/黑双色线与插接器 F 第一个接线端子连接，并通过插接器 H1 的接线端于 1 与点火开关的接线端子 50 连接，组成起动机电磁开关的控制电路。50 接线端子有电，起动机便工作。

（3）发电机电路。发电机电压调节器用 C1 表示。线路编号 1 的细实线表示发电机自身搭铁。发电机的 D＋端子，通过一个单孔接头 T1a 与插接器 A2 的 1 号接线端子连接，通过线路编号 55 位置接仪表板，经二极管后接点火开关。在点火开关断开时 D＋端子无电，而 B＋端子为蓄电池电压。

点火开关闭合，发动机未起动时，D＋端子有电，仪表板内的二极管正向导通，向发电机励磁绕组提供励磁电流，发电机报警灯亮。发动机起动后，发电机发电，D＋端子电压由发电机提供，进入自励，D＋端子电位升高后，二极管截止，发电机报警灯熄灭。接头 T1a 安装在蓄电池附近。

（4）点火开关电路。点火开关有 6 个接线端子。接线端子 SU 用 0.5mm² 的棕/红双色线，控制收放机电路。接线端子 15 用 0.5mm² 的黑线通过插接器 H1 的 4 号接线端子向点火系统供电。接线端子 P 向停车灯供电。接线端子 X 用 2.5mm² 黑/黄双色线，经插接器 H1 的 3 号接线端子与 4 号位（触点卸荷继电器 J59）继电器座的 1 号接线端子相连。继电器座的 1 号接线端子与继电器 86 端子相接。卸荷继电器 J59 工作，X 线便与 30 相通有电。接线端子 50 为起动机控制线。

第二节 起动系统

一 起动系统的组成

汽车起动系统一般由蓄电池、起动机、起动继电器等组成。图3-6所示为汽车起动系统电路。起动发动机时，将点火开关置于"起动"位置，则起动继电器工作，接通起动机电磁开关电路，从而接通起动机与蓄电池之间的电路，蓄电池向起动机供给200～600A大电流，起动机转动带动发动机运转。发动机起动后，若没有及时松开点火开关，由于交流发电机电压升高，当中性点电压达5V时，在起动继电器的作用下，起动机的电磁开关释放，切断蓄电池与起动机之间的电路，起动机自动停止工作。

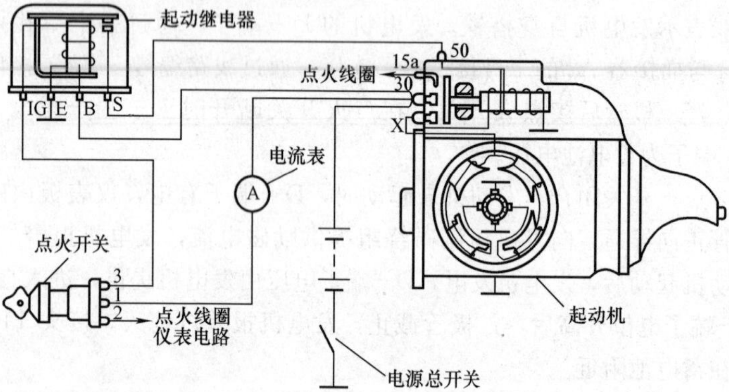

图3-6 汽车起动系统电路

二 起动系统基本电路

1. 普通起动系统控制电路

（1）起动发动机时，起动系统工作情况（见图3-7）。

① 接通起动开关，起动继电器工作，电磁开关线圈电路接通。

起动发动机时，将点火开关置起动位置，起动继电器线圈电路接通：蓄电池正极→起动机端子30→电流表→点火开关→起动继电器

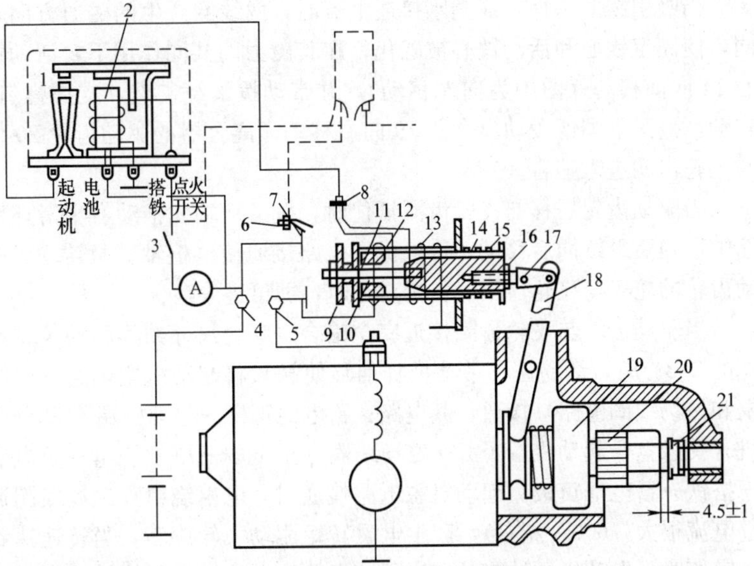

图 3-7　普通起动系统控制电路

1—起动继电器触点；2—起动继电器线圈；3—点火开关；4—起动机端子 30；

5—起动机端子 C；6—附加电阻短路接线柱端子 15a；7—开关触点；8—起动机端子 50；

9—开关触盘；10—推杆；11—固定铁心；12—吸引线圈；13—保持线圈；14—活动铁心；

15—复位弹簧；16—调节螺钉；17—耳环；18—拨叉；19—滚柱式单向离合器；

20—驱动齿轮；21—止推垫圈

"点火开关"端子→起动继电器磁化线圈→起动继电器"搭铁"端子→蓄电池负极。电流流过起动继电器线圈使铁心磁化，电磁吸力吸下触点臂，触点 1 闭合，接通电磁开关中吸引线圈和保持线圈电路。

吸引线圈电路：蓄电池正极→起动机端子 30→起动继电器"电池"端子→继电器支架、触点臂→继电器触点→继电器"起动机"端子→起动机端子 50→吸引线圈→起动机端子 C→起动机磁场线圈、电枢绕组→搭铁→蓄电池负极。

保持线圈电路：蓄电池正极→起动机端子 30→起动继电器"电池"端子、支架、触点→继电器"起动机"端子→起动机端子 50→保持线圈→搭铁→蓄电池负极。

② 电磁开关与传动机构工作，起动机主电路接通，起动发动机。

当吸引线圈和保持线圈刚接通电流时，两线圈产生的磁通方向相同，使固定铁心和活动铁心被磁化，在其磁力的共同作用下，活动铁心 14 向前移动（图中为向左移动），并带动拨叉绕支点（支撑螺钉）转动，拨叉下端便拨动离合器 19 向右移动，离合器的驱动齿轮 20 便与飞轮齿圈进入啮合。

当驱动齿轮后移与飞轮齿圈抵住时，拨叉下端先推动右半滑环压缩锥形弹簧继续向后移动，待电机主电路接通使电枢轴稍微转动、驱动齿轮的轮齿与飞轮齿圈的齿槽对正时，即可进入啮合。

当驱动齿轮与飞轮齿圈接近完全啮合（啮合尺寸约为驱动齿轮齿宽的 2/3）时，活动铁心带动推杆前移使触盘将起动机主电路（即电枢和磁场线圈电路）接通，其电路：蓄电池正极→起动机端子 30→电机开关触盘→起动机端子 C→磁场线圈→正电刷→电枢绕组→负电刷→搭铁→蓄电池负极。起动机主电路接通时，电枢绕组和磁场线圈通过电流很大（600A 左右），产生电磁转矩驱动飞轮旋转，当转速达到一定值时，发动机便被起动。当驱动齿轮沿电枢轴的螺旋键槽向后移动（实为又转又移）时具有惯性力作用，后移直到抵住安装在电枢轴上的止推垫圈 21 为止。止推垫圈内装有卡环，卡环装在电枢轴上，因此止推垫圈将驱动齿轮向后移动的惯性冲击力加到电枢轴上，防止冲击力作用到后端盖上而打坏端盖。

③ 当主电路接通时，吸引线圈 12 被触盘 9 短路，保持线圈继续工作。

在触盘 9 将电动机开关触点接通（即起动机端子 30 与 C 接通）之前，吸引线圈的电流从起动机端子 30 经起动继电器触点 1、起动机端子 50、吸引线圈 12 流到起动机端子 C。

当触盘 9 将电动机端子 30 与 C 直接连通时，吸引线圈 12 便被触盘短路，吸引线圈因无电流流过而磁力消失。此时保持线圈继续通电，活动铁心 14 与固定铁心 11 之间的气隙很小，活动铁心由保持线圈 13 的磁力保持在吸合位置。

（2）发动机起动后，起动系统工作情况。

① 断开起动开关，起动继电器触点断开。当发动机起动后，放松

点火钥匙，起动继电器线圈电路被切断。继电器线圈 2 断电后，磁力消失，在支架的弹力作用下，触点 1 迅速张开。

② 吸引线圈电流改变方向，起动开关断开，齿轮分离。当起动继电器触点刚断开时，吸引线圈 12 中的电流电路改变方向，其电路：蓄电池正极→起动机端子 30→触盘 9→起动机端子 C→吸引线圈→起动机端子 50→保持线圈→搭铁→蓄电池负极。

此时吸引线圈 12 再次通电，电流和磁通方向与起动时相反。由于保持线圈的电流和磁通方向未变，因此两个线圈产生的磁力相互抵消。在复位弹簧 15 的作用下，活动铁心 14 立即右移复位，并带动推杆和触盘向右移动，使起动机主电路切断而停转。与此同时，拨叉带动单向离合器 19 向左移动，使驱动齿轮与飞轮齿圈分离，起动工作结束。

2. 带起动保护的起动控制电路

带起动保护的起动控制电路采用组合继电器代替起动继电器，实现起动保护，电路如图 3-8 所示。

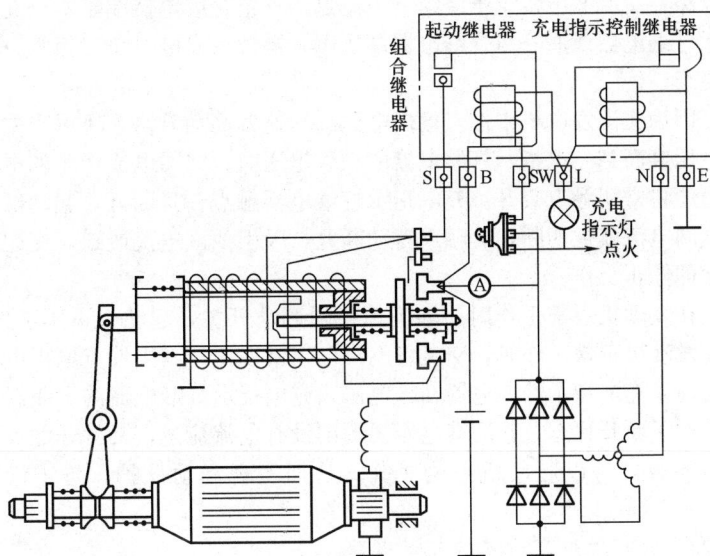

图 3-8 带起动保护的起动控制电路

（1）起动机工作情况。当点火开关置起动位置时，起动继电器线圈电路接通，其电路：蓄电池正极→起动机端子30→电流表A→点火开关→组合继电器端子SW→起动继电器线圈→组合继电器端子L→充电指示灯继电器触点→组合继电器端子E→搭铁→蓄电池负极。起动继电器线圈通电产生电磁吸力将其常开触点吸闭，从而接通电磁开关的吸引线圈和保持线圈电路，使起动机投入工作。

吸引线圈电路：蓄电池正极→起动机端子30→组合继电器端子B→组合继电器起动继电器触点→组合继电器端子S→起动机端子50（即吸、保线圈端子）→吸引线圈→起动机端子C→磁场线圈、电枢绕组→搭铁→蓄电池负极。

保持线圈电路：蓄电池正极→起动机端子30→组合继电器端子B→起动继电器触点→组合继电器端子S→起动机端子50→保持线圈→搭铁→蓄电池负极。吸引线圈和保持线圈通电后，起动机的工作情况与普通起动系统控制电路相同。

（2）起动保护原理。发动机一旦起动，曲轴皮带轮驱动发电机旋转而发电。发电机中性点N端向充电指示灯继电器线圈供电，线圈电流电路：交流发电机定子绕组→中性点N→组合继电器端子N→充电指示灯继电器线圈→组合继电器端子E→搭铁→发电机负二极管→定子绕组。

因为交流发电机中性点输出电压随转速升高而升高，所以当中性点电压升高到充电指示灯继电器的动作电压时，线圈电流产生的电磁吸力便将常闭触点吸开。充电指示灯继电器触点一旦断开，起动继电器线圈电流就被切断，其触点自动断开，吸引线圈电流改道，使起动机立即停止工作。

在发动机正常工作时，如不慎接通起动开关，起动机也不工作。因为发动机正常工作时，交流发电机已正常发电，其中性点输出电压始终高于充电指示灯继电器动作电压，充电指示灯继电器的常闭触点始终处于断开状态，起动继电器线圈中没有电流流过，其常开触点不可能闭合，所以起动机不会工作，从而实现起动保护，防止齿轮打坏。

3. 具有预热定时器的起动电路

具有预热定时器的起动电路如图3-9所示。

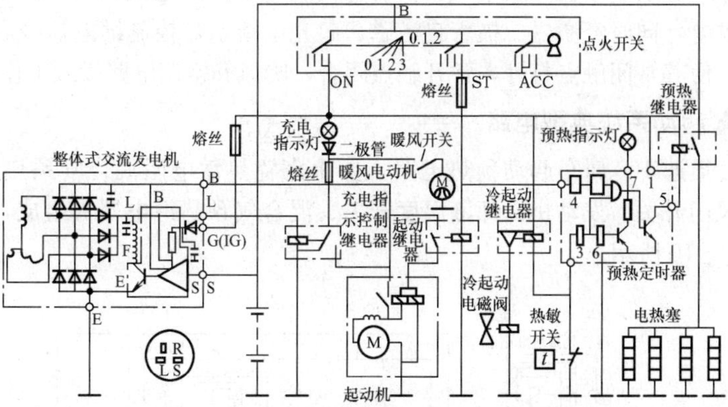

图 3-9　具有预热定时器的起动电路

接通点火开关，充电指示灯亮，其回路：蓄电池正极→点火开关→充电指示灯→二极管→熔丝→充电指示控制继电器常闭触点→搭铁→蓄电池负极。

同时，发电机磁场绕组电路接通，其回路：蓄电池正极→点火开关→熔丝→发电机 R（或 IG）接线柱→调节器降压电阻→发电机磁场绕组→大功率三极管→搭铁→蓄电池负极。此时，在预热定时器 1 端子有 12V 电压，端子 6 搭铁，端子 7 接预热指示灯，端子 5 接预热继电器线圈，端子 3 接位于节温器上的热敏开关。该开关向预热定时器送出发动机冷却液温度是否高于 0℃ 的信号，并在冷却液温度低于 3℃ 时断开，在 7～13℃ 时接通。热敏开关接通时，预热定时器的端子 3 处于低电位，预热指示灯仅能亮 0.3s，表示可直接起动，预热继电器不会吸合。在冷却液温度低于 3℃ 时，热敏开关断开，预热定时器的端子 3 处于高电位，经内部门电路控制，预热指示灯将亮 3.5s，表示等待预热。此时，预热继电器吸合，电热塞通电，待 3.5s 后指示灯熄灭，表示可以起动。点火开关可拨至起动（ST）位置。当冷却液温度低于 0℃ 时，冷起动电磁阀通电，将喷油泵头部的溢流通道切断，提高燃油压力，使发动机低速时喷油定时装置的作用提前。

当点火开关拨至起动挡位后，起动继电器触点闭合，起动机通电工作，起动发动机，发动机驱动发电机发电，向蓄电池充电并向用电器供电，同时经激磁二极管自激磁，向充电指示灯控制继电器线圈供电，使其常闭触点打开，常开触点闭合，暖风和空调电路投入工作。

三　起动系统典型电路

奥迪 100 轿车起动预热电路主要由陶瓷热敏电阻混合气预热器、阻风门开关、发动机冷却液温度开关、混合气预热继电器等组成，如图 3-10 所示。

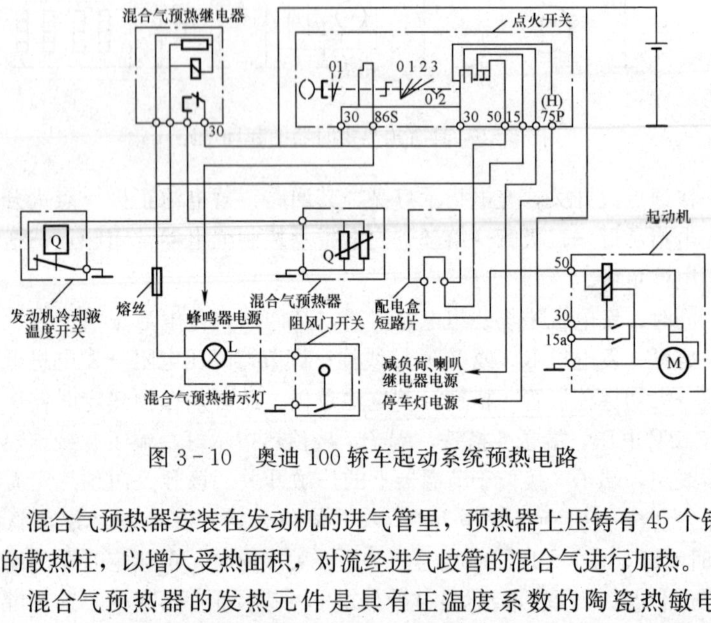

图 3-10　奥迪 100 轿车起动系统预热电路

混合气预热器安装在发动机的进气管里，预热器上压铸有 45 个铝合金的散热柱，以增大受热面积，对流经进气歧管的混合气进行加热。

混合气预热器的发热元件是具有正温度系数的陶瓷热敏电阻（PTC），它具有随温度升高电阻增大的特性，因此可使加热温度得到控制。温度超过某一温度值时，其电阻可增加几十倍，从而使通过的电流减小，温度下降，直到冷却下来，又恢复到正常工作状态。利用这一特性，在发动机起动时，在短时间内对可燃混合气预热，使汽车低温起动性能大为改善。

预热起动前，先将阻风门开关手柄完全拉出，锁止在第四个棘爪上，将阻风门关闭，阻风门开关触点闭合。起动发动机时，将点火开关钥匙转至预热挡，点火开关接线柱 30 与 15 连通，使手动阻风门电路和发动机冷却液温度开关与混合气预热器电路接通。手动阻风门电路：蓄电池正极→点火开关接线柱 30 与 15→熔丝→组合仪表中的混合气预热器指示灯→阻风门开关→搭铁→蓄电池负极。指示灯发亮，表明起动预热开始。

发动机冷却液温度开关安装在发动机冷却液出口处，其触点平时闭合。它可通过发动机冷却液温度的变化控制混合气预热器的工作。当冷却液温度低于 55～65℃时，冷却液温度开关触点闭合，此时电流从蓄电池正极→点火开关接线柱 30 与 15→混合气预热继电器线圈→冷却液温度开关→搭铁→蓄电池负极。此时继电器两对触点同时闭合，接通混合气预热器电路，其回路：蓄电池正极→点火开关接线柱 30 与 15→混合气预热继电器触点→混合气预热器→搭铁→蓄电池负极，使得混合气预热器发热，对混合气加热，发动机在环境温度－30℃以上时可直接起动，同时还使起动时的 HC 和 CO 的排放量减少。当发动机冷却液温度升至 65℃以上时，冷却液温度开关触点断开，使混合气预热器断电而停止工作。

第三节 点火系统

一 点火系统的组成

1. 传统点火系统的组成

传统点火系统主要由电源、点火线圈、分电器、火花塞及点火开关等组成，如图 3－11 所示。

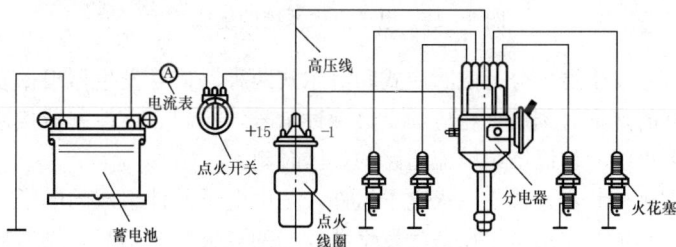

图 3－11 传统点火系统的组成

（1）电源。点火电源为蓄电池和发电机，电压为 12V，为点火系统提供电能。

（2）点火线圈。将 12V 低压电转变为 15～30kV 高压电。

（3）分电器。主要由断电器、配电器、电容器和点火提前机构等组成，将点火线圈产生的高压电，按气缸工作顺序轮流送往各缸火花塞。

（4）火花塞。将次级线圈产生的高压电引入气缸燃烧室产生电火花，点燃可燃混合气。

（5）点火开关。控制点火系统的初级电路，只要断开点火开关，发动机就立即熄火。

（6）附加电阻。用以改善点火性能和起动性能，它通常与点火线圈组装在一起。

2. 电子点火系统的组成

电子点火系统主要由电源、点火线圈、点火控制器、内装信号发生器的分电器、火花塞、点火开关等组成，如图 3-12 所示。

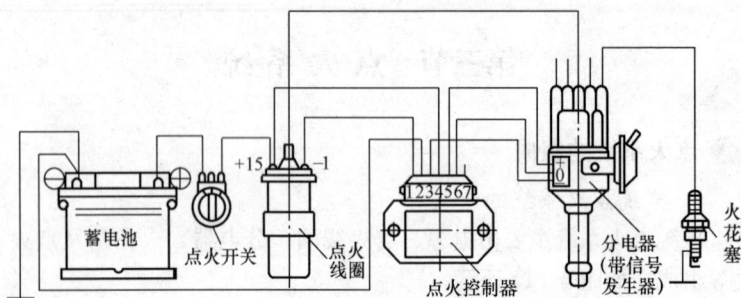

图 3-12　电子点火系统的组成

信号发生器可分为磁感应式和霍尔式两种。信号发生器根据发动机气缸的点火时刻产生相应的点火脉冲信号，控制点火控制器接通或切断点火线圈初级绕组电流通路的具体时刻。

点火控制器又称为点火电子组件，是由电子元件组成的电子开关电路，其主要作用是根据信号发生器发出的点火脉冲信号，接通或切断点火线圈初级绕组电路。

3. 微机控制点火系统的组成

微机控制点火系统主要由传感器、电控单元（ECU）、点火控制器、点火线圈、点火开关、火花塞等组成，如图 3-13 所示。

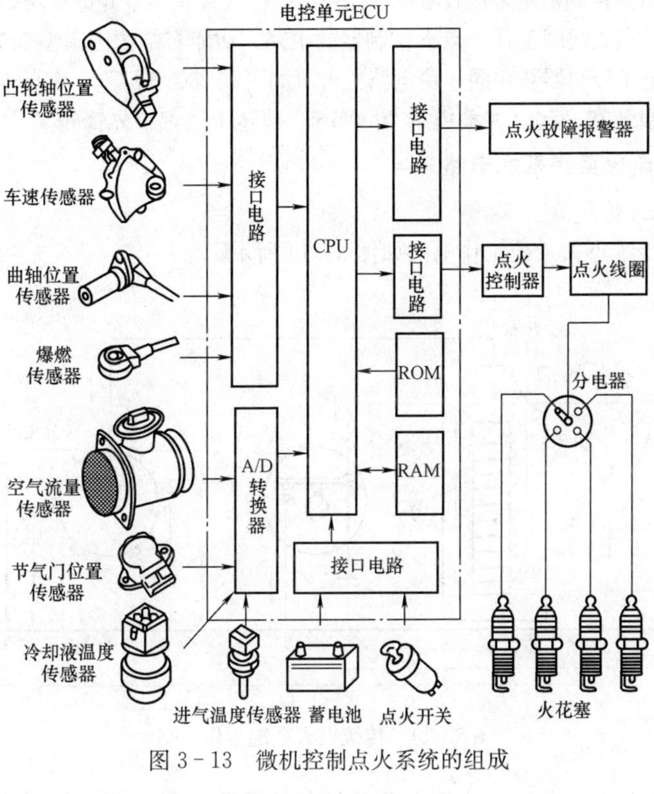

图 3-13 微机控制点火系统的组成

传感器主要用来检测与点火有关的发动机工作状况，并将检测结果输入 ECU，作为计算和控制点火时刻的依据。尽管各型汽车采用的传感器类型、数量、结构及安装位置不同，但其作用都大同小异。常用的传感器主要有曲轴位置传感器、凸轮轴位置传感器、空气流量传感器、进气温度传感器、冷却液温度传感器、节气门位置传感器、爆震传感器等。

电控单元用来接收各传感器及开关信号，并按特定的程序进行分析判断及运算后，向点火控制器输出最佳点火提前角和点火线圈初级绕组电路接通时间的控制信号。在现代发动机电控系统中，点火系统仅是一个子系统。

点火控制器用来接收电控单元输出的点火控制信号并进行功率放大，以驱动点火线圈工作。点火控制器的电路、功能与结构因车型而异，有的与电子控制器装在同一块电路板上（如夏利 2000 轿车），有的与点火线圈组装在一起（如桑塔纳 2000GSi、捷达王及都市先锋轿车）。

点火系统基本电路

1. 传统点火系统

传统点火系统工作电路如图 3-14 所示。

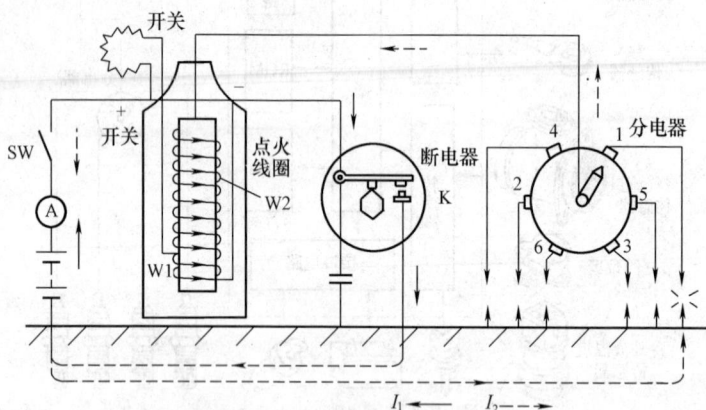

图 3-14　传统点火系统工作电路

发动机工作时，凸轮在凸轮轴的驱动下旋转，断电器触点交替开、闭。接通点火开关，当断电器触点闭合时，初级绕组中有电流流过，用实线表示，其电路：蓄电池正极→电流表→点火开关→点火线圈端子"＋"→附加电阻→点火线圈端子"开关"→点火线圈初级绕组 W1→点火线圈端子"－"→断电器触点→搭铁→蓄电池负极。

当断电器触点断开时，初级电路被切断，初级电流消失，其形成的磁场随之迅速变化，在两个绕组中都会产生感应电动势。由于次级绕组的匝数多，将感应出 15～20kV 的高压电，足以击穿火花塞的电极间隙，并产生电火花点燃可燃混合气。高压电流 i_2 用虚线表示，其路径：点火线圈次级绕组 W1→点火线圈端子"开关"→附加电阻→点火线圈端子"＋"→点火开关→电流表→蓄电池→搭铁→火花塞旁电极→中心电极→配电器旁电极→分火头→次级绕组。由此可见，点火系统有两个电路：初级电流 i_1 流经的电路称为低压电路或初级电路，而高压电流 i_2 流经的电路称为高压电路，即从点火线圈到火花塞之间的电路。

发动机工作时，断电器凸轮和分电器轴在发动机凸轮轴的驱动下连续旋转，断电器的触点循环开闭，断电器的触点每断开一次，点火线圈就产生一次高压电。分电器轴每转一转，配电器按照发动机的点火顺序，轮流向各缸火花塞输送一次高压电，产生电火花点燃混合气，保证发动机正作。如要发动机停止工作，只需断开点火开关，切断低压电路即可。

2. 霍尔式电子点火系统

霍尔式电子点火系统电路如图 3-15 所示。

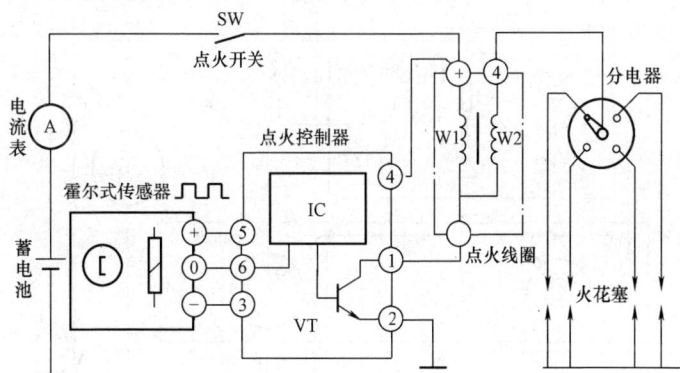

图 3-15　霍尔式电子点火系统电路

当发动机运转，信号发生器输出高电压时，点火器中的大功率三极管导通，初级绕组有电流流过，其电路：蓄电池正极→电流表→点火开关→点火线圈初级绕组→大功率三极管→搭铁→蓄电池负极。初级电流在线圈的铁心中形成磁场。当信号发生器输出低电压时，点火器中的大功率三极管截止，切断初级电路，初级电流消失，其磁场随之迅速变化，在两个绕组中感应出电动势。次级绕组的匝数多，能产生 15～20kV 的高压电，足以击穿火花塞的电极间隙，并产生电火花点燃可燃混合气。点火器大功率三极管每截止一次，点火线圈就产生一次高压电。

分电器轴每转一转，配电器就按发动机的点火顺序，轮流向各缸火花塞输送一次高压电。发动机工作时，点火信号转子在发动机凸轮轴的驱动下连续旋转，传感器中不断产生点火信号，大功率三极管循环导通与截止，点火线圈不断产生高压电，配电器按点火顺序循环向各缸火花塞输送高压电，产生电火花点燃混合气，保证发动机正常工作。如要发动机停止工作，只需断开点火开关，切断低压电路即可。

3. 磁感应式电子点火系统

磁感应式电子点火系统的组成和原理基本与霍尔式电子点火系统相同，不同点主要是点火信号发生器。磁感应式无触点点火系统电路如图 3-16 所示。

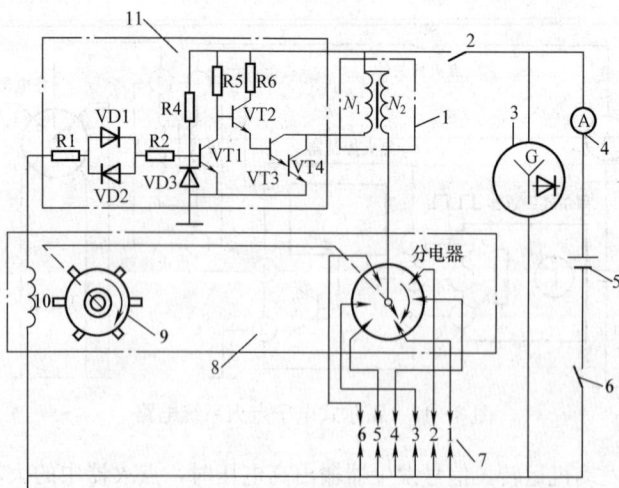

图 3-16　磁感应式无触点点火系统电路
1—点火线圈；2—点火开关；3—硅整流发电机；4—电流表；5—蓄电池；6—电源总开关；7—火花塞；8—无触点分电器；9—点火信号发生器；10—传感线圈；11—点火控制器

（1）磁感应式点火信号发生器。当定时转子随分电器轴转动时，定时转子凸齿与定子组成的气隙便发生周期性变化，使穿过传感器线圈的磁通也发生周期性变化，于是在传感线圈内产生交变的感应信号电压。分电器轴旋转一周，产生 6（与气缸数有关）个点火信号脉冲，经电子点火器依次触发各缸点火。

（2）点火控制器。电子点火器将点火信号发生器送来的交变电压信号进行整形、放大，以控制点火线圈初级电路的接通和断开，使点火线圈中的磁通发生变化，从而使点火线圈次级绕组产生高压。

当点火开关接通时，蓄电池经 R4 向 VT1 提供基极电流，使 VT1 导通。此时，VT1 的集电极电位接近于 0V，所以 VT2、VT3、VT4 截止。这样即使未关闭点火开关，只要分电器轴不转动，点火线圈初级绕组就无电流通过，可防止因点火开关未切断而使蓄电池长期向初级绕组放电，产生点火线圈发热现象。

当点火信号发生器中的传感线圈输出一个负脉冲电压，即传感线圈的搭铁端为"＋"，而其上端为"－"时，传感线圈中的感应电流通路：传感线圈下端"＋"→VT3→R2→VD2→R1→传感线圈上端"－"。此时，由于 VT1 发射结加的是反向偏压，故 VT1 截止，使 VT1 的集电极电位升高，于是 VT2 和 VT3 管的发射结正偏，使 VT2、VT3、VT4 管导通，点火线圈初级绕组便有较大的电流通过。当传感线圈输出正脉冲电压时，便使 VT1 加正向偏压而导通，则 VT2、VT3、VT4 截止，点火线圈中初级电流被切断，故在其次级绕组中感应出高压。

4. 微机控制带有分电器的点火系统

微机控制带有分电器的点火系统电路如图 3 - 17 所示。

ECU 内存程序中有发动机各种工况下的最佳点火正时信息，可根据发动机转速、进气量、冷却液温度传感器等输入的信号计算出点火正时，并向点火控制器输出指令，及时切断点火线圈初级绕组通路，在点火线圈次级绕组中产生高压电，由分电器按发动机工作顺序将高压电分配给各缸火花塞。

这种点火电路尽管具有点火正时准确、点火电压高、点火能量大等优点，在很大程度上满足了现代发动机高转速、高压缩比、进气增

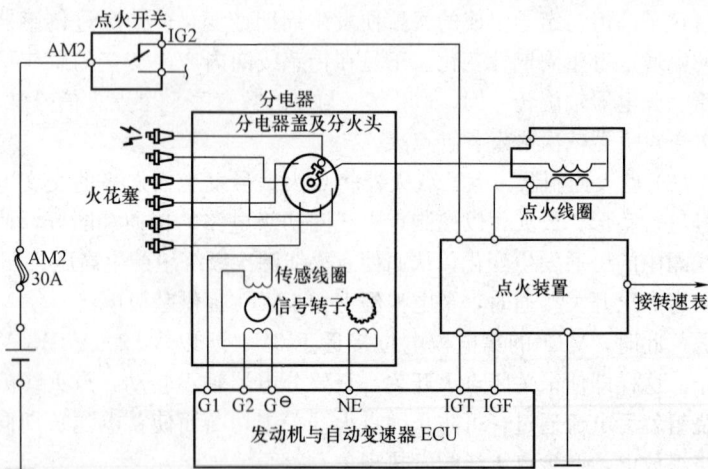

图 3-17 微机控制带有分电器的点火系统电路

压、燃用稀混合气及降低排气污染的要求。但其高压配电回路却没有摆脱机械配电方式，存在点火能量损失大、高速时点火能量不易保证、点火正时误差大、无线电干扰严重等缺陷，因此，现代轿车上广泛采用无分电器点火系统。

5. 微机控制无分电器点火电路

微机控制无分电器点火电路根据配电方式的不同，主要有以下两种。

（1）双缸同时配电方式。双缸同时配电方式是指点火线圈每产生一次高压电，两个对称气缸的火花塞同时点火，一个气缸处于压缩行程末期，是有效点火，另一个气缸处于排气行程末期，是无效点火。由于无效点火的气缸温度较高而压力低，所以对有效点火气缸的影响很小。双缸同时配电方式有二极管配电式和点火线圈配电式两种形式。

二极管配电式点火电路，如图 3-18 所示。点火线圈由两个初级绕组和一个次级绕组构成，次级绕组的两端通过 4 只高压二极管与火花塞串联构成回路。4 只二极管有内装式（安装在点火线圈内部）和外装式两种。对于点火顺序为 1—3—4—2 的发动机，1、4 对称缸为一组，2、3 对称缸为另一组。点火控制器中的两只大功率三极管分别控制点火线圈中的一个初级绕组，两只大功率三极管由点火控制器按点火顺序控制其导通与截止。当 1、4 缸的点火触发信号输入点火控制器时，大功率三极管 VT1 截止，初级绕组 A 通路切断，次级绕组产生的高压电正向作用于二极管 D4、D1，使其导通，1、4 缸火花塞产生电火花。二极管 VD3、VD2 反向截止，2、3 缸火花塞无高压电而不能跳火。

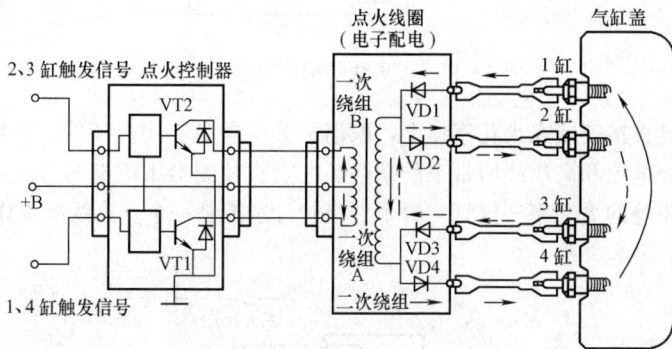

图 3 - 18　二极管配电式点火电路

当点火线圈将 2、3 缸的点火触发信号输入点火控制器时，大功率三极管 VT2 截止，初级绕组 B 中的电流通路切断，次级绕组产生高压电正向作用于 VD2、VD3 使其导通，2、3 缸火花塞产生电火花。VD1、VD4 反向截止，1、4 缸火花塞无高压电而不跳火。

点火线圈配电式点火电路如图 3 - 19 所示。点火线圈的数量是发动机气缸数的一半，即两缸共用一个点火线圈。在点火控制器中配有与点火线圈数量相等的大功率三极管，每个三极管分别控制一个点火线圈。点火控制器根据 ECU 输出的点火控制信号，按点火顺序轮流触发大功率三极管导通、截止，从而控制每个点火线圈轮流产生高压电，使成对的两缸火花塞跳火，点燃混合气。

（2）单独配电方式。

单独配电方式点火电路如图 3 - 20 所示。每个气缸配一个点火线

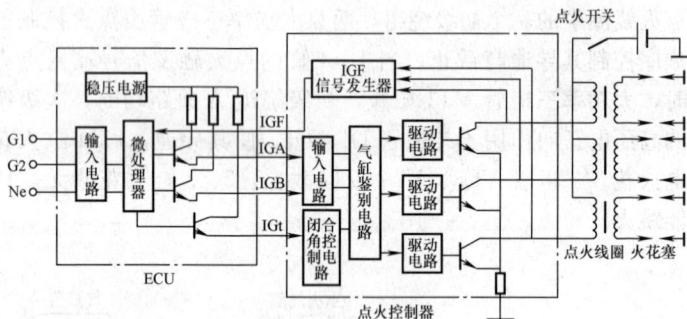

图3-19 点火线圈配电式点火电路

圈，且直接安装在火花塞顶上，取消了分电器且不用高压线，彻底消除了分电器和高压线所带来的缺陷。在点火控制器中配有与点火线圈数量相等的大功率三极管，每个三极管分别控制一个点火线圈工作。

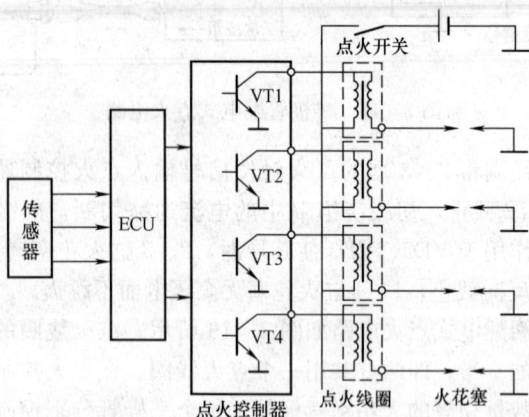

图3-20 单独配电方式点火电路

三 点火系统典型电路

夏利轿车点火系统电路由蓄电池、点火开关、分电器、点火线圈和火花塞等组成，如图3-21所示。

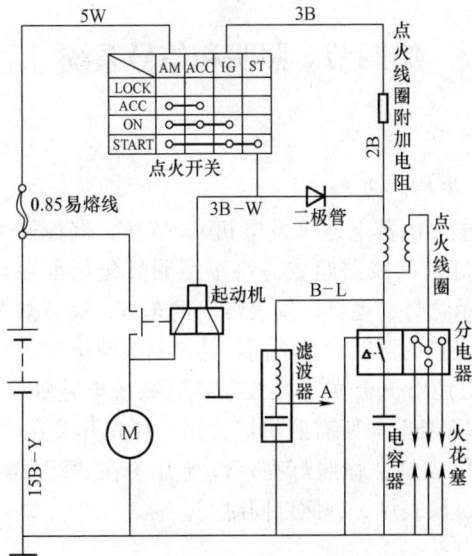

图 3-21 夏利轿车点火系统电路

点火开关闭合。蓄电池通过点火线圈附加电阻对低压线圈供电，当分电器的断电器触点闭合时，低压电路接通，蓄电池为电源，点火线圈中的低压线圈为负载，电路：蓄电池正极→点火开关（AM→IG）→点火线圈附加电阻→点火低压线圈→分电器断电器触点→搭铁→蓄电池负极。

点火线圈低压线圈有电流流过，在点火线圈中储存能量。当断电器触点断开时，点火线圈低压电路被切断，在次级绕组中产生高压电，点火高压线圈为电源，火花塞为负载，电路：点火高压线圈→点火低压线圈→点火线圈附加电阻→点火开关（IG→AM）→蓄电池负极→搭铁→火花塞→分电器→点火高压线圈，火花塞间隙处跳火，点燃混合气。

在起动发动机时，点火线圈附加电阻被点火开关 START（起动）挡和二极管短路，增大了低压电流，便于发动机起动。电路：蓄电池正极→点火开关（AM→ST）→二极管→点火低压线圈→分电器断电器触点→蓄电池负极。

第四节　照明和信号系统

一 照明系统

1. 照明系统的特点

照明系统主要由蓄电池（发电机）、熔丝、灯控开关、灯光继电器、变光器、灯及其线路组成。汽车照明灯包括前照灯、雾灯、顶灯、牌照灯、示宽灯、尾灯、仪表灯、倒车灯、阅读灯及其他辅助用灯。不同车型配置的照明设备不同，其控制线路也有所不同。

（1）照明灯用灯光开关直接控制，其系统电路如图 3-22 所示。灯光开关在"0"挡时，所有照明灯关闭；灯光开关在"1"挡时，示宽灯、尾灯、仪表灯、牌照灯亮；灯光开关在"2"挡时，前照灯、示宽灯、尾灯、仪表灯、牌照灯同时亮。

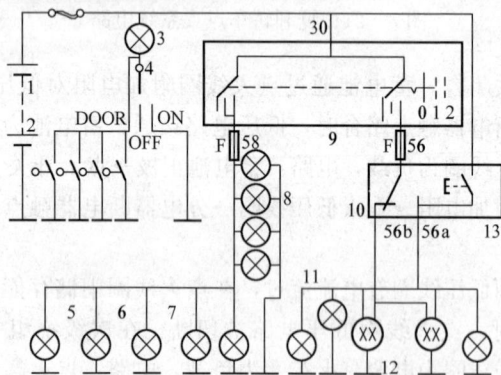

图 3-22　采用灯光开关直接控制的照明系统电路

1—蓄电池；2—门控开关；3—室内灯；4—室内灯手控开关；5—示宽灯；
6—尾灯；7—牌照灯；8—仪表灯；9—灯光开关；10—变光开关；
11—远光指示灯；12—前照灯；13—超车灯开关

（2）带前照灯继电器的照明系统电路，如图 3-23 所示。灯光开关控制继电器线圈，而继电器触点流过的电流才是灯泡的电流。

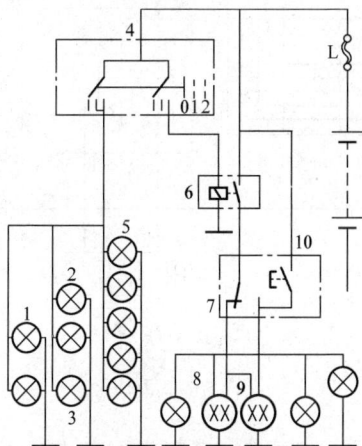

图 3-23　带前照灯继电器的照明系统电路

1—示宽灯；2—尾灯；3—牌照灯；4—灯光开关；5—仪表灯；6—前照灯继电器；

7—变光开关；8—远光灯及远光指示灯；9—近光灯丝；10—超车灯开关

（3）超车灯信号用远光灯亮灭表示，该信号不通过灯光开关。

（4）室内灯位于车内前部顶棚上，同时受各车门开关控制，为驾驶人提供各个车门开闭状态信号。

（5）部分车辆，当发动机起动时，前照灯及空调等耗电量较大的用点设备电路切断，以保证发动机顺利起动。

2. 照明系统典型电路

捷达轿车前照灯工作电路，如图 3-24 所示，主要由蓄电池、点火开关、熔丝、灯光开关及变光/超车灯开关等组成。

（1）接通点火开关，车灯开关 E1 置于 2 挡（前）位置，变光开关 E4 处于 0（近光）位置，则前照灯工作电流：蓄电池正极→点火开关 X 接线端子→车灯组合开关 X 接线端子→灯光开关 2 挡→车灯组合开关端子 56→变光开关 0 挡→车灯组合开关端子 56b→熔丝 S1 和 S2→前照灯近光灯丝→搭铁→蓄电池负极，于是两前照灯近光灯点亮。

（2）在上述工作情况下，将变光开关远光 E4 朝转向盘方向拉过压

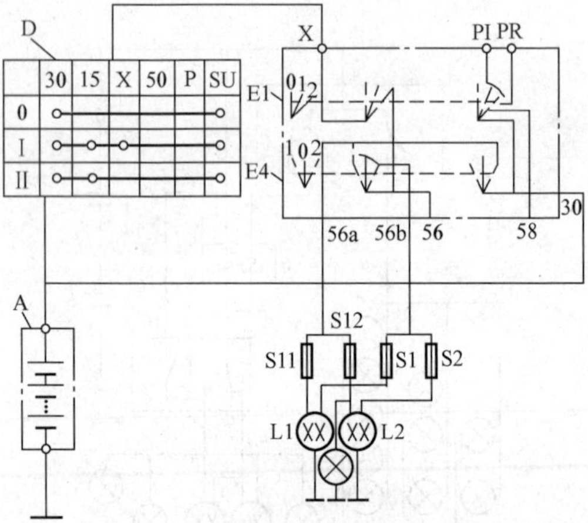

图 3-24　捷达轿车前照灯工作电路
A—蓄电池；D—点火开关；E1—灯光开关；E4—变光/超车开关；
S1、S2、S11、S12　熔丝；L1—左前照灯；L2—右前照灯

力点，使变光开关 E4 处于 1 挡，此时前照灯工作电流：蓄电池正极
→点火开关 X 接线端子→车灯组合开关 X 接线端子→灯光开关 2 挡→
车灯组合开关端子 56→变光开关 1 挡→车灯组合开关端子 56a→熔丝
S11 和 S12→前照灯远光灯丝及远光指示灯→搭铁→蓄电池负极，于
是前照灯远光及仪表板中的远光指示灯均点亮。

（3）超车时，只需将变光开关 E4 朝转向盘方向拉至压力点，此时
超车灯电路工作电流：蓄电池正极→车灯组合开关端子 30→变光开关
超车挡位→车灯组合开关端子 56a→熔丝 S11 和 S12→前照灯远光灯丝
及远光指示灯→搭铁→蓄电池负极，于是前照灯远光及仪表板中的远
光指示灯均点亮。当松开开关手柄时，前照灯远光及远光指示灯同时
熄灭；再将该开关拉动，前照灯远光及远光指示灯再次被点亮，反复
操纵变光/超车灯开关，即可得到前照灯远光闪亮的超车信号。

二　信号系统

1. 转向信号

（1）转向信号系统的组成。转向信号由转向灯开关、闪光器、转

向信号灯和转向指示灯等组成。

转向灯开关装在转向盘下部的转向柱上，由驾驶人操纵，具有自动回位机构，当汽车转向后，随着转向盘的回位，能将转向开关自动地回到原始的断开位置。转向指示灯安装在仪表板上，标志汽车转向并指示转向灯工作情况，与转向信号灯并联，并一起工作。汽车转向时，转向信号灯发出亮、灭交替的闪光号，颜色为琥珀色，受转向开关和闪光器控制。

（2）转向信号灯控制电路。捷达轿车转向信号灯及危险警报信号灯工作电路如图 3-25 所示。电流回路：电源→熔丝→闪光器→转向灯开关→右（左）转向灯及其指示灯→搭铁。车型不同，其电路略有差别。

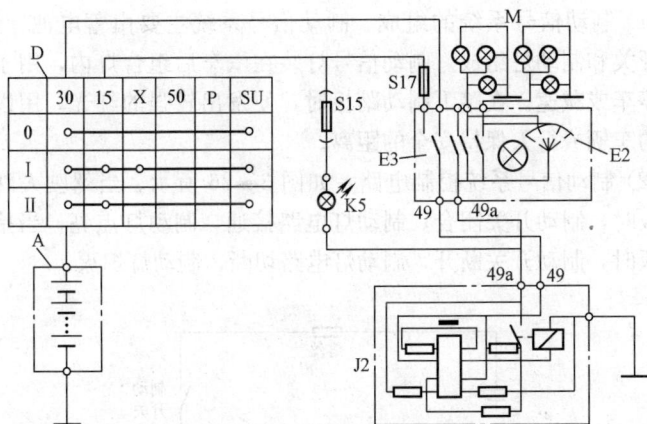

图 3-25　捷达轿车转向信号灯及危险警报信号灯工作电路
A—蓄电池；D—点火开关；S15、S17—熔丝；M—转向灯；
K5—转向指示灯；E3—危险报警灯开关；E2—转向灯开关；J2—闪光器

① 接通点火开关，若车辆向左转弯行驶，将转向开关 E2 手柄向下搬动，则转向及报警信号电路电流：蓄电池正极→点火开关端子 15→熔丝 S17→危险报警灯开关 E3 的常闭触点→闪光器端子 49→闪光器→闪光器端子 49a→转向灯开关 E2 的左侧触点→左侧转向灯及转向

指示灯→搭铁→蓄电池负极。于是左侧转向灯及转向指示灯闪亮。当转向结束、转向盘回位时，自动将转向开关拨回，转向灯及仪表板上的转向指示灯同时熄灭。当右转向时，工作电流在转向开关处发生改变，变为向右转向灯和右转向指示灯供电。

② 当汽车发生故障或有紧急情况时，打开报警灯信号开关，此时前后左右4个转向灯同时闪亮，以示警告。不管点火开关处于何种位置，危险报警灯都可以工作。

将危险报警灯开关 E3 按下，则危险报警灯电路电流：蓄电池正极→点火开关端子30→危险报警灯开关 E3→闪光器端子 49→闪光器→闪光器端子 49a→危险报警灯开关 E3→转向灯及转向指示灯→搭铁→蓄电池负极。于是前后、左右4个转向灯及转向指示灯同时闪亮。

2. 制动信号

(1) 制动信号系统的组成。制动信号系统主要由蓄电池、熔丝、制动开关和制动灯组成。制动信号灯装在汽车后组合灯内，用于指示汽车停车或减速。在踏下制动踏板时，便发出较强的红光，用以提醒后面的车辆或行人保持安全的距离。

(2) 制动信号系统控制电路，如图 3-26 所示。当驾驶人踩下制动踏板时，制动开关闭合，制动灯电路接通，制动灯点亮；当抬起制动踏板时，制动开关断开，制动灯电路切断，制动灯熄灭。

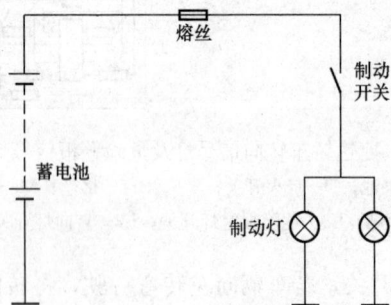

图 3-26　制动信号系统控制电路

3. 喇叭信号

(1) 喇叭信号的特点。汽车喇叭用来警告行人和其他车辆，以引起注意，保证行车安全。为了得到更加悦耳的声音，在汽车上常装有两个不同音调（高、低音）的喇叭。其中高音喇叭膜片厚、扬声简短，低音喇叭则相反。

(2) 电喇叭控制电路。电喇叭电路有带继电器与不带继电器两类。装用一只喇叭时，喇叭工作电流直接通过喇叭按钮。当装用双喇叭时，因为喇叭消耗电流较大（15～20A），用按钮直接控制时，按钮容易烧坏。因此常采用喇叭继电器，其构造和接线方法如图 3-27 所示。当按下按钮时，线圈因有电流通过而产生电磁吸力，吸下触点臂，使触点闭合接通喇叭电路。因喇叭的大电流不再经过按钮，从而保护了喇叭按钮。当松开按钮时，线圈内电流中断，磁力消失，触点在弹簧作用下断开，即可切断喇叭电路，使喇叭停止发声。

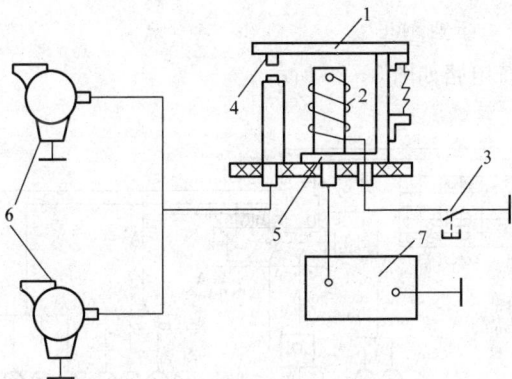

图 3-27 电喇叭控制电路

1—活动触点臂；2—线圈；3—按钮；4—触点；5—铁心；6—喇叭；7—蓄电池

4. 倒车信号

(1) 倒车信号系统的组成。倒车信号包括倒车灯和倒车蜂鸣器。倒车灯安装在汽车后组合灯内，倒车灯开关安装在变速器盖上，倒车蜂鸣器单独安装。倒车灯和倒车蜂鸣器由倒车灯开关统一控制。

（2）倒车信号系统控制电路。倒车信号系统控制电路如图 3-28 所示。当变速器挂入倒挡时，倒车灯开关触点闭合，倒车灯和倒车蜂鸣器电路接通，倒车灯点亮，蜂鸣器鸣叫；当变速器摘除倒挡时，倒车灯开关触点打开，倒车灯和倒车蜂鸣器电路断开，倒车灯熄灭，蜂鸣器停叫。

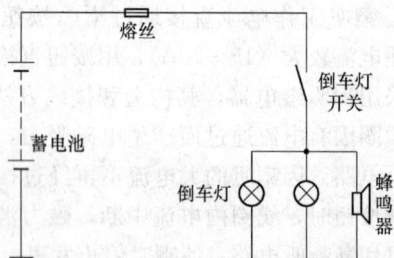

图 3-28　倒车信号系统控制电路

5. 信号系统典型电路

信号系统电路如图 3-29 所示。

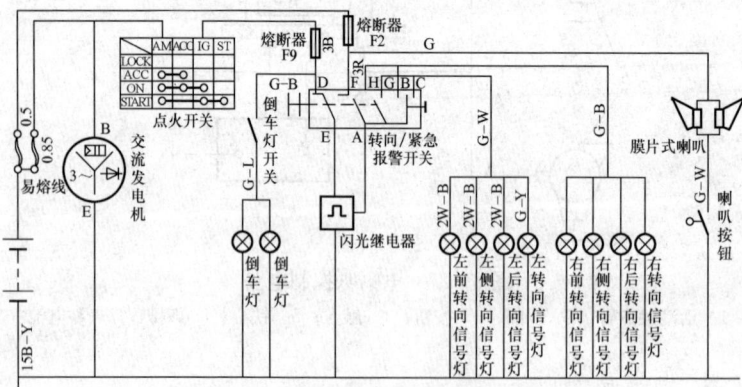

图 3-29　夏利轿车信号系统电路

（1）转向信号电路。转向信号电路由转向/紧急报警开关、闪光器、转向信号灯、转向信号指示灯等组成。

　　转向开关拨至 B 位，右侧转向灯、转向指示灯发出闪烁信号，指示汽车转弯方向，其电路：蓄电池正极→0.85 易熔线→点火开关（AM→IG）→熔断器 F9→转向/紧急报警开关（常闭触点，D→E）→闪光继电器→转向/危急报警开关（A→B）→右侧转向信号灯、右转向信号指示灯→搭铁→蓄电池负极。

　　转向开关拨至 C 位，左侧转向信号灯、转向信号指示灯发出闪烁信号，指示汽车转弯方向，其电路：蓄电池正极→0.85 易熔线→点火开关（AM→IG）→熔断器 F9→转向紧急报警开关（常闭触点，D→E）→闪光继电器→转向/紧急报警开关（A→C）→左侧转向灯、左转向指示灯→搭铁→蓄电池负极。

　　当汽车遇到紧急危险情况时，紧急报警开关闭合，蓄电池直接给全部转向信号灯及转向信号指示灯供电，全部转向信号灯及转向信号指示灯同时闪烁，其电路：蓄电池正极→0.5 易熔线→熔断器 F2→转向/紧急报警开关（F→E）→闪光继电器→转向/紧急报警开关 A→分两路：一路由 G→左侧转向信号灯、转向信号指示灯→搭铁→蓄电池负极；另一路由 H→右侧转向信号灯、转向信号指示灯→搭铁→蓄电池负极。

　　（2）倒车信号电路。当变速器挂入倒挡时，倒车灯开关闭合，倒车灯电路接通，倒车灯点亮，其电路：蓄电池正极→0.85 易熔线→点火开关（AM→IG）→熔断器 F9→倒车灯开关→倒车灯→搭铁→蓄电池负极。

　　（3）喇叭信号电路。喇叭信号电路由喇叭和喇叭按钮组成。喇叭由蓄电池直接供电，不受点火开关控制。喇叭按钮直接控制喇叭电路，不受喇叭继电器保护。按下喇叭按钮，喇叭发出声音信号，其电路：蓄电池正极→0.5 易熔线→熔断器 F2→喇叭→喇叭按钮→搭铁→蓄电池负极。

第五节　仪表与报警系统

一　仪表与报警系统的组成

　　车辆驾驶室仪表板上配置有各种仪表，包括电流表、电压表、车

速里程表、发动机转速表、水温表、燃油表、油压表和与之配套的传
感器等。仪表与报警系统电路如图3-30所示。

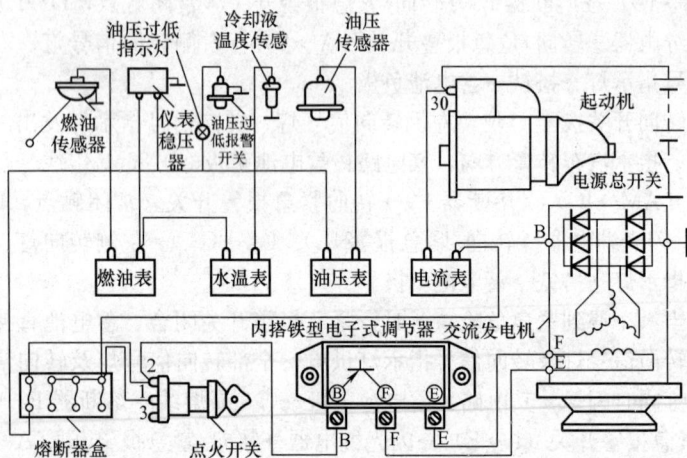

图3-30 仪表与报警系统电路

电流表串接在电源电路中，用于指示蓄电池的充、放电电流的大
小。其他几个仪表均并联，并由点火开关控制；水温表和燃油表共用
一个电源稳压器，以保证水温表和燃油表读数准确。电源稳压器的输
出电压为（8.64±0.15）V。

报警装置有油压过低指示灯和气压过低蜂鸣器，分别由各自的报
警开关控制。当机油压力低于0.05～0.09MPa时，油压过低指示灯点
亮，指示主油道机油压力过低，应及时停车维修。当制动系气压下降
到0.34～0.37MPa时，气压过低蜂鸣器鸣叫，以示警告。

汽车仪表监视汽车的行驶工况，并及时反馈汽车行驶中发动机及
有关装置的工作状态及相关参数，以便及时发现和排除可能出现的故
障，确保汽车正常行驶。

汽车仪表与报警系统受点火开关控制。当点火开关接通时，仪表
与报警系统与电源接通；当点火开关关闭时，仪表与报警系统与电源
断开。

当汽车装有电流表时，它串联在蓄电池和发电机之间。当汽车装

有电压表时，它并联在电源正负极之间。

二 仪表与报警系统基本电路

1. 仪表系统

汽车仪表一般由指示表和传感器组成。指示表有电热式和电磁式两种，传感器有电热式和可变电阻式两种，其匹配方式如下。

（1）电热式指示表与电热式传感器。电热式水温表与电热式传感器的连接电路如图 3-31 所示，指示表与传感器串联。指示表有两个接线端子，一个通过点火开关和熔丝与蓄电池正极连接，另一个与传感器的接线端子连接。

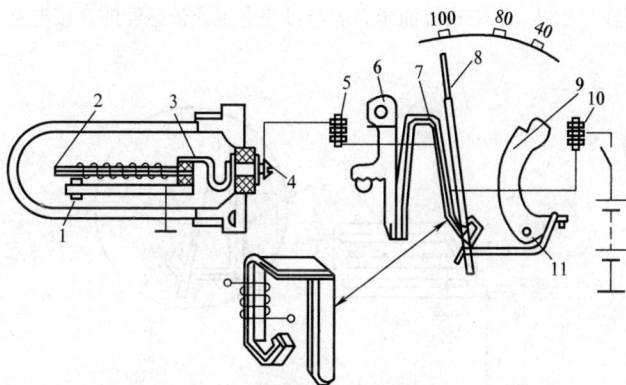

图 3-31 电热式水温表与电热式与电热式传感器的连接电路
1—固定触点；2—双金属片；3—接触片；4、5、10—接线拄；
6、9—调节齿扇；7—双金属片；8—指针；11—弹簧片

（2）电磁式指示表与可变电阻式传感器。电磁式机油压力表与可变电阻式传感器的连接电路如图 3-32 所示，指示表有 3 个接线端子，1 个通过点火开关和熔丝与蓄电池正极相连，另 1 个搭铁，第 3 个与传感器的接线端子相连。

（3）电热式指示表与可变电阻式传感器。电热式燃油表与可变电阻式传感器的连接电路如图 3-33 所示。为防止电源电压波动对指示精度的影响，该系统一般装有仪表稳压器。

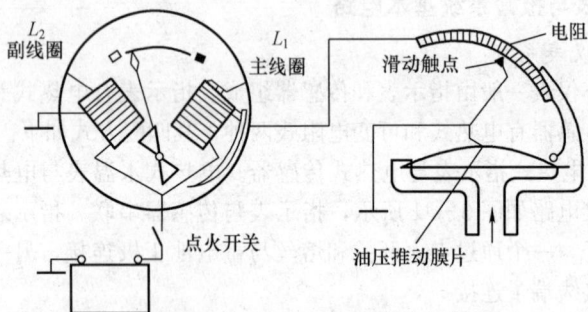

图 3-32　电磁式机油压力表与可变电阻式传感器的连接电路

图 3-33　电热式燃油表与可变电阻式传感器的连接电路

1—稳压电源；2—加热线圈；3—双金属片；4—指针；5—可变电阻；6—滑片；7—浮子

2. 报警系统

报警装置一般由传感器、报警灯（或蜂鸣器）组成。报警灯通常安装在仪表板上，功率为 $1\sim 3W$，在灯泡前有滤光片，以使灯泡发黄或红光，滤光片上通常有图形符号。

水温报警装置，如图 3-34 所示。当冷却水温升高到 90～95℃时，双金属片 1 向静触点 4 方向弯曲，使两触点接触，红色警告灯亮，见图 3-34（a）。图 3-34（b）是加以改进的警告灯，双金属片开关组成一单刀双掷动作。当水温低于 66℃时，开关电路经绿色指示灯搭铁，绿色指示灯亮，提示驾驶人发动机过冷，使驾驶人不要突然加速。随着冷却液温度的升高，双金属开关臂脱离"冷"触点，处于"冷"和"热"触点之间的某一位置。当发动机水温超过 95℃时，双金属片向"热"触点方向弯曲，与"热"触点合，红色指示灯亮，表示发动机过热。

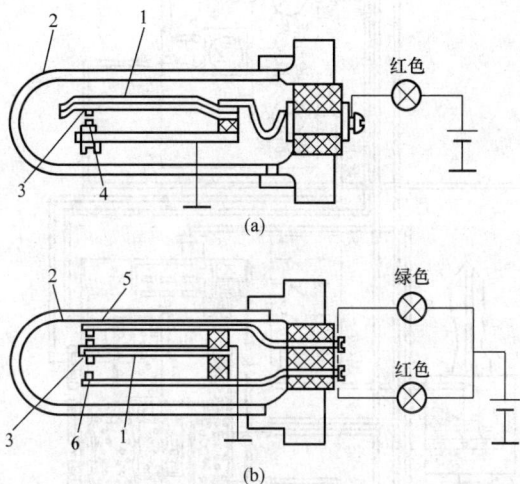

图 3-34 水温报警装置

（a）普通型；（b）改进型

1—双金属片；2—壳体；3—动触点；4—静触点；5—冷触点；6—热触点

三 仪表与报警系统典型电路

桑塔纳轿车仪表与报警系统电路如图 3-35 所示。该车采用组合式仪表，主要由车速表、发动机转速表、冷却液温度表、燃油表、仪表稳压器、数字式时钟、指示灯和警告灯等组成。仪表电路为薄膜印刷电路，转速表与燃油表制成一体。

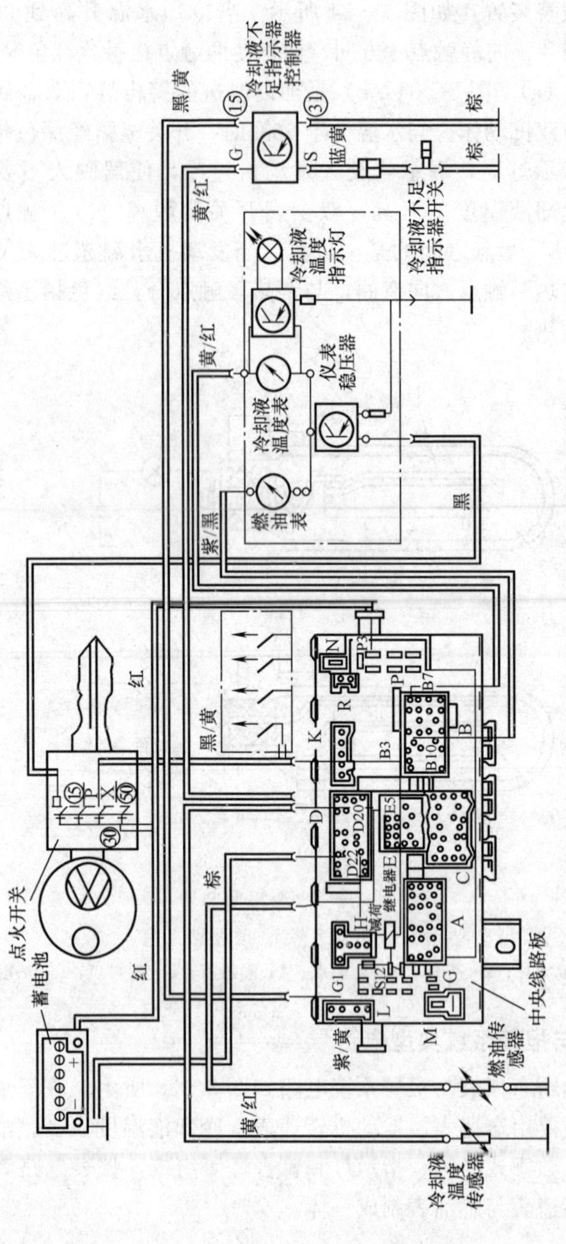

图 3-35 桑塔纳轿车仪表与报警系统电路

　　燃油指示表为电热式，燃油传感器为滑动电阻式。燃油表电路：蓄电池正极→红色电缆→点火开关端子 30→点火开关触点→点火开关端子 15→黑色导线→仪表稳压器→燃油表→紫/黑色导线→仪表盘印刷电路胶片→仪表盘 14 端子白色插座端子 3→中央配电盒端子 B3→中央配电盒内部电路→中央配电盒端子 E5→紫/黄色导线→燃油传感器→棕色导线→搭铁→蓄电池负极。

第六节　空调系统

■ 空调系统的组成

　　汽车空调系统按其功能可分为制冷系统、暖风系统、通风系统、空气净化系统和控制系统。

　　（1）制冷系统。制冷系统对车内空气或由外部进入车内的新鲜空气进行冷却，以降低车内温度。制冷系统还有除湿和净化空气的功能。

　　（2）暖风系统。暖风系统将发动机冷却液引入暖风散热器中，通过鼓风机将被加热的空气吹入车内，以提高车内空气的温度，同时还可对前风窗玻璃进行除霜、除雾。

　　（3）通风系统。通风系统分自然通风和强制通风，自然通风利用汽车行驶时产生的风压，通过车上适当位置的进风口和出风口实现通风；强制通风采用鼓风机强制通风，汽车行驶时它常与自然通风一起工作。

　　（4）空气净化系统。空气净化系统由空气过滤器、出风口等组成，对引入的空气进行过滤，不断排出车内的污浊气体，保持车内空气清洁。

　　（5）控制系统。控制系统由电气元件、真空管路和操纵机构组成，对制冷和暖风系统的温度、压力进行控制，还对车室内空气的温度、风量、流向进行控制，以完善空调系统功能。

■ 空调系统基本电路

　　1. 空调系统基本电路
　　汽车空调系统基本电路包括电源电路、鼓风机控制电路和电磁离合器控制电路，如图 3-36 所示。接通空调及鼓风机开关，电流从蓄电池流经空调及鼓风机开关后分为两路，一路从开关上面经温控器至压缩机电磁离合器，使电磁离合器线圈通电，压缩机被发动机带动工作，同时与电磁离合器并联的压缩机工作指示灯通电发亮；另一路从开关下面经 L 点（低速），通过两个鼓风机调速电阻到鼓风电机，这时鼓风电机运转，转速低。转动空调及鼓风机开关，开关上面电路不变，下面电路通过开关 M 点（中速），电流只经过一个调速电阻到鼓风电机，电机转速升高。再转动开关，上面电路仍不变，下面电路改通开关 H 点（高速），电流不经电阻直接到电机，此时电机转速最高。

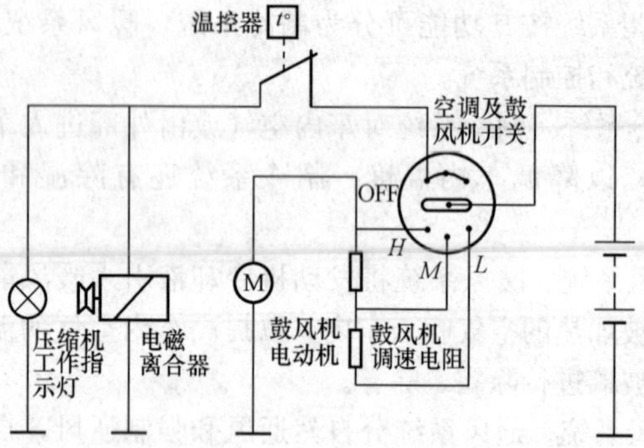

图 3-36　空调系统基本电路

温控器触点在车内温度高于设定温度时闭合。若由于空调系统工作使车厢温度低于设定温度，温控器触点断开，电磁离合器断电，压缩机停止工作，指示灯熄灭，此时鼓风机仍工作。空调系统停止工作后，车厢温度上升，当车厢温度高于设定温度时，温控器触点又闭合，电流通过电磁离合器线圈使压缩机再次工作，使车内温度控制在设定的温度范围内。

2. 装有冷凝器冷却风扇的空调系统电路

为加强冷凝器的冷却效果，部分汽车空调系统设置了专用的冷凝器冷却风扇，由电机驱动。由于增加了一只风扇电机，使工作总电流增加，为减小通过温控器和空调及鼓风机开关的电流，增设了一只继电器，用来控制压缩机电磁离合器和冷凝器风扇电机电路，压缩机工作时，冷凝器风扇也工作，如图 3-37 所示。

图 3-37 装有冷凝器冷却风扇的空调系统电路

3. 装有发动机转速检测继电器的空调系统电路

为保证空调系统更好地工作，部分汽车空调系统设置了发动机转速检测继电器，装有发动机转速检测继电器的空调系统电路如图 3-38所示。只有当发动机转速高于 800～900r/min 时，才接通空调系统电路。怠速和转速低于该转速时，继电器自动切断压缩机电磁离合器电路，使空调系统无法起动。继电器的转速信号取自点火线圈。

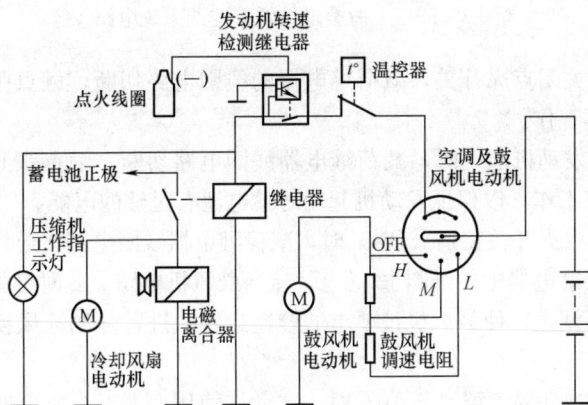

图 3-38 装有发动机转速检测继电器的空调系统电路

三 空调系统典型电路

上海桑塔纳轿车空调系统电路由电源电路、电磁离合器控制电路、鼓风机控制电路和冷凝器风扇电机控制电路组成，如图 3 - 39 所示。

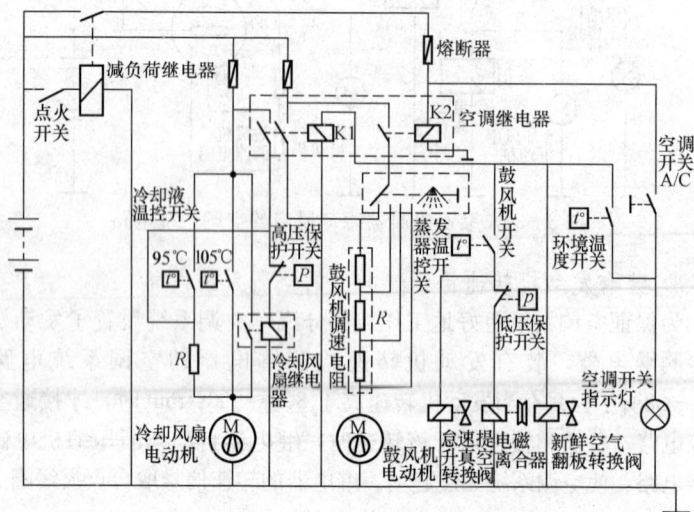

图 3 - 39　上海桑塔纳轿车空调系统电路

（1）关闭点火开关，减荷继电器的线圈电路切断，触点张开，空调系统不工作。

（2）发动机起动时，减荷继电器线圈电路切断，触点张开，中断空调系统工作，以保证发动机起动时蓄电池有足够的电能。

（3）点火开关接通（ON）时，减荷继电器线圈电路接通，触点闭合，空调继电器中的线圈 J2 通电，接通鼓风机电路，此时可由鼓风机开关进行调速，使鼓风机按要求的转速运转，进行强制通风换气或送出暖风。

（4）当外界气温高于 10℃时，才允许使用空调。当需要制冷系统工作时，接通空调开关 A/C，空调开关指示灯亮，表示空调开关已接通。此时电源经空调开关、环境温度开关接通下列电路：

① 新鲜空气风门电磁阀电路接通，该阀动作接通新鲜空气风门控制电磁阀真空通路，使新鲜空气进口关闭，制冷系统进入车内空气循环。

② 经蒸发器温控开关、低压保护开关对压缩机电磁离合器线圈供电，同时电源还经蒸发器温控开关接通怠速提升真空转换阀，提高发动机转速，以满足空调动力的需要。

③ 对空调继电器中的线圈 J1 供电，使其两对触点同时闭合，其中一对触点接通冷凝器冷却风扇继电器线圈电路，另一对触点接通鼓风机电路。

低压保护开关串联在蒸发器温控开关和电磁离合器之间，当制冷系统因缺少制冷剂使制冷系统压力过低时，开关断开，压缩机停止工作。

高压保护开关串联在冷却风扇继电器和空调继电器 J1 的一对触点之间，当制冷系统高压值正常时，触点断开，将鼓风机调速电阻 R 串接入冷却风扇电动机电路中，使风扇电动机低速运转。当制冷系统高压超过规定值时，高压保护开关触点闭合，接通冷却风扇继电器线圈电路，冷却风扇继电器触点闭合，将 R 短路，使风扇电动机高速运转，以增强冷凝器的冷却能力。同时，冷却风扇电动机还直接受发动机冷却液温控开关控制，当不开空调开关，发动机冷却液温度低于 95℃ 时风扇电动机不转动，高于 95℃ 时风扇电动机低速转动，达到 105℃ 时风扇电动机高速转动。

空调继电器中的 J1 触点在空调开关一接通时即闭合，使鼓风机低速运转，以防止蒸发器表面因温度过低而结冰。

第七节　辅助电器系统

一　风窗电动刮水器和洗涤器

1. 电动刮水器

（1）双速式刮水器。双速刮水电动机的控制电路如图 3 - 40 所示。通过控制开关，可实现刮水器低速运转、高速运转及停机复位等功能。

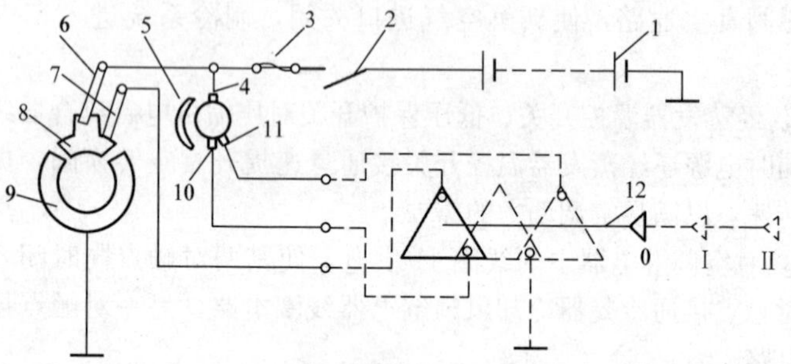

图 3-40　双速刮水电机的控制电路

1—蓄电池；2—点火开关；3—熔丝；4、10、11—电刷；

5—永久磁铁；6、7—自动复位触片；8、9—自动复位滑片；12—刮水器变速开关

接通点火开关，刮水器变速开关拨到Ⅰ挡时，电流由蓄电池正极→点火开关→熔丝→电刷 4→电枢→电刷 10→变速开关Ⅰ挡搭铁→蓄电池负极。此时电枢在永久磁场作用下转动，转速较低。

当变速开关拨到Ⅱ挡时，电流由蓄电池正极→点火开关→熔丝→电刷 4→电枢→电刷 11→变速开关Ⅱ挡，回到负极。此时由于电刷 4 与偏置电刷 11 通电，电动机转矩增大，其转速升高。

当变速开关拨到 0 挡时，如果刮水片没有停到适当位置，此时自动复位开关触片 7 与滑片 9 接触，电流从蓄电池正极→点火开关→熔丝→电刷 4、电刷 10、触片 7→滑片 9→搭铁，电动机继续转动。当臂摆到应停位置时，触片 7 与滑片 9 脱开，同时触片 6、7 和滑片 8 接触，使电枢短路，刮水片停到挡风玻璃下缘的适当位置。

（2）间歇式电动刮水器。间歇刮水器按一定周期停止和刮拭，即每动作一次停止 3～6s，间歇功能主要靠间歇控制器实现。刮水器电路，如图 3-41 所示。

当刮水器开关置间歇挡（Ⅰ挡）时，电源经熔断器、刮水器开关 53a 端、刮水器开关内部Ⅰ挡接入间歇控制器的Ⅰ端，C1 被充电，其充电电路：蓄电池正极→熔断器→刮水器开关 53a→Ⅰ挡→间歇控制器Ⅰ端→R9→R2→C1→VD2→三极管 V1 的基极、发射极→搭铁→蓄电池负极。此时 C 点电位为 1.6V，B 点电位为 5.6V，C1 两端有 4V

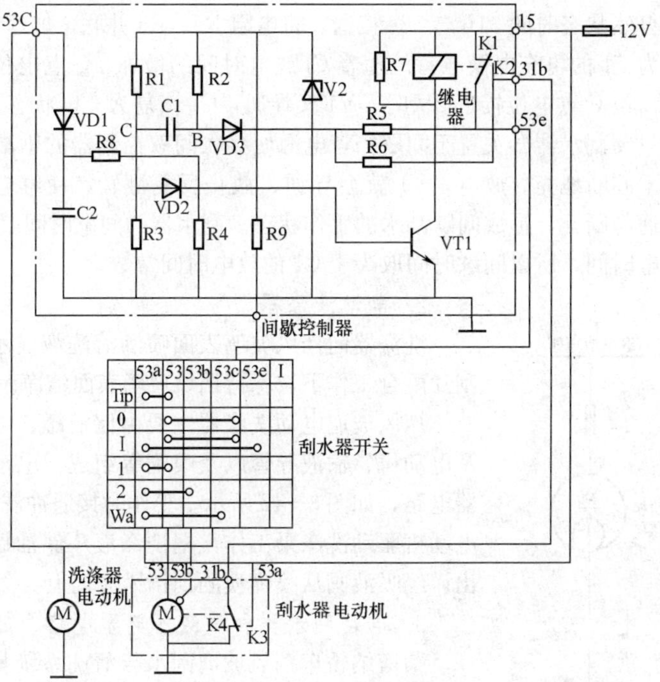

图 3-41　刮水器电路

Tip—点动；0—停；Ⅰ—间歇；Ⅱ—慢速；2—快速；Wa—洗涤

的电位差。C1 充电时，其充电电流为三极管提供偏流，使 V1 导通，接通了继电器线圈的电路，继电器的常开触点 K1 闭合，K2 打开，电流经 K1、53e，开关内的Ⅰ挡、53 端进入刮水电动机电枢，使刮水电动机慢速运转，刮水器开始工作。当橡皮刷往返一次又回到风窗玻璃的最下位置时，刮水电动机也旋转至自动复位时，K3、K4 接通，31b端搭铁，为 C1 的放电提供通路。

　　C1 放电回路有两条，一条经 R2、R1 放电，另一条经 VD3、R6、31b、电机自动复位触点 K3、K4、搭铁、稳压管 V2、R1 放电。放电瞬间 B 点电压突然降到 2.8V，由于 C1 原有 4V 电位差，使 C 点电位降为－1.2V，V1 的基极电位翻转为低电平，于是 V1 截止，切断了继电器线圈的电路，则其常开触点 K1 又断开，常闭触点又闭合，恢复到自然状态时的 31b 与 53e 接通，将电阻 R5、R6 并联，加速 C1 放电，为 C1 的再充电做准备。随着 C1 放电时间的增加，C 点电位逐渐升高，当 C 点电位接近 2V 时，V1 又导通，C1 恢复为充电状态。

　　只要刮水器开关置于间歇挡，电源便接入间歇控制器的Ⅰ端，C1 就会不间断地充、放电，V1 就会导通、截止反复翻转，使继电器反复接通与断开，形成间歇刮水的工作状态。刮水器的间歇时间就是 C1 的放电时间，所以间歇时间取决于 C1 的放电时间常数。

　　2. 电动洗涤器

　　洗涤器向挡风玻璃表面喷洒清洗液或水，在刮片配合工作下，保持挡风玻璃表面洁净。

　　挡风玻璃电动洗涤器主要由储液罐、喷水泵及电动机、输液导管以及喷嘴等组成。电动洗涤器电路，如图 3-42 所示。工作时接通冲洗开关，电动机驱动洗涤泵工作，把洗涤液从储油罐中吸出，经吸液阀从喷嘴喷洒到挡风玻璃上。

　　3. 电动刮水器和洗涤器典型电路

　　桑塔纳轿车挡风玻璃刮水与清洗系统具有低速刮水、高速刮水、点动刮水、间歇刮水和清洗玻璃 5 种功能，主要由挡风玻璃刮水器、刮水器与洗涤器开关、刮水继电器、刮水器电动机、洗涤器电动机、洗涤器水泵和喷嘴等组成。图 3-43 所示为桑塔纳轿车挡风玻璃刮水与清洗系统电路。

图 3-42　电动洗涤器电路

　　刮水器高速工作时，电机电路直接受刮水器与洗涤器开关控制，不受刮水继电器控制，刮水器与洗涤器开关拨到 1 挡，其电路：电源正极→中央配电盒单端子插座→红色导线→点火开关端子 30→点火开关端子 X→黑/黄色导线→熔丝 S11→中央配电盒端子 B9→黑/灰色导线→刮水器与洗涤器开关端子 53a→刮水器与洗涤器开关 1 挡→刮水器与洗涤器开关端子 53b→绿/黄色导线→中央配电盒端子 A5→端子 D9→绿/黄色导线→刮水器电机端子 53b→电动机 M→电机端子 31→

棕色导线搭铁→电源负极。

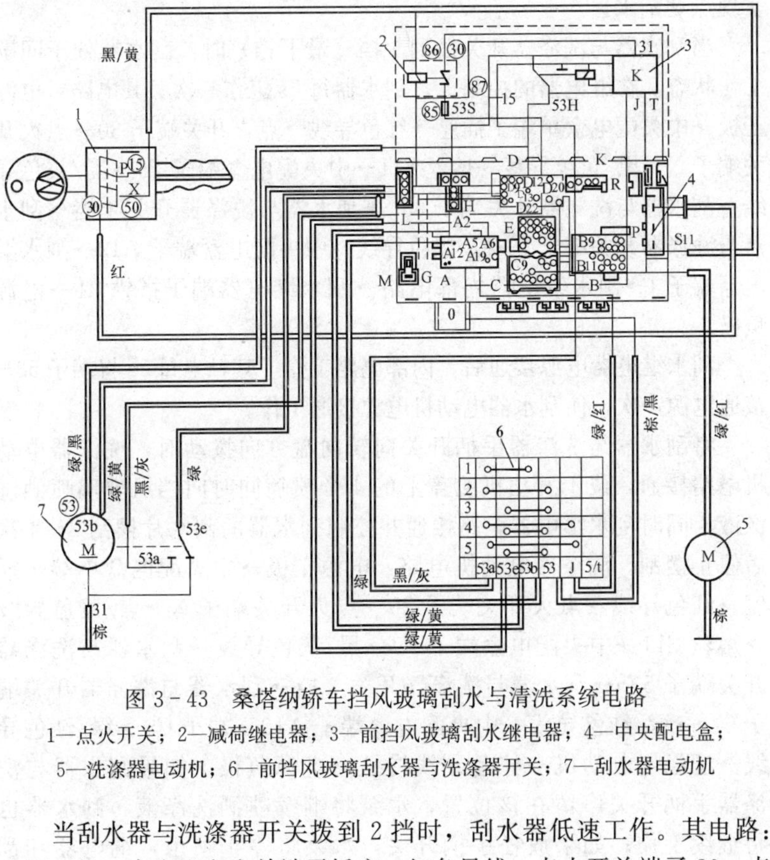

图 3-43 桑塔纳轿车挡风玻璃刮水与清洗系统电路

1—点火开关；2—减荷继电器；3—前挡风玻璃刮水继电器；4—中央配电盒；
5—洗涤器电动机；6—前挡风玻璃刮水器与洗涤器开关；7—刮水器电动机

当刮水器与洗涤器开关拨到 2 挡时，刮水器低速工作。其电路：
电源正极→中央配电盒单端子插座→红色导线→点火开关端子 30→点
火开关端子 X→黑/黄色导线→熔丝 S11→中央配电盒端子 B9→黑/灰
色导线→刮水器与洗涤器开关端子 53a→刮水器与洗涤器开关 2 挡→
刮水器与洗涤器开关端子 53→绿色导线→中央配电盒端子 A2→刮水
继电器端子 53S→刮水继电器触点→刮水继电器端子 53H→中央配电
盒端子 D12→绿/黑色导线→刮水器电动机 M→电动机端子 31→棕色
导线搭铁→电源负极。

刮水器与洗涤器手柄开关 3 挡为空挡，刮水器处于停止状态。当按下手柄开关时，刮水系统工作情况与手柄开关接通2挡时相同，风窗上的刮水片慢速摆刮。当放松手柄时，开关将自动回到空挡，从而实现点动刮水。

当刮水器与洗涤器开关拨到4挡（最下挡）时，刮水器处于间歇工作状态。在继电器的控制下，刮水器每6s工作一次。其电路：电源正极→中央配电盒单端子插座→红色导线→点火开关端子30→点火开关端子X→黑/黄色导线→熔丝S11→中央配电盒端子B9→黑/灰色导线→刮水器与洗涤器开关端子53a→刮水器与洗涤器开关4挡→刮水器与洗涤器开关端子J→棕/黑色导线→中央配电盒端子A12→刮水继电器端子J→刮水继电器内部电路→刮水继电器端子搭铁31→电源负极。

刮水继电器电源接通后，内部电路工作，其触点每6s将端子53H接通电源一次，使刮水器电动机电源接通工作。

将刮水器与洗涤器手柄开关向转向盘方向拨动时，洗涤器电动机电路接通，位于发动机舱盖上的4个喷嘴同时向挡风玻璃喷洒洗涤液，同时刮水继电器电路接通并控制刮水器的刮水片摆刮3～4次后停止摆刮。洗涤器电动机电路：电源正极→中央配电盒单端子插座→红色导线→点火开关端子30→点火开关端子X→黑/黄色导线→熔丝S11→中央配电盒端子B9→黑/灰色导线→刮水器与洗涤器开关端子53a→刮水器与洗涤器开关5挡→刮水器与洗涤器开关端子5/t→绿/红色导线→中央配电盒端子A19→端子C9→绿/红色导线→洗涤器电动机→棕色导线搭铁→电源负极。如果刮水器与洗涤器手柄开关停留在该位置，水泵将继续喷洒洗涤液，刮水器也将继续工作；如果放松手柄开关，水泵将停止喷水，继电器和刮水器也将停止工作。

二 电子除霜加热器

1. 电子除霜加热器的组成

除霜加热器主要由电热线、传感器、继电器、控制电路、除霜开关以及指示灯等组成，在电热线两端加12V电压时，即会产生25～30℃的微温，将玻璃加热以消除霜层。传感器是一种热敏电阻，一般安装在后窗玻璃下方，用以检测有无积霜。如果有积霜，传感器电阻减小，控制器就使继电器线圈通电，吸合触点，使电热线通电。当除霜结束时，玻璃上温度上升，传感器阻值变大，控制电路将继电器断电，使除霜自动停止。

除霜指示灯并接于电热线两端，受 KA 继电器的控制。当电热线加温时，该指示灯同时点亮，表示除霜电路处于除霜状态。当除霜停止时，该指示灯熄灭。

2. 除霜电路工作原理

电子除霜加热器控制电路如图 3-44 所示。

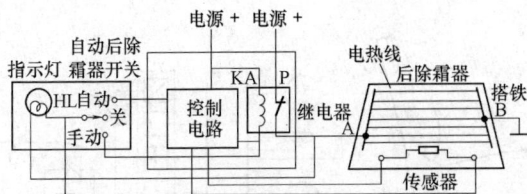

图 3-44　电子除霜加热器控制电路

控制电路以分立元件电路或单片集成电路为主构成，其输入信号有手动/自动除霜开关信号和传感器信号。传感器信号控制其内部的电子开关，当传感器电阻减小（即结霜）时导通，使继电器 KA 线圈内的电流通路形成，吸合触点 P 接通，于是对电热线通电加热。当传感器电阻增大（即除霜后玻璃温度上升）后，电子开关截止，切断 KA 线圈电流，电热线加热停止。

（1）自动除霜。当采用自动除霜时，控制电路的工作状态受传感器输入信号控制。当结霜、传感器电阻变小时，起动电热线工作，即开始加热。当温度上升到除霜完毕后，即传感器的电阻增大到一定值时，断开电热线电流回路。如此循环，实现自动除霜。

（2）手动除霜。当采用手动除霜时，除霜开关接通到"手动"挡，KA 继电器线圈内有电流通过，其触点 P 吸合接通，从而形成回路：蓄电池正极→KA 继电器 P 触点（闭合）→电热线 A、B 端→搭铁→蓄电池负极。此时，除霜指示灯 HI 点亮，显示除霜状态。除霜器的功率一般在 100W 左右。

三 电动座椅

1. 电动座椅控制系统的组成

电动座椅控制系统主要由手动调节开关、储存和复位开关、座椅各种位置传感器、电动机和电控单元等组成。

2. 电动座椅控制系统电路

电动座椅控制系统电路如图3-45所示。该系统可使座椅获得4个调节自由度。手动调节开关用于调节座椅的各种位置，当按下此开关后，电控单元控制相应的电动机旋转，按要求调整座椅的位置。

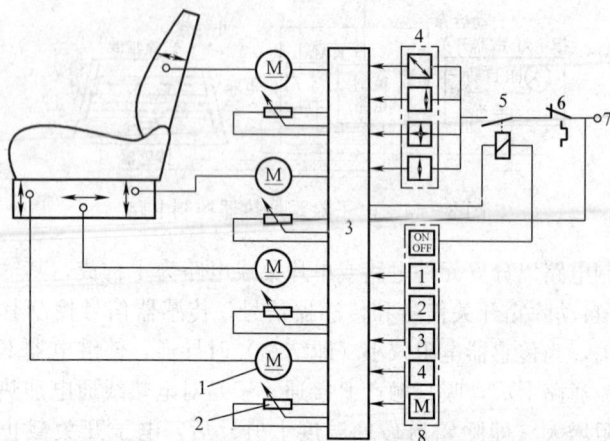

图3-45 电动座椅控制系统电路

1—电动机；2—座椅各种位置传感器；3—电控单元；4—手动调节开关；

5—主继电器；6—热过载保护断路器；7—接蓄电池；8—储存和复位开关

储存和复位开关用于储存或恢复已经调整好的座椅位置，只要按下此按钮，就能按储存的各个座椅位置的要求调整座椅位置。

调节座椅位置时，由手动调节开关通过电控单元控制调节量，然后利用储存和复位开关控制某一位置的数据储存；座椅位置信号取自滑动变阻器上的电压降。根据每个自由度上的电机驱动座椅，从而使滑动变阻器随动，根据变阻器的电压降，电控单元识别座椅的运动机构是否到达"死点"，如果到达"死点"位置时，电控单元及时切断供电电源，保护电动机和座椅驱动机构。

四 电动车窗

1. 电动车窗玻璃升降器的基本电路

电动车窗玻璃升降器的驱动电动机的结构及原理如图3-46所示。

电动机内有两组绕向不同的磁场线圈，分别和开关的升、降接点相连，两个磁场线圈分别工作，使电动机能输出正、反两个方向的转矩，从而控制车窗玻璃的升或降。在电动机上还装有一个断路开关，控制电动机的搭铁线，当车窗玻璃上升或下降到终点时，断路开关把电路切断40s左右，然后再恢复到接通状态。

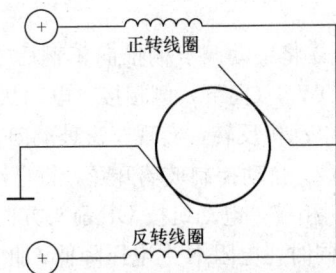

图3-46　电动车窗玻璃升降器的驱动电动机的结构及原理

2. 电动车窗控制系统典型电路

电动车窗控制系统典型电路如图3-47所示。

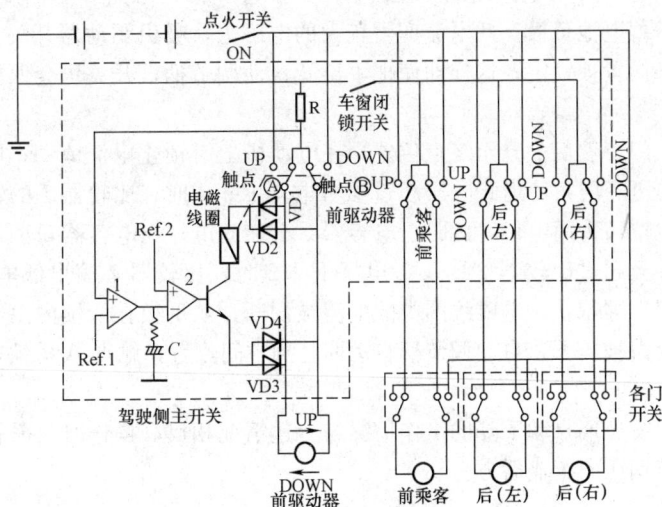

图3-47　电动车窗控制系统电路

（1）手动操作控制玻璃升降。

① 将手动调节柄推向车辆前方时，车窗玻璃上升。此时，触点 A 与 UP（向上）接点相连，触点 B 处于原始状态，电动机按 UP 箭头方向通过电流，车窗玻璃上升且关闭。

② 将手离开调节柄时，利用其开关自身的回复力，开关回到中间位置。

③ 将手动调节柄推向车辆后方，触点 A 保持原位不动，触点 B 与 DOWN（向下）侧相接，电动机通过的电流按 DOWN 箭头方向流动，电动机反转，实现车窗玻璃向下移动，直至下降到底。

（2）自动控制玻璃升降。将自动旋钮压向车辆前方时，触点 A 与 UP 侧相接，电动机按 UP 箭头方向通过电流，门窗玻璃上升且关闭；与此同时，电阻 R 上电压降低，此电压加在比较器 1 的一端，与参考电压 Ref.1 进行比较。Ref.1 的电压值设定为相当于电动机锁止电流值约 15A，通常为比较器 1 的低电位端（"－"端）；而比较器 2 的参考电压 Ref.2 通常设定为小于比较器 1 的输出，且为高电位端（"＋"端）。因此，比较器 2 的输出为高电位，使三极管正偏而导通，电磁线圈通过较大的电流，其电路：蓄电池正极→点火开关→UP→触点 A →二极管 VD1→电磁线圈→三极管→二极管 VD4、触点 B→电阻 R→搭铁→蓄电池负极。此电流产生较大的电磁力，吸引驱动器开关，并在原来位置被锁定，这样即使把手离开自动调节柄，开关仍会保持原状态。

当门窗玻璃上升至终点位置，在电动机上有锁止电流流动，电阻 R 上的压降增大，当此电压超过参考电压 Ref.1 时，比较器 1 的输出由低电位转为高电位，此时，电容器 C 开始充电，当电容器 C 两端电压上升至超过比较器 2 的参考电压 Ref.2 时，比较器 2 输出低电位，三极管立即截止，电磁线圈中的电流被切断，棘爪板在滑锁内由于弹簧的反力被压下，自动调节柄自动回复到中间位置，触点 A 搭铁，电动机停转。

门窗玻璃自动下降的工作情况与上述情况相反，操作时只需将自动调节柄压向车辆后方。

五 电动后视镜

1. 电动后视镜的组成

电动后视镜主要由调整开关、电动机、传动机构和执行机构等组成。

2. 电动后视镜控制系统电路

电动后视镜控制系统电路如图 3-48 所示。

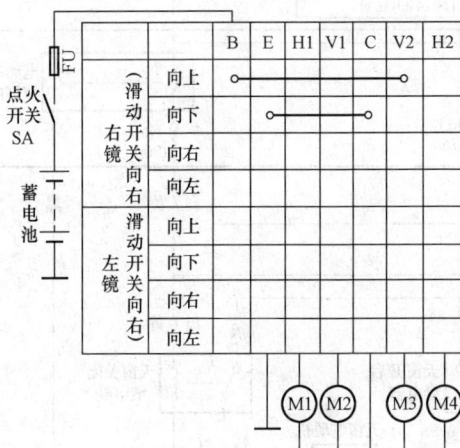

		B	E	H1	V1	C	V2	H2
右镜（滑动开关向右）	向上							
	向下							
	向右							
	向左							
左镜（滑动开关向右）	向上							
	向下							
	向右							
	向左							

点火开关 SA　蓄电池　FU　M1 M2 M3 M4

图 3-48　电动后视镜控制系统电路

（1）后视镜向上摆动（以右侧后视镜为例）。将滑动开关从中央位置拨至右边，按下控制按钮的上端，此时形成电流通路：蓄电池正极→点火开关 SA→熔丝 FU→按钮开关接线端子 B→接线端子 V2→电动机 M3→接线端子 C→搭铁 E→蓄电池负极。M3 电动机中有电流流过，电动机产生的转矩带动右侧后视镜向上摆动。

（2）后视镜向下摆动。将滑动开关从中央位置拨至右边，按下控制按钮的下端，此时形成电流通路：蓄电池正极→点火开关 SA→熔丝 FU→按钮开关接线端子 B→接线端子 C→M3 的下端接线柱→接线端子 V2→搭铁 E→蓄电池负极。M3 电动机中有与上述电流流向相反的电流流过，M3 以改变转动方向的转矩，带动右侧后视镜向下摆动。

部分汽车的后视镜控制电路中具有存储功能，由驱动位置存储器、回复开关和位置传感器等组成，能将上述操作功能的数据自动存储在存储器中。如果需要，可直接将存储器中存储的数据调出使用。

六 电动天窗

广州本田雅阁轿车电动天窗电路如图 3-49 所示。

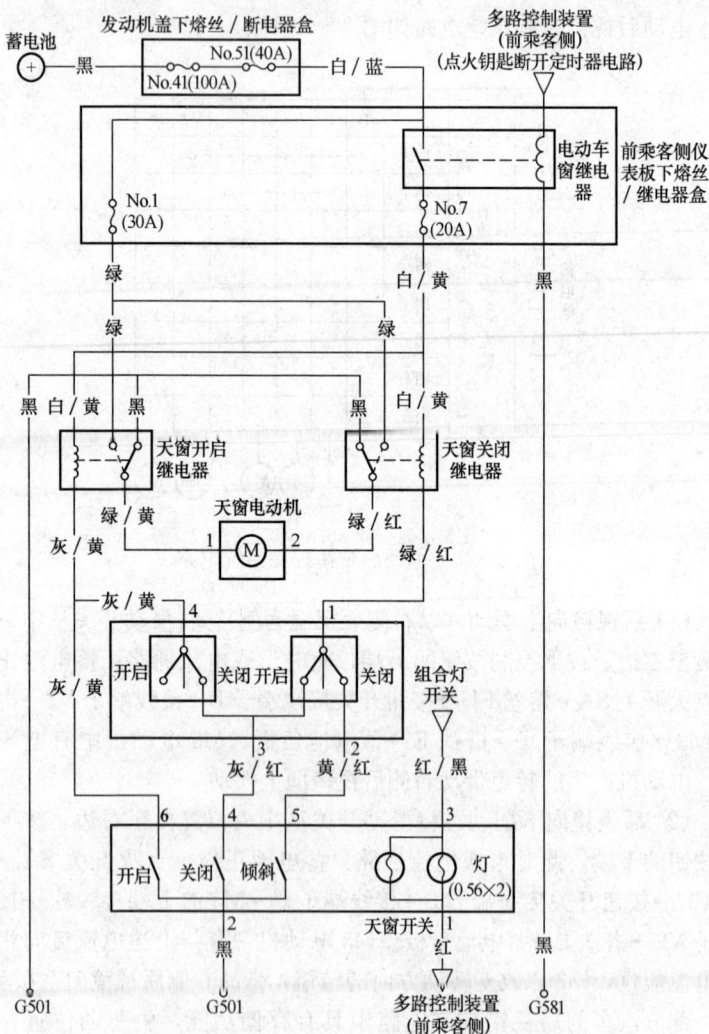

图 3-49　广州本田雅阁轿车电动天窗电路

1. 电动天窗继电器电路

接通点火开关时，电动天窗继电器的电路：蓄电池正极→多路控制装置（前乘客侧）→电动车窗继电器（前乘客侧仪表板下熔丝/继电器盒）→黑线→G581→蓄电池负极。电动车窗继电器接通。

2. 天窗开启电路

当电动天窗开关打到开启位置时，天窗开启电路：蓄电池正极→黑线→（发动机盖下熔丝/继电器盒）No.41（100A）、No.51（40A）→白/蓝线→电动车窗继电器触点→（前乘客侧仪表板下熔丝/继电器盒）熔丝 No.7（20A）→白/黄线→天窗开启继电器线圈→灰/黄线→天窗开关接线端子6→天窗开启开关→天窗开关接线端子2→黑线→G501搭铁→蓄电池负极。天窗继电器将触点吸到图3-49中左边位置。

此时，天窗电动机开始工作，天窗开启。其电路：蓄电池正极→黑线→（发动机盖下熔丝/继电器盒）No.41（100A）、No.51（40A）→白/蓝线→（前乘客侧仪表板下熔丝/继电器盒）熔丝 No.1（30A）→绿线→天窗开启继电器触点→绿/黄线→天窗电动机接线端子1→天窗电动机→天窗电动机接线端子2→绿/红线→天窗关闭继电器触点→黑线→G501搭铁→蓄电池负极。

3. 天窗关闭电路

当电动天窗开关打到关闭位置时，天窗关闭电路：蓄电池正极→黑线→（发动机盖下熔丝/继电器盒）No.41（100A）、No.51（40A）→白/蓝线→电动车窗继电器触点→（前乘客侧仪表板下熔丝/继电器盒）熔丝 No.7（20A）→白/黄线→天窗关闭继电器线圈→绿/红线→天窗倾斜开关关闭触点接线端子1→天窗倾斜开关关闭触点接线端子3→灰/红线→天窗开关接线端子4→天窗开关→天窗开关接线端子2→黑线→G501搭铁→蓄电池负极。天窗关闭继电器接通，将触点吸到图3-49中右边位置。

此时，天窗电动机开始工作，天窗关闭。其电路：蓄电池正极→黑线→（发动机盖下熔丝/继电器盒）No.41（100A）、N.51（40A）→白/蓝线→熔丝 N.1（30A）（前乘客侧仪表板下熔丝/继电器盒）→

绿线→天窗关闭继电器触点→绿/红线→天窗电动机接线端子 2→天窗电动机→天窗电动机接线端子 1→绿/黄线→天窗开启继电器触点→黑线→C501 搭铁→蓄电池负极。

第八节　汽油发动机电子控制系统

一　发动机电子控制系统的组成

发动机电子控制系统的核心是电控单元（ECU），电控单元根据发动机各种传感器送来的信号，进行燃油喷射控制、点火控制、燃油蒸发回收控制、发动机怠速控制、空调压缩机控制等。电子控制系统主要由各种传感器、电控单元（ECU）和各种执行器组成。图 3 - 50 所示为汽车电控发动机示意图，图 3 - 51 所示为电控发动机控制关系图。

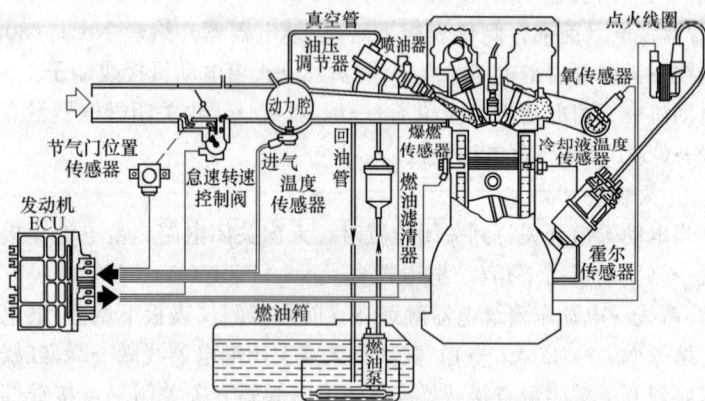

图 3 - 50　汽车电控发动机示意图

二　发动机电子控制系统电路分析

发动机电子控制系统电路图主要由电源电路、传感器电路和执行器电路组成，富康轿车发动机电子控制系统电路如图 3 - 52 所示。

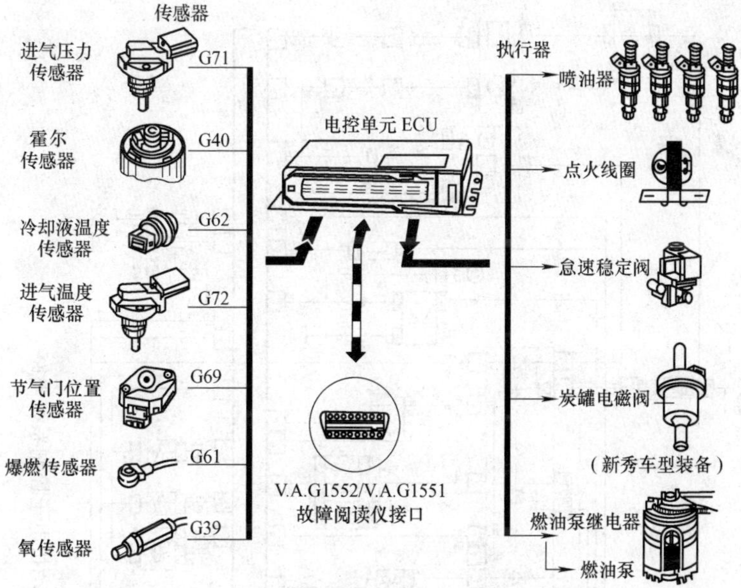

传感器

进气压力传感器 G71

霍尔传感器 G40

冷却液温度传感器 G62

进气温度传感器 G72

节气门位置传感器 G69

爆燃传感器 G61

氧传感器 G39

电控单元 ECU

V.A.G1552/V.A.G1551
故障阅读仪接口

执行器

喷油器

点火线圈

怠速稳定阀

炭罐电磁阀

（新秀车型装备）

燃油泵继电器

燃油泵

图 3-51　电控发动机控制关系图

1. 电源电路

发动机电子控制系统电源电路如图 3-53 所示。电控单元（ECU）端子 18 直接与电源盒连接，端子 37 通过主继电器与电源盒连接，端子 3 通过惯性开关和主继电器与电源盒连接，端子 14 搭铁。

2. 传感器电路

（1）进气压力传感器电路如图 3-54 所示。传感器有三个接线端子，其中接线端子 1 与发动机 ECU 的接线端子 12 连接，接线端子 2 与发动机 ECU 的接线端子 26 连接，并对该传感器提供 5V 电源电压，接线端子 3 与发动机 ECU 的接线端子 7 连接，并将该传感器产生的信号送给发动机 ECU。

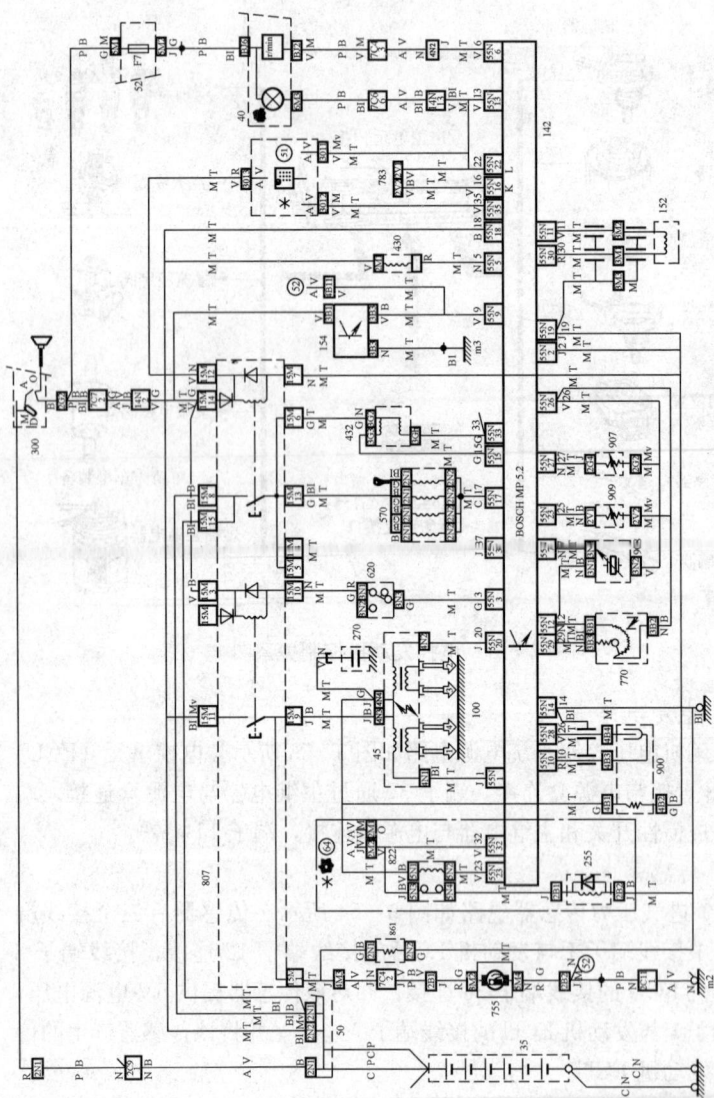

图 3－52　发动机电子控制系统电路

图 3-53　发动机电子控制系统电源电路

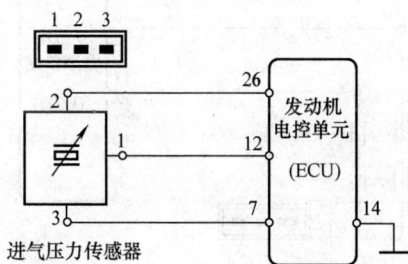

图 3-54　进气压力传感器电路

（2）节气门位置传感器电路如图 3-55 所示。节气门位置传感器有三个接线端子，其中接线端子 1 与发动机 ECU 的接线端子 12 连接，接线端子 2 与发动机 ECU 的接线端子 26 连接，并对该传感器提供 5V 电源电压，接线端子 3 与发动机 ECU 的接线端子 29 连接，并将该传感器产生的信号送给发动机 ECU。

节气门位置传感器

图 3-55 节气门位置传感器电路

（3）曲轴位置传感器电路如图 3-56 所示。曲轴位置传感器有三个接线端子，其中接线端子 1 与发动机 ECU 的接线端子 30 连接，接线端子 2 与发动机 ECU 的接线端子 11 连接，接线端子 3 是一屏蔽线与发动机 ECU 的接线端子 19 连接。

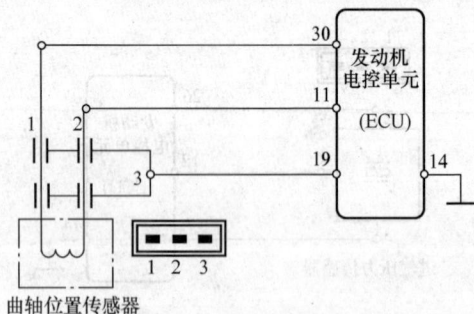

曲轴位置传感器

图 3-56 曲轴位置传感器电路

（4）进气温度传感器电路如图 3-57 所示。进气温度传感器有两个接线端子，其中接线端子 2 与发动机 ECU 的接线端子 26 连接，并对该传感器提供 5V 电源电压，接线端子 4 与发动机 ECU 的接线端子 27 连接。

图 3-57 进气温度传感器电路

（5）冷却液温度传感器电路如图 3-58 所示。冷却液温度传感器有两个接线端子，其中接线端子 2 与发动机 ECU 的接线端子 26 连接，并给该传感器提供 5V 电源电压，接线端子 1 与发动机 ECU 的接线端子 25 连接。

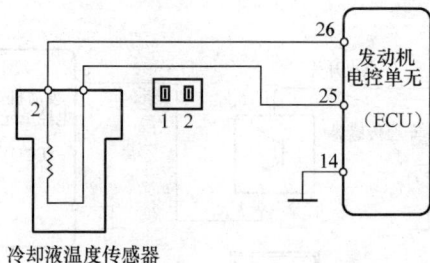

图 3-58 冷却液温度传感器电路

（6）氧传感器电路如图 3-59 所示。氧传感器有四个接线端子，其中接线端子 1 通过主继电器与蓄电池连接，接线端子 2 与发动机 ECU 的接线端子 19 或 2 连接，接线端子 3 与发动机 ECU 的接线端子 10 连接，接线端子 4 与发动机 ECU 的接线端子 28 连接。

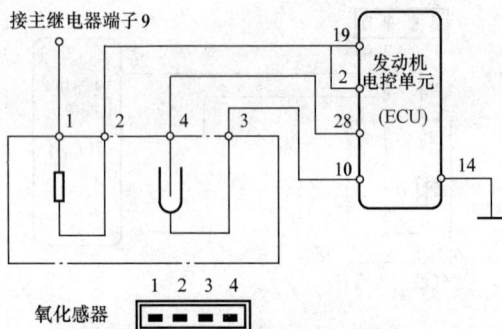

图 3-59 氧传感器电路

（7）车速传感器电路如图 3-60 所示。车速传感器有三个接线端子，其中接线端子 1 通过点火开关与蓄电池连接，接线端子 2 搭铁，接线端子 3 是一信号输出线，与发动机 ECU 的接线端子 9 连接。

图 3-60 车速传感器电路

3. 执行器电路

（1）喷油器控制电路如图 3-61 所示。喷油器有两个接线端子，其中接线端子 1 通过主继电器与蓄电池连接，接线端子 2 与发动机 ECU 的接线端子 17 连接。

图 3-61　喷油器控制电路

（2）燃油泵电路如图 3-62 所示。燃油泵有两个接线端子，其中接线端子 2 通过主继电器与蓄电池连接，接线端子 4 搭铁。

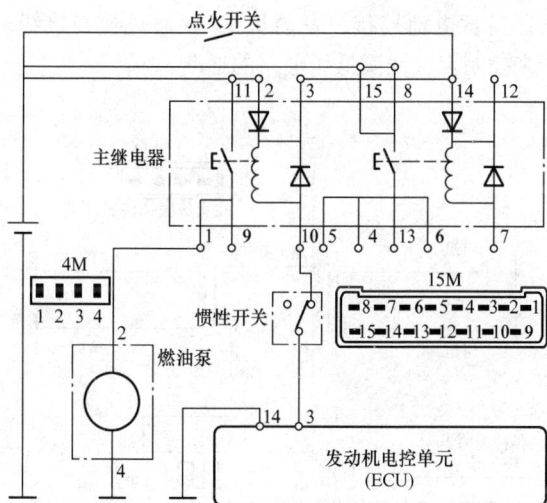

图 3-62　燃油泵电路

（3）怠速控制阀电路如图 3-63 所示。怠速控制阀有三个接线端子，其中接线端子 2 通过主继电器与蓄电池连接，接线端子 1 与发动机 ECU 的接线端子 33 连接，接线端子 3 与发动机 ECU 的接线端子 15 连接。接线端子 1、3 接收发动机 ECU 发出的控制信号。

接主继电器端子 6

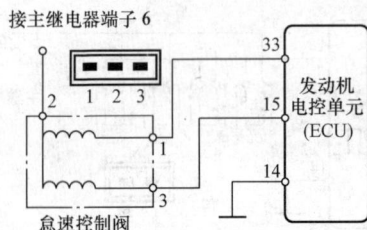

图 3-63 急速控制阀电路

（4）点火系统电路如图 3-64 所示。点火线圈有 4 个高压线插孔，分别插接 1、2、3、4 缸的高压线。另外点火线圈上还有一个插座，插座内有 4 个接线端子，其中接线端子 1 与发动机 ECU 的接线端子 1 连接，接线端子 2 与发动机 ECU 的接线端子 20 连接，接线端子 3、4 通过主继电器与蓄电池连接。发动机 ECU 通过控制接线端子 1、20 电路的通断来控制点火线圈低压电路的通断。

图 3-64 点火系统电路

第九节　柴油发动机电子控制系统

柴油发动机电控系统的发展经历了位置控制系统（第一代）、时间控制系统（第二代）和共轨式电控高压喷射系统（第三代）。

一　时间控制式柴油发动机电控系统

时间控制系统保留了位置控制型电控柴油喷射系统的喷油泵、高压油管和喷油器系统，用高速强力电磁阀直接控制高压燃油喷射。通常，电磁阀关闭，开始喷油；电磁阀打开，喷油结束。喷油始点取决于电磁阀关闭时刻，喷油量取决于电磁阀关闭的持续时间，传统喷油泵中的齿条、滑套、柱塞上的斜槽和控制喷油正时的提前器等全部取消，对喷射定时和喷射油量控制的自由度更大。按照产生高压装置的不同，可分为直列泵、分配泵和泵喷嘴电控燃油喷射系统。德尔福电控单体泵燃油喷射系统电路如图 3 - 65 所示。

1. 传感器电路

（1）凸轮轴位置传感器。凸轮轴位置传感器用于判断柴油机运行的角度相位（也称判缸），并在曲轴传感器失效后执行失效安全策略。图 3 - 65 中，ECU 的端子 J1 - 53、J1 - 54 外接凸轮轴位置传感器。

（2）转速传感器/曲轴位置传感器。转速传感器检测发动机转速信号，曲轴位置传感器检测活塞上止点及曲轴转角。发动机转速传感器/曲轴位置传感器用于喷油时刻和喷油量计算和转速计算，并在凸轮轴位置传感器失效后执行失效安全策略。图 3 - 65 中，ECU 的端子 J1 - 49、J1 - 50 外接转速传感器。

（3）燃油温度传感器。燃油温度传感器根据燃油密度计算喷油量和所需的喷油脉宽，当燃油温度过高时起动保护。图 3 - 65 中，ECU 的端子 J1 - 46、J1 - 41 外接燃油温度传感器，其中 ECU 的端子 J1 - 41 为传感器信号输入端子，端子 J1 - 46 为搭铁端子。

（4）冷却液温度传感器。冷却液温度传感器用于测量冷却液温度，用于冷起动和目标怠速计算等，还用于修正喷油提前角、最大功率保护等，当冷却液温度过高时起动保护。图 3 - 65 中，ECU 的端子 J2 -

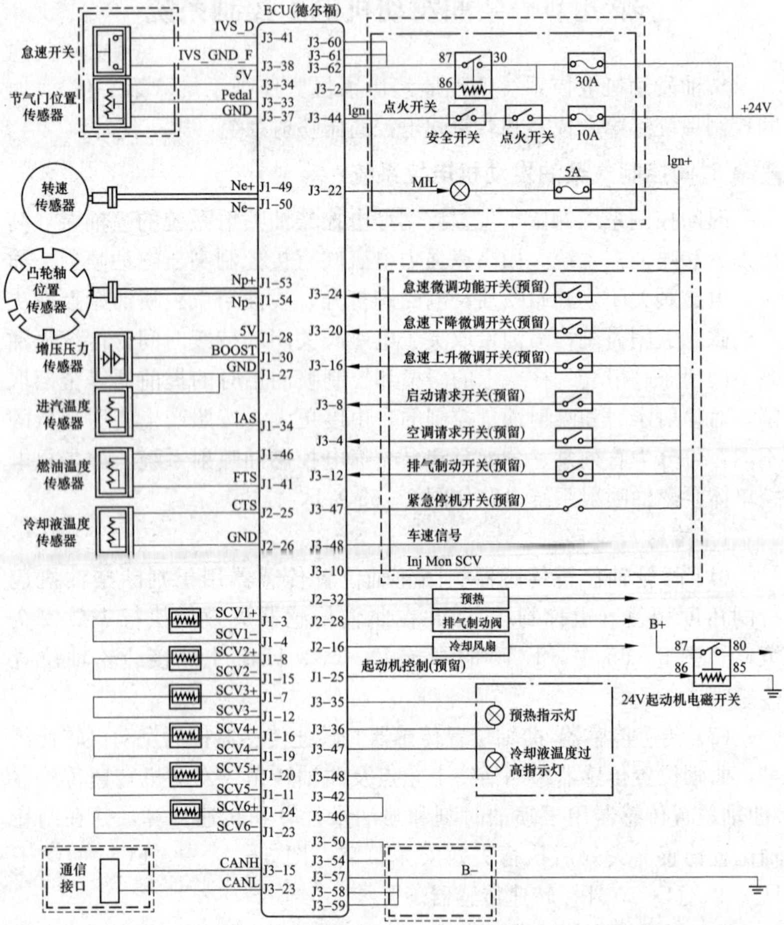

图 3-65 德尔福电控单体泵燃油喷射系统电路

25、J2-26 外接冷却液温度传感器，其中 ECU 的端子 J2-25 为传感器信号输入端子，端子 J2-26 为搭铁端子。

（5）节气门位置传感器。节气门位置传感器用于采集加速踏板信息，通过模拟信号发给 ECU。图 3-65 中，ECU 的端子 J3-38、J3-

41外接怠速开关，端子J3-34为节气门位置传感器5V供电输出，端子J3-33为节气门位置传感器信号输入端子，端子J3-37为搭铁端子。

（6）进气温度传感器。进气温度传感器用于测量进气温度，结合进气压力计算空气密度和喷油量，还用于喷油提前角修正，当进气温度过高时起动保护。图3-65中，ECU的端子J1-34、J1-27外接进气温度传感器，ECU的端子J1-34为传感器信号输入端子，端子J1-27为搭铁端子。

（7）增压压力传感器（MAP）。MAP用于测量增压压力，结合进气温度计算空气密度和喷油量。图3-65中，ECU的端子J1-28输出5V电压给增压压力传感器，端子J1-27为搭铁端子，端子J1-30为传感器信号输入端子。

（8）车外温度传感器。车外温度传感器内置在ECU。

（9）大气压力传感器。大气压力传感器也内置在ECU。

2. ECU

ECU采用Power PC微处理器、橡胶绝缘隔垫、可驱动单阀的燃油喷射系统、国际先进的CAN现场总线通信技术、可选择的燃油冷却功能，内置大气压力和ECU温度传感器。

3. 执行器电路

该系统执行器有单体泵电磁阀（6个）、风扇控制、排气制动阀、水温过高指示灯和故障指示灯等。

（1）单体泵电磁阀。ECU的端子J1-3、J1-4外接单体泵电磁阀1，ECU的端子J1-8、J1-15外接单体泵电磁阀2，ECU的端子J1-7、J1-12外接单体泵电磁阀3，ECU的端子J1-16、J1-19外接单体泵电磁阀4，ECU的端子J1-20、J1-11外接单体泵电磁阀5，ECU的端子J1-24、J1-23外接单体泵电磁阀6。

（2）风扇控制。ECU的端子J2-16外接冷却风扇，控制冷却风扇的运行。

（3）排气制动阀。ECU的端子J2-28外接排气制动阀。

（4）水温过高指示灯。ECU的端子J3-47、J3-48外接水温过高指示灯，控制水温过高指示灯的亮灭。

（5）CAN 通信总线。ECU 的端子 J3-15、J3-23 外接 CAN 通信接口，其中端子 J3-15 接 CAN 高总线，端子 J3-23 接 CAN 低总线。

（6）故障指示灯。ECU 的端子 J3-22 外接故障指示灯，点火开关来的蓄电池电压→5A 熔丝→故障指示灯→ECU 的端子 J3-22。当发动机出现故障时，ECU 的端子 J3-22 输出低电压信号，故障指示灯点亮。

二　共轨式电控高压喷射系统

共轨式电控高压喷射系统改变了传统的柱塞泵脉动供油原理，采用新型的高压燃油系统，例如通过油锤响应、液力增压、共轨蓄压或高压共轨等形式形成高压。采用压力时间式燃油计量原理，用电磁阀控制喷射过程，可实现对喷油量和喷油正时的灵活控制。

德国 BOSCH 公司高压共轨喷射系统主要由传感器、ECU、高压输油泵、共轨和喷油器等组成，如图 3-66 所示。高压输油泵采用带有电控压力调节器的径向柱塞泵，可实现部分停缸控制，由此降低低压时的功率损耗，共轨压力可在 15～145MPa 范围内自由调节。共轨式电控高压喷射系统电路如图 3-67 所示。

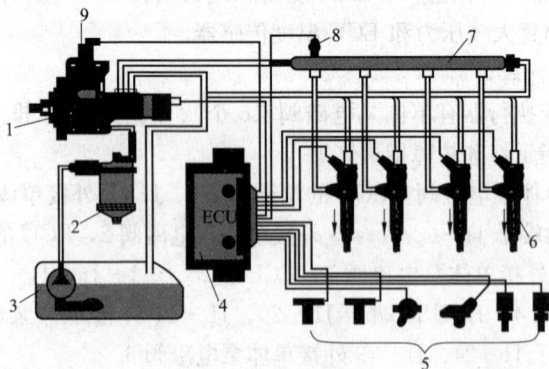

图 3-66　BOSCH 公司的高压共轨系统

1—高压输油泵；2—燃油滤清器；3—油箱；4—ECU；5—传感器；
6—喷油器；7—共轨；8—压力传感器；9—溢出阀

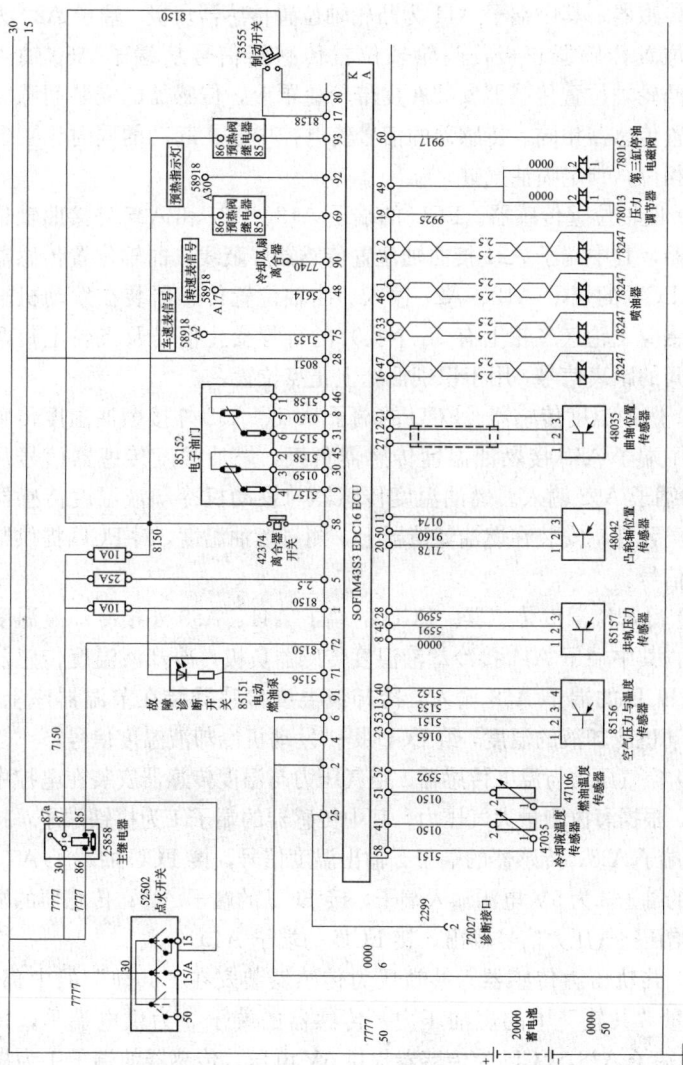

图 3 - 67 BOSCH 公司的高压共轨系统电路

1. 传感器及开关电路

（1）凸轮轴位置传感器。ECU 的端子 A11、A50、A20 外接凸轮轴位置传感器，其中端子 A11 为凸轮轴位置传感器负极，端子 A20 为凸轮轴位置传感器正极，凸轮轴位置传感器信号从端子 A50 输入 ECU。凸轮轴位置传感器安装在皮带轮盖罩上，传感器的安装间隙和曲轴位置传感器相同。传感器的信号使电控中心在起动的同时识别发动机的相位，判定喷油气缸。

（2）曲轴位置传感器。ECU 的端子 A12、A21 和 A27 外接曲轴位置传感器，其中端子 A21 接曲轴位置传感器屏蔽线，曲轴位置传感器信号从 ECU 的端子 A12、A27 输入。曲轴位置传感器装在发动机缸体上，感应飞轮（飞轮上有 58 个孔）的行程变化信号及飞轮上每两个孔之间的距离信号，用于识别活塞上止点位置。

（3）燃油温度传感器。ECU 的端子 A51、A52 外接燃油温度传感器，其中端子 A51 接燃油温度传感器负极，燃油温度传感器信号从 ECU 的端子 A52 输入。燃油温度传感器与发动机冷却液温度传感器是同一类元件，安装在燃油滤清器上，测量燃油温度，对 ECU 提供柴油热态信号。

（4）冷却液温度传感器。ECU 的端子 A41、A58 外接冷却液温度传感器，其中端子 A41 接冷却液温度传感器负极，冷却液温度传感器信号从 ECU 的端子 A58 输入，冷却液温度传感器装在节温器座上，测量发动机冷却液的温度，给 ECU 提供发动机冷却液温度信号。

（5）空气压力与温度传感器。空气压力与温度传感器安装在电控中心内部，根据海拔测量大气压力，其中传感器的端子 1 为搭铁端子，接 ECU 的端子 A23；传感器的端子 2 输出温度信号，接 ECU 的端子 A53；传感器的端子 3 为 5V 电源输入端子，接 ECU 的端子 A13；传感器的端子 4 为增压空气压力信号输出，接 ECU 的端子 A40。

（6）共轨压力传感器。共轨压力传感器装安在"共轨"的中部，用于测量"共轨"中的燃油压力。传感器的端子 3 为供电端子，接 ECU 的端子 A28，ECU 为传感器提供 5V 电压；传感器的端子 1 为搭铁端子，接 ECU 的端子 A8；传感器的端子 2 为共轨传感器信号输出端子，接 ECU 的端子 A43；ECU 对该传感器提供的信号进行信号反馈，控制喷油压力。

（7）电子油门。电子油门提供油门位置信号和进行最小油门开关控制，使 ECU 获得油门控制信号。其中电子油门的端子 1 为供电端子，由 ECU 的端子 K46 提供 5V 电压；电子油门的端子 2 为供电端子，由 ECU 的端子 K45 提供 5V 电压；电子油门的端子 3 为搭铁端子，接 ECU 的端子 K30；电子油门的端子 4 为信号输出端子，接 ECU 的端子 K9；电子油门的端子 5 为搭铁端子，接 ECU 的端子 8K；电子油门的端子 6 为信号输出端子，接 ECU 的端子 K31。

（8）离合器开关。离合器开关带有一个常闭触点，安装在离合器踏板上，ECU 的端子 K58 外接离合器开关，使 ECU 获得离合器控制信号。

（9）制动开关。制动开关内部有常开、常闭两对触点，安装在制动踏板上，系统采用共两个制动开关，另一个用于柴油发动机控制（EDC），一个用于控制制动灯。两者接线不同，与 ECU 的端子 K80 相连的是常闭触点，用于检测制动踏板的位置，不踩制动踏板时也有电；与 ECU 的端子 K17 相连的是常开触点，控制制动灯信号的亮与灭，当踩下制动踏板时给电。

2. ECU

ECU 是博世公司为 SOFIM 共轨柴油发动机喷射系统设计的，被称为 EDC16 电控系统，具有控制和诊断功能，能对系统中其他零部件实行闭环控制，并对系统执行诊断。

3. 执行器电路

（1）电磁喷油器。ECU 的端子 A16、A47 外接 1 缸电磁喷油器，ECU 的端子 A2、A31 外接 2 缸电磁喷油器，ECU 的端子 A1、A46 外接 3 缸电磁喷油器，ECU 的端子 A33、A17 外接 4 缸电磁喷油器。

（2）燃油压力调节器。ECU 的端子 A19、A49 外接燃油压力调节器，其中端子 A19 接燃油压力调节器正极，端子 A49 外接燃油压力调节器负极，当端子 A19 输出控制信号时，燃油压力调节器闭合。燃油压力调节器装在高压油泵上，用于增加或减少燃油沿排气方向的渗漏，以控制燃油喷射压力。在没有控制信号时，电磁阀处于开启状态，其控制信号来自 ECU 对燃油压力传感器输入信号的反馈。

（3）电动燃油泵。ECU 的端子 K91 外接电动燃油泵，电动燃油泵装在车架上。电动燃油泵的一侧通过粗滤器与油箱相连，另一侧连接柴油滤清器。

第十节　汽车电控自动变速器

一　汽车电控自动变速器的组成

　　汽车电控自动变速器由变速系统、液压控制系统和电控系统组成。变速系统由液力变矩器、齿轮变速机构和换挡执行机构组成。电控自动变速器液压控制系统根据电磁阀的工作状态，通过控制换挡元件（离合器、制动器）油路的接通与切断，改变行星齿轮机构的传动比来实现自动换挡。电控系统由传感器（包括控制开关）、电控单元（ECU）和执行器组成，如图 3-68 所示。

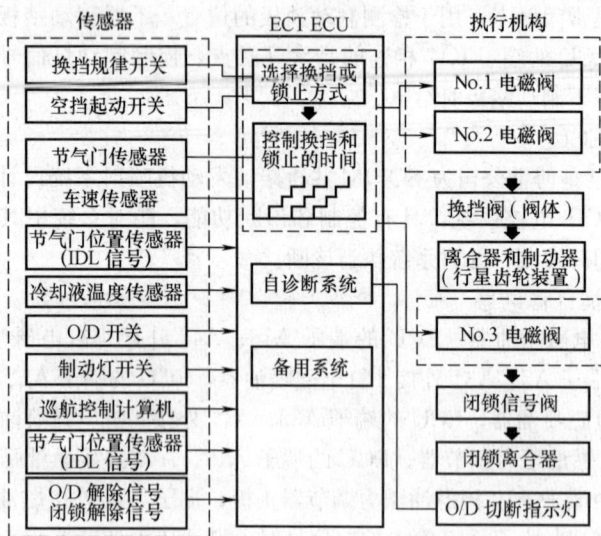

图 3-68　自动变速器电控系统的组成

　　自动变速器电控系统的主要功能有自动控制换挡、失效保护和故障自诊断。电控系统根据汽车车速和发动机负荷变化，自动控制变速器换挡时机和液力变矩器锁止时机，使汽车获得良好的动力性和燃油经济性。电控系统的部分重要部件（如电磁阀、车速传感器）或其线路失效时，电控系统能继续控制变速器排入部分挡位，使汽车继续行驶。车速传感器和电磁阀等控制部件或其线路发生故障时，电控系统能将故障部位编成代码存储在存储器中，以便维修时参考，还将控制超速切断（O/D OFF）指示灯闪烁输出故障码。

二　汽车自动变速器基本电路

以上海别克轿车自动变速器电控系统电路为例说明自动变速器基本电路。

1. 车辆速度传感器（VSS）电路

车辆速度传感器向动力控制模块（PCM）提供车辆速度信息，来控制换挡时间、管路压力及变矩器锁止离合器（TCC）的接合与释

放。它包括速度传感器总成及压入差速器支架总成上的齿形车辆速度传感器转子，其电路如图 3-69 所示。当车辆向前驱动时，车辆速度传感器转子旋转，在感应线圈中产生有一定频率和振幅（电压）的信号，PCM 用该信号的频率部分来计算车辆速度，用信号的电压部分诊断该信号是否正常（电压将从 100r/min 时的 0.5V 至 6000r/min 时的 2.0V 为正

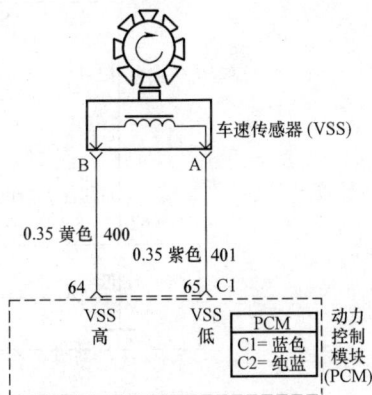

图 3-69　车辆速度传感器电路

常）。PCM 监测到车辆速度传感器电路故障时，在存储器中存储故障码 P0502 和 P0503。

2. 自动变速器输入轴速度传感器（A/T ISS）电路

自动变速器输入轴速度传感器安装在壳体盖上，面向自动变速器输入轴的驱动链轮。驱动链轮旋转时，产生周期性电磁信号，PCM 利用该信号频率来确定变速器输入轴（涡轮轴）旋转的速度，用以控制

管路压力、变速器换挡方式及变矩器锁止离合器的接合与释放。输入轴速度传感器电路如图 3 - 70 所示。PCM 监测到 A/T ISS 电路故障时，将在存储器中存储故障码 P0716 和 P0717。

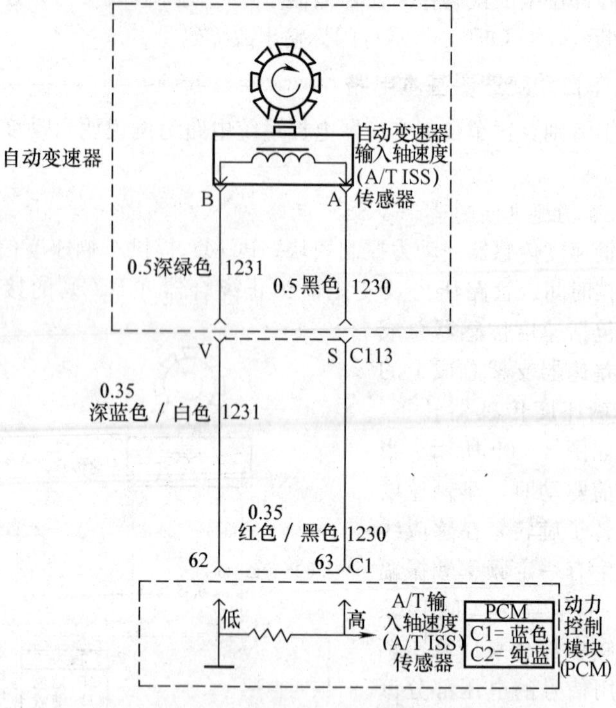

图 3 - 70　自动变速器输入轴速度传感器电路

3. 1 - 2/3 - 4 换挡电磁阀电路

1 - 2/3 - 4 换挡电磁阀（1 - 2/3 - 4SS）是常开电子排放阀，它根据电磁阀的指令状态由电路 1039/839 输入电源电压，并由 PCM 提供搭铁回路。当 PCM 指令电磁阀关闭时，则不提供搭铁回路，输入到电磁阀的管路压力被排空。当 PCM 指令电磁阀接通时，提供搭铁回路，堵住排泄端口，停止排放管路压力。PCM 通过监控所指令的齿轮与齿轮传动比的关系，确认 1 - 2/3 - 4 换挡电磁阀的工作状况。如果

PCM 检测到齿轮传动比在所指令的齿轮传动比极限之外，则设定故障码 P0751。

1-2/3-4 换挡电磁阀控制液压管路及电路如图 3-71 所示。1-2/3-4 换挡电磁阀控制变速器 1-2 和 3-4 换挡阀的动作，带熔丝的电路为 1-2/3-4 换挡电磁阀提供电源。在 PCM 内的输出驱动模块，通过给电路 1222 提供搭铁通路指令电磁阀接通或关闭。当 1-2/3-4SS 电磁阀接收接通指令时，PCM 输出低电压，当 1-2/3-4 换挡电磁阀接收关闭指令时，PCM 输出高电压。如果 PCM 在电路 1222 或 1-2/3-4 换挡电磁阀上检测到连续的断路或对搭铁短路，则设定故障码 P0753。

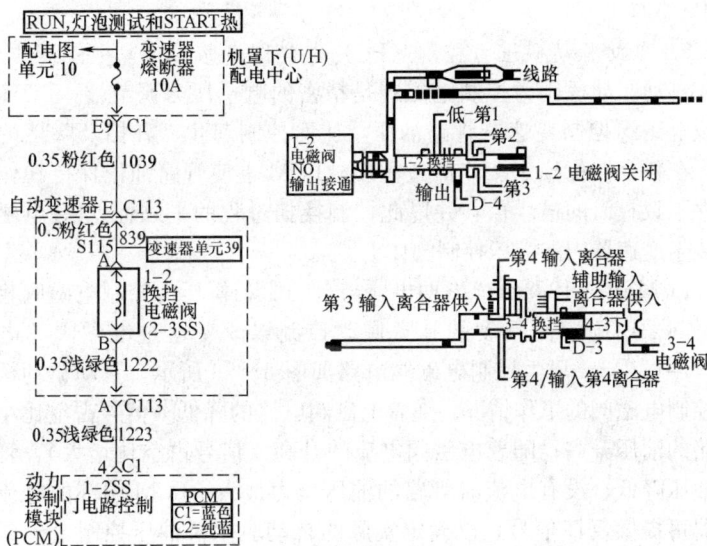

图 3-71　1-2/3-4 换挡电磁阀控制液压管路及电路

4.2-3 换挡电磁阀电路

根据电磁阀的指令状态，由电路 1039/839 向 2-3 换挡电磁阀输入电源电压，并由 PCM 提供搭铁回路。当 PCM 指令电磁阀关闭时，不提供搭铁回路，并且排空输入到电磁阀的管路压力。当 PCM 指令电磁阀接通时，则提供搭铁回路，并堵住排泄端口，停止排放管路压力。通过监视所指令的齿轮与齿轮传动比之间的关系，动力控制模块可确认 2-3 换挡电磁阀状态。如果 PCM 检测到齿轮传动比在指令挡位传动比的极限之外，则设定故障码 P0756。

2-3 换挡电磁阀液压控制管路及电路如图 3-72 所示。2-3 换挡电磁阀控制变速器液压在 1-2 和 2-3 换挡阀上动作，带熔丝的电路为 2-3 换挡电磁阀提供电源电压。在 PCM 内的输出驱动模块，通过电路 1223 提供搭铁回路控制电磁阀的接通和关闭。当 2-3 换挡电磁阀接收接通指令，PCM 输出低电压。当 2-3 换挡电磁阀接收关闭指令，PCM 则输出高电压。如果 PCM 在电路 1223 或 2-3 换挡电磁阀中检测到连续的断路或对搭铁短路，则设定故障码 P0758。

5. 自动驱动桥压力控制（PC）电磁阀电路

自动驱动桥压力控制电磁阀是精密的电子压力调节器，PCM 通过该电磁阀控制变速器管路油压，从而控制起步、升挡及降挡的品质。在各个挡位稳定工作的过程中，PCM 也使管路油压保持在作用部件不致打滑的最小值，并以此控制换挡过程的平顺性。PC 电磁阀安装于变速器内的液压控制阀体上。

PCM 通过 1228、1229 两电路与自动驱动桥压力控制电磁阀相连接，其采用固定高频度的脉宽调制控制以改变通过电磁阀的电流（0.1~1.1A）。压力控制电磁阀电路如图 3-73 所示。自动驱动桥压力控制电磁阀的工作情况：随着电磁阀电流的降低（信号占空比小），管路的油压升高；随着电磁阀电流的升高（信号占空比增大），管路的油压降低；没有电流时管路的油压压力最大。PCM 内部的电流监视器可提供反馈信号，以确定实际的自动驱动桥油压控制电磁阀电流。如果 PCM 检测到指令的电流与实际的电流之间的差大于标定数值，则设定故障码 P0748。

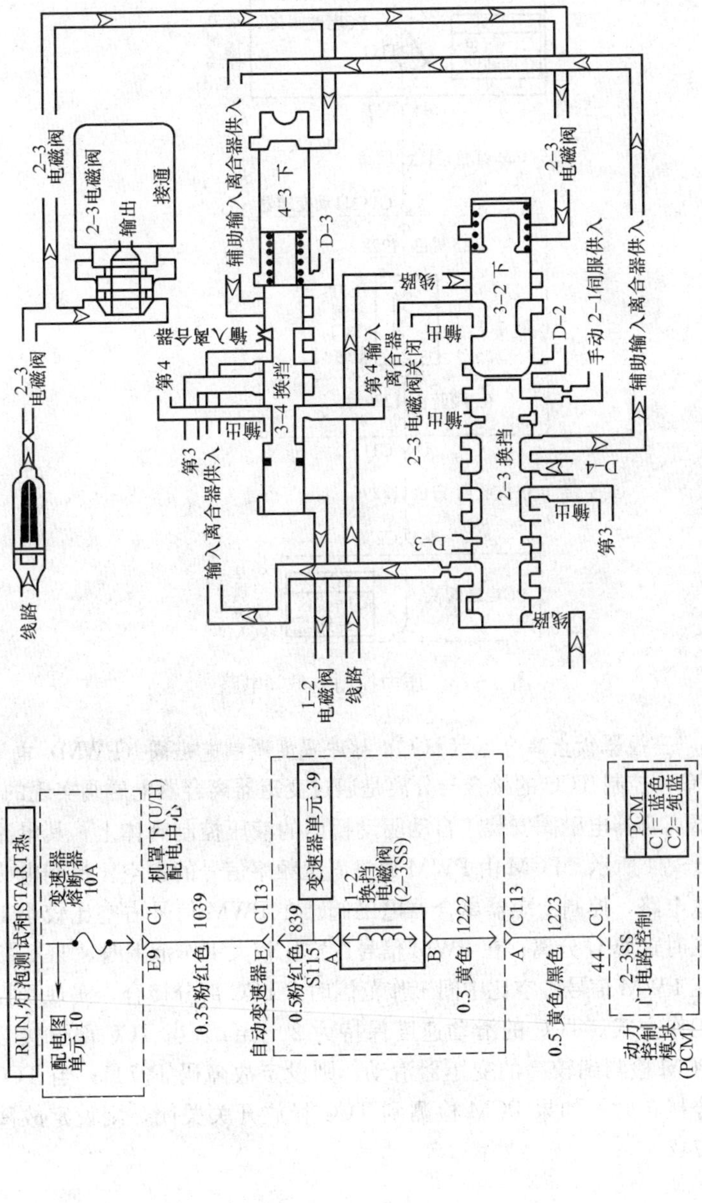

图 3－72　2－3 换挡电磁阀液压控制管路及电路

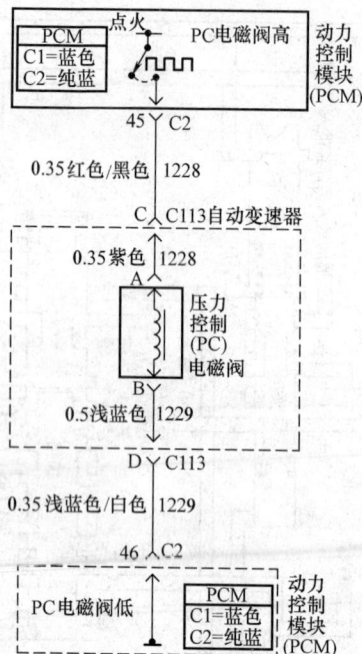

图 3 - 73　压力控制电磁阀电路

6. 变矩器锁止离合器（TCC）脉冲宽度调制电磁阀（PWM）电路

PCM 控制 TCC 的接合与分离是通过变矩器离合器电磁阀实现的。变矩器离合器电磁阀安装于自动驱动桥内的液压控制阀体上，其电路如图 3 - 74 所示。PCM 由 PWM 通过固定频率信号的占空比控制电磁阀搭铁电路，控制变矩器离合器电磁阀。在 PWM 信号占空比较小工作范围时，TCC 分离；在 PWM 信号占空比较大工作范围时，TCC 接合；在 PWM 信号占空比中间工作范围时，TCC 部分接合，实现受控打滑工作方式。TCC 的滑动速度保持为 20r/min。当 TCC 部分接合时，PCM 检测到较高的变矩器滑动，则设定故障码 P0741；当 TCC 被指令接合时，如果 PCM 检测到 TCC 释放开关关闭，则设定故障码 P0742。

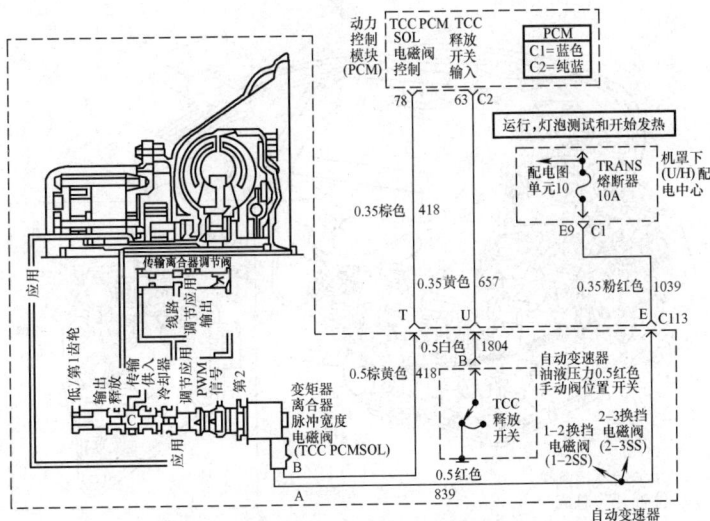

图 3 - 74　变矩器锁止离合器电磁阀电路

7. 自动变速器油液压力（TFP）手动阀位置开关电路

TFP 手动阀位置开关总成在阀体上，由 6 个油液压力开关组成，如图 3 - 75 所示，其中 3 个油液压力开关（D4、L0、倒挡）为常开开关，另外 3 个（D3、D2 和 TCC）为常闭开关。这 6 个开关显示手动阀的位置。PCM 利用该信息来控制管路压力、TCC 接合与释放及换挡电磁阀的操作。

各油液压力开关视油压而定，可使 PCM 挡位输入电路断路或搭铁。TFP 手动阀位置开关电路如图 3 - 76 所示。开关开、闭的顺序会产生电压读数的组合，该读数受 PCM 监控。PCM 测量其各端子与搭铁间的 TFP 手动阀位置开关信号电压，并将该电压与存储在 PCM 存储器中的开关信号逻辑表进行比较。如果 PCM 没有识别开关顺序，则会设定故障码。如果 TFP 手动阀位置开关顺序表明齿轮范围选择与 PCM 的其他传感器输入有冲突，则设定故障码 P1810 和 P1887。

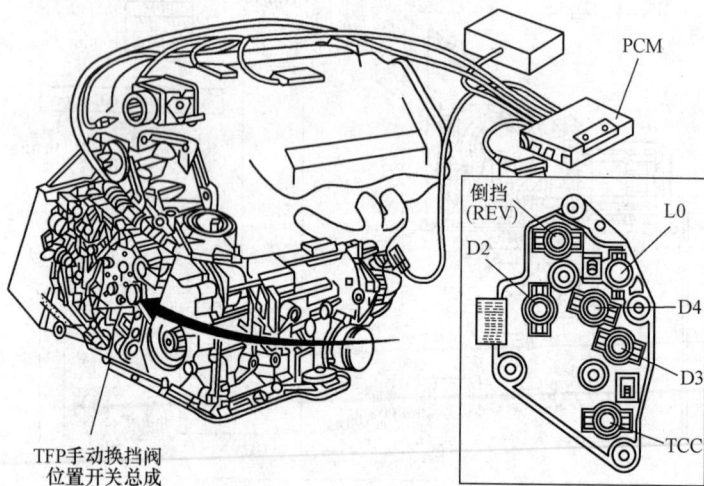

图 3-75　TFP 手动阀位置开关总成

8. 自动变速器油液温度（TFT）传感器电路

TFT 传感器是负温度系数的热敏电阻，与自动驱动桥内的油液相接触，为 PCM 提供关于变速器油液温度信息。

TFT 传感器配有接至 PCM 的搭铁电路如图 3-77 所示。PCM监测 TFT 传感器信号电路的电压高低来确定自动驱动桥内油液的温度，同时对该电路进行故障检测。如果 PCM 检测到 TFT 传感器电路中间无电压或电压无变化，则设定故障码 P0711；如果检测到TFT 传感器电路 1227 对搭铁连续短路，则设定故障码 P0712；如果检测到 TFT 传感器电路连续断路或对电源短路，则设定故障码P0713。如果 TFT 传感器显示高于 130℃，则 PCM 进入过热保护模式，将改变换挡程序及 TCC 操作方式以降低油液的温度，同时存储故障码 P0218。过热保护模式将持续工作到油液温度低于 120℃。

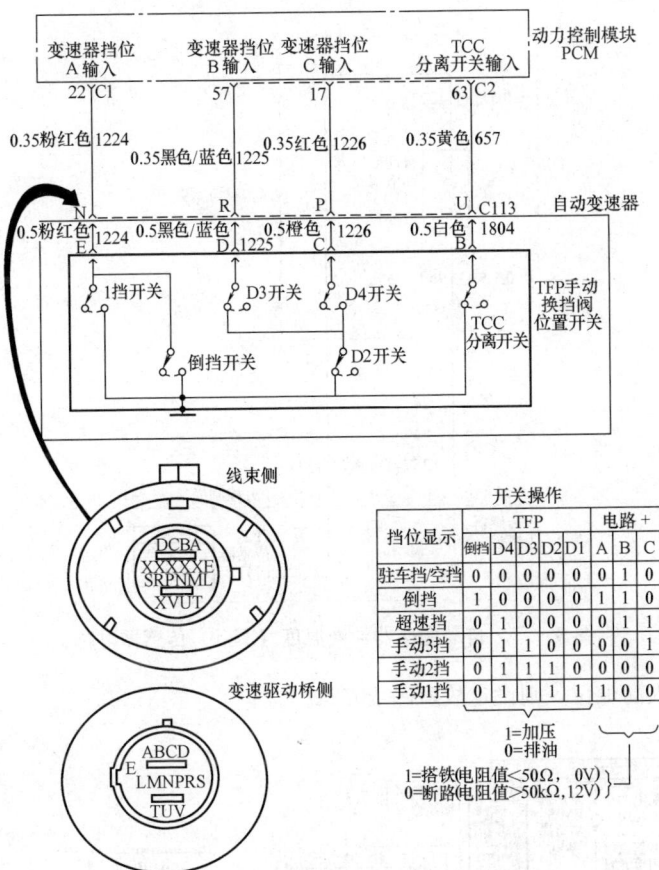

图 3 - 76　TFP 手动阀位置开关电路

9. TCC 制动器开关信号电路

TCC 制动器开关电路如图 3 - 78 所示。它向 PCM 输入启用或释放信号，通过常闭的开关向 PCM 提供蓄电池电压。启用制动踏板打开 TCC 制动器开关，切断供向 PCM 的电压。当 PCM 从制动器开关接收到 0V 电压时，PCM 会关闭变矩器离合器脉宽调制（TCC PWM）电磁阀。如果在加速过程中 PCM 检测到制动器开关（指示踏板启用）断路，则设定故障码 P0719；如果在制动过程中 PCM 检测到制动开

自动变速器

0.5棕色 1227

A

自动变速器
油液温度
(TFT)
传感器

B

0.5灰色 452

L

M   L C113

0.35黑色 2726

0.35黄色/黑色 1227

1 C1   68 C2 动力控制模块(PCM)

传感器
搭铁

TFT
传感器
信号

PCM
C1=蓝色
C2=纯蓝

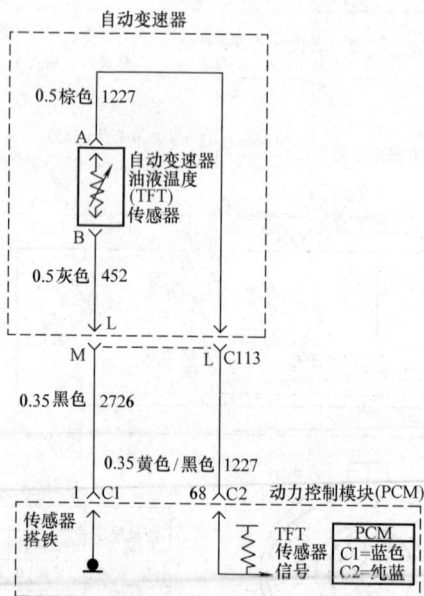

图3-77 自动变速器油液温度（TFT）传感器电路

关输入高电位，则设定故障码 P0724。

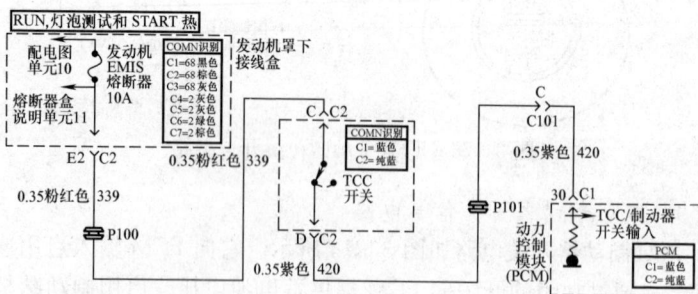

RUN,灯泡测试和 START 热

配电图
单元10
EMIS
熔断器
10A
发动机

熔断器盒
说明单元11

COMN识别
C1=68黑色
C2=68棕色
C3=68灰色
C4=2黑色
C5=2灰色
C6=2绿色
C7=2棕色

发动机罩下
接线盒

E2 C2

0.35粉红色 339

0.35粉红色 339

P100

C C2

COMN识别
C1=蓝色
C2=纯蓝

TCC
开关

D C2

0.35紫色 420

P101

C

C101

0.35紫色 420

30 C1

动力
控制
模块
(PCM)

TCC/制动器
开关输入

PCM
C1=蓝色
C2=纯蓝

图3-78 TCC制动器开关信号电路

三 汽车变速器典型电路

上海别克轿车自动变速器电控系统电路如图3-79所示。

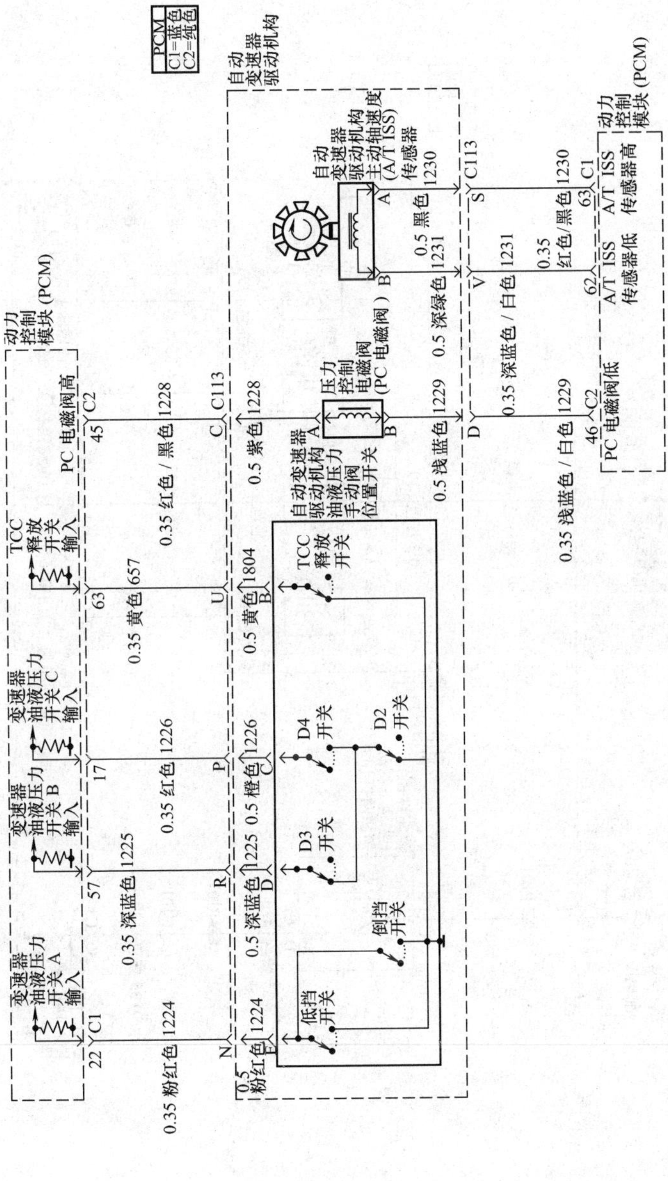

图 3 - 79　上海别克轿车自动变速器电控系统电路（一）

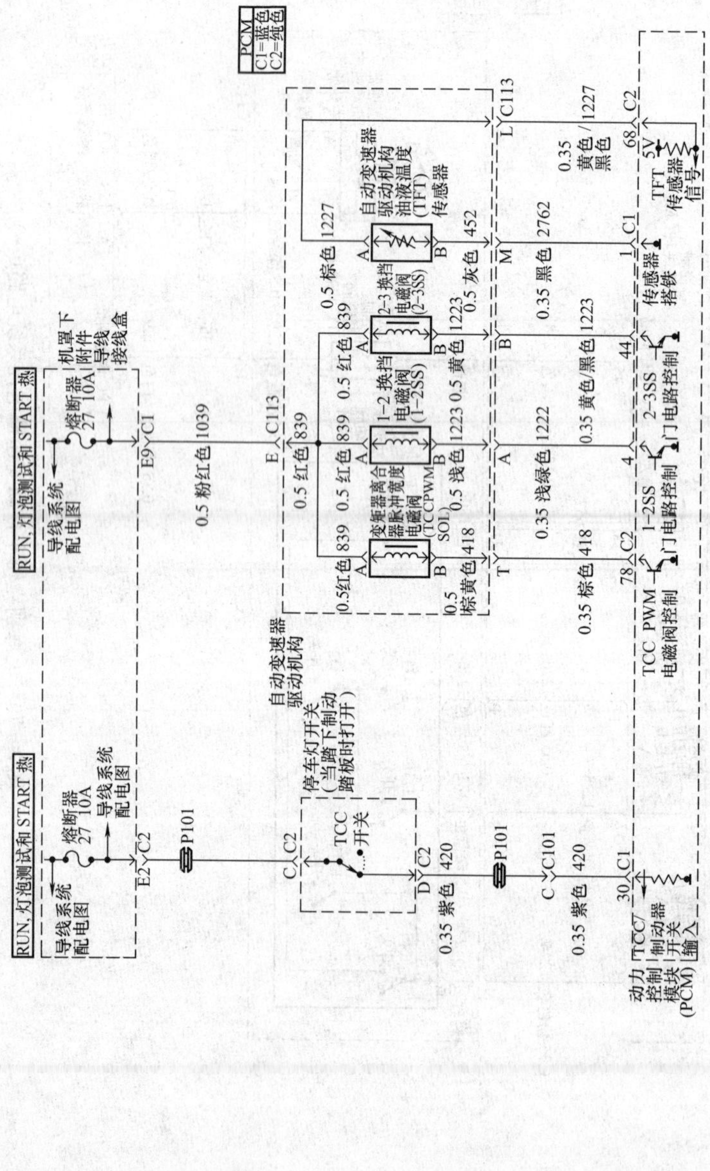

图 3-79　上海别克轿车自动变速器电控系统电路（二）

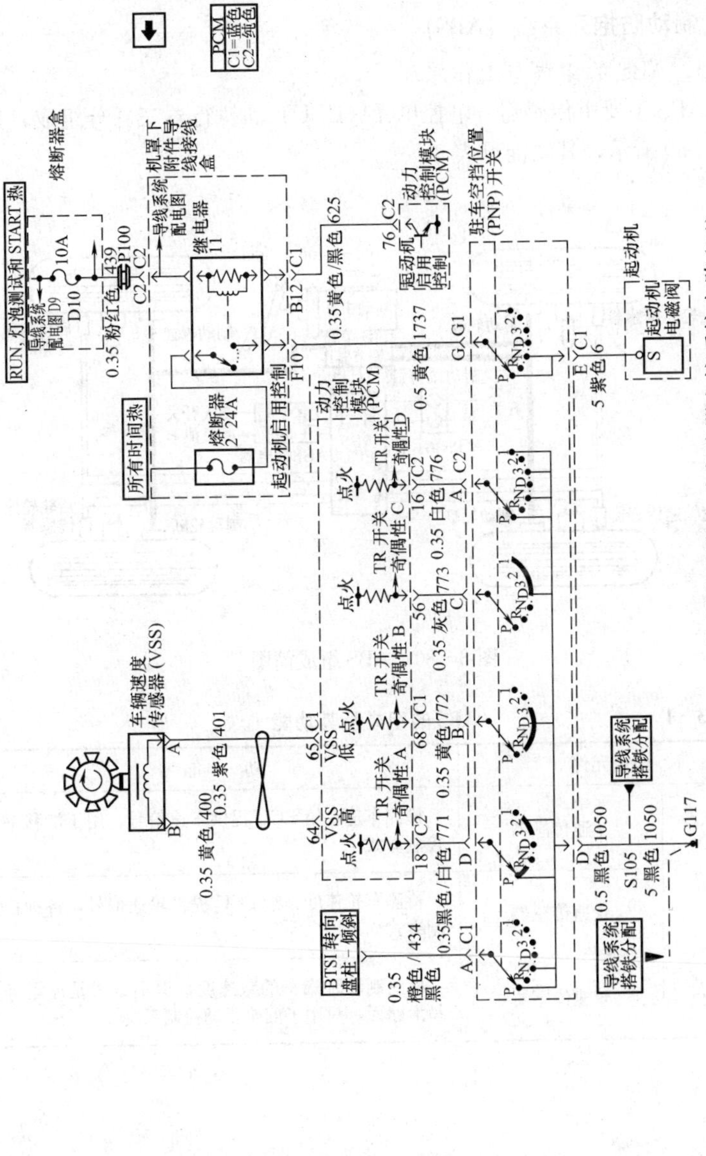

图3-79　上海别克轿车自动变速器电控系统电路(三)

第十一节　ABS/ASR/ESP 车辆制动控制系统

一　制动防抱死系统（ABS）

1. ABS 的组成与工作原理

ABS 主要由传感器、电控单元（ECU）和执行器三部分组成，如图 3-80 所示，其功能见表 3-1。

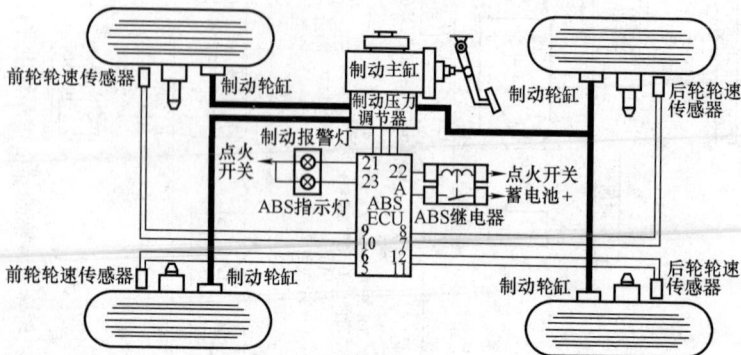

图 3-80　ABS 组成简图

表 3-1　ABS 的组成及其功能

组成元件		功　　能
传感器	车速传感器	检测车速，给 ECU 提供车速信号，用于滑移率控制方式
	轮速传感器	检测车轮速度，给 ECU 提供轮速信号，各种控制方式均采用
	减速传感器	检测制动时汽车的减速度，识别是否是冰雪等易滑路面，只用于四轮驱动控制系统

组成元件		功　能
执行器	制动压力调节器	接收 ECU 的指令，通过电磁阀的动作实现制动系统压力的增加、保持和降低
	液压泵	受 ECU 控制，在可变容积式制动压力调节器的控制油路中建立控制油压；在循环式制动压力调节器调节压力降低的过程中，将由轮缸流出的制动液经蓄能器泵回主缸，以防止 ABS 工作时制动踏板行程发生变化
	ABS 警告灯	ABS 出现故障时，由 ECU 控制将其点亮，向驾驶人发出报警，并由 ECU 控制闪烁显示故障码
	ECU	接收车速、轮速、减速等传感器的信号，计算出车速、轮速、滑移率和车轮的减速度、加速度，并将这些信号加以分析、判别、放大，由输出级输出控制指令，控制各种执行器工作

（1）传感器。

轮速传感器用于检测车轮的转速，并将转速信号输入 ECU。轮速传感器一般都安装在车轮处，但有些驱动车轮的轮速传感器安装在主减速器或变速器中。目前 ABS 的轮速传感器主要有电磁感应式轮速传感器和霍尔效应式轮速传感器两种型式。

电磁感应式轮速传感器结构简单、成本低，但输出信号的幅值随转速的变化而变化，在规定的转速变化范围内，其输出信号的幅值一般为 1～15V，若轮速过慢，其输出信号低于 1V，ECU 无法检测；频率响应不高，当转速过高时，传感器的频率响应跟不上，容易产生误信号；抗电磁波干扰能力差。目前，国内外 ABS 控制对应的车速一般为 15～160km/h，其控制范围将逐渐扩大到 8～260km/h甚至更大，电磁感应式轮速传感器很难适应。霍尔效应式轮速传感器能克服电磁感应式轮速传感器的不足，因而在 ABS 中应用越来越广泛。

（2）电控单元。

ECU 主要用于接收轮速传感器及其他传感器输入的信号，进行放大、计算、比较，按照特定的控制逻辑，分析判断后输出控制指令，控制制动压力调节器进行压力调节。

ABS ECU 的硬件由安装在印刷电路板上的一系列电子元器件构成，由集成度高、运算速度快的数字电路构成，封装在金属壳体内，形成一个独立的整体；软件是固存在只读存储器（ROM）中的一系列控制程序和参数。目前 ABS ECU 的内部电路和控制程序并不相同，但基本组成如图 3-81 所示。

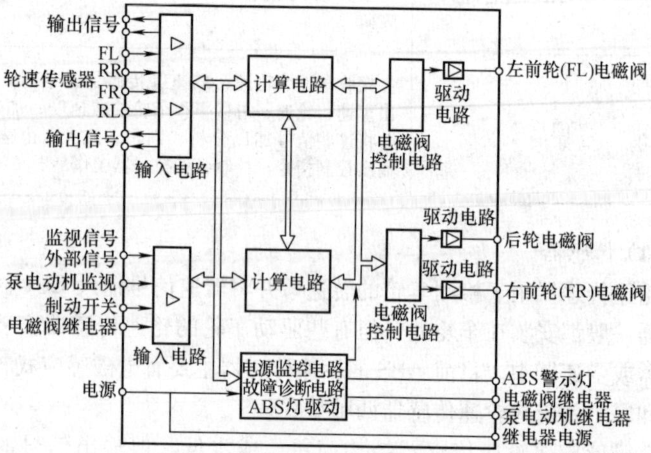

图 3-81　ABS　ECU 内部电路框图（四传感器三通道系统）

（3）制动压力调节器。

制动压力调节器用于接收 ECU 的指令，通过电磁阀的动作自动调节制动器制动压力。液压式制动压力调节器主要由电磁阀、液压泵和储液器组成，通过电磁阀和液压泵产生的液压力控制制动力。每个车轮或每个系统内部都有电磁阀，压力调节器通过电磁阀直接控制制动压力的，称为循环式制动压力调节器；间接控制制动压力的压力调节器，称为可变容积式制动压力调节器。

1）循环式制动压力调节器。采用循环调压方式进行防抱死制动压力调节时，通过使制动轮缸中的制动液流回制动主缸或储液器（也称蓄能器），实现制动压力减小；通过制动主缸或蓄能器中的制动液流入制动轮缸，实现制动压力的增大。

① 电磁阀。循环式制动压力调节器多采用二位三通电磁阀或三位三通电磁阀。

a. 二位三通电磁阀。有增压和减压两种工作位置，即电磁线圈断电位置和电磁线圈通电位置，工作时二位三通电磁阀穿梭于两个位置。只要 ECU 控制线圈电流通断的占空比，即可实现制动压力的三态调整。

b. 三位三通电磁阀。三位三通电磁阀有 3 个液压孔，具有 3 种工作状态，从而实现压力升高、压力保持和压力降低。

② 液压泵。当蓄能器内制动液压力低于设定的控制压力时，压力控制开关闭合，向电动机供电，使液压泵工作，将制动液泵入蓄能器中，当液压泵出液口的压力超过设定的控制压力时，压力控制开关断开，停止向电动机供电，电动机和柱塞泵停止工作，将液压泵出液口处的压力保持在一定的控制范围内。如果液压泵出液口处的压力过低，说明液压泵或蓄能器存在故障，压力警示开关就会闭合，发出警示信号。

③ 蓄能器。根据其压力范围分为高压蓄能器和低压蓄能器。高压蓄能器用于向制动助力器、制动轮缸或调压缸供给高压制动液或其他的调压介质，作为制动能源；低压蓄能器用于接纳回流的制动液或调压介质，并衰减回流制动液或调压介质的压力波动。

2）循环式制动压力调节器的工作过程

① 常规制动过程。常规制动过程如图 3-82 所示，电磁阀不通电，衔铁在图示位置，制动主缸和制动轮缸管路相通，制动主缸可随时控制制动压力的增减。此时液压泵不工作。

② 减压过程。当 ECU 对电磁阀提供较大电流时，柱塞移至上端，制动主缸和制动轮缸的通路被截断，制动轮缸和储液器接通，轮缸的制动液流入储液器，制动压力降低。与此同时，电动机带动液压泵工作，将流回储液器的制动液加压后送回制动主缸，如图 3-83 所示。

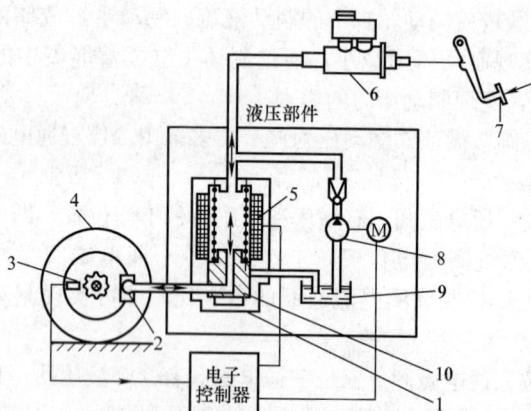

图 3-82　常规制动过程

1—电磁阀；2—轮缸；3—轮速传感器；4—车轮；5—电磁线圈；

6—主缸；7—制动踏板；8—液压泵；9—储液器；10—柱塞

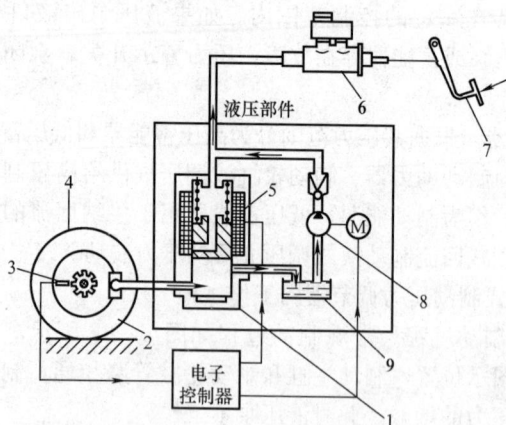

图 3-83　ABS 减压过程

1—电磁阀；2—轮缸；3—轮速传感器；4—车轮；

5—电磁线圈；6—主缸；7—制动踏板；8—液压泵；9—储液器

③ 保压过程。当 ECU 对电磁阀通较小电流时，柱塞移至图 3 - 84 所示位置，所有的通路都被截断，制动器制动压力保持不变。

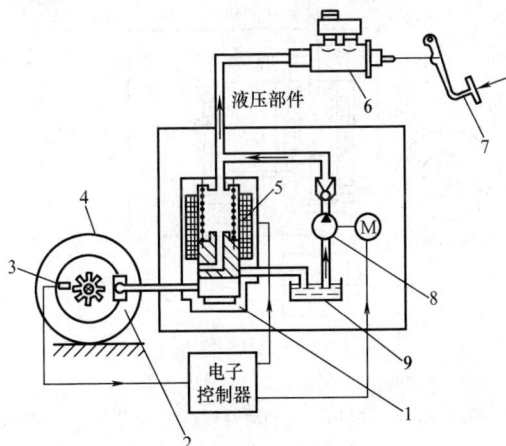

图 3 - 84　ABS 保压过程

1—电磁阀；2—轮缸；3—轮速传感器；4—车轮；
5—电磁线圈；6—主缸；7—制动踏板；8—液压泵；9—储液器

④ 增压过程。当 ECU 对电磁阀断电后，柱塞又回到图 3 - 85 所示的初始位置。制动主缸和制动轮缸再次相通，主缸的高压制动液再次进入制动轮缸，增加制动压力。增压和减压的速度可直接通过电磁阀的进出油口来控制。

3) 可变容积式制动压力调节器的工作过程。在汽车原有的制动管路上增加 1 套液压装置（以调压活塞为主），通过改变电磁阀柱塞的位置来控制调压活塞的移动，改变轮缸侧管路容积，利用这种变化间接地控制制动压力的变化。制动压力的调节速度取决于调压活塞的移动速度。

① 常规制动过程。常规制动过程如图 3 - 86 所示，调压活塞被一较大的弹簧力推至左端，活塞顶端有一推杆顶开单向阀，使制动主缸与制动轮缸之间的管路接通。此时系统处于常规制动状态，主缸直接控制制动器制动压力的增减。

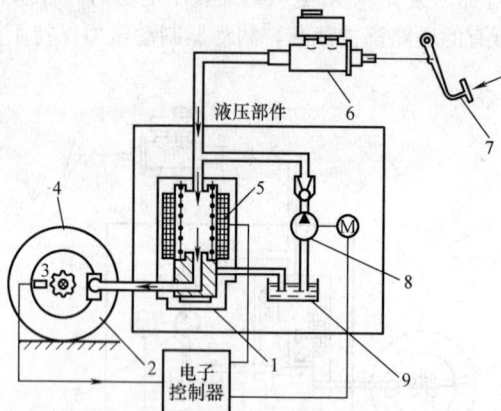

液压部件

图 3-85　ABS 增压过程

1—电磁阀；2—轮缸；3—轮速传感器；4—车轮；

5—电磁线圈；6—主缸；7—制动踏板；8—液压泵；9—储液器

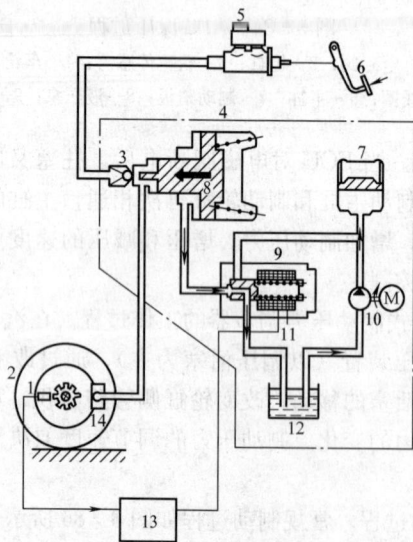

图 3-86　常规制动过程

1—轮速传感器；2—车轮；3—单向阀；4—液压元件；5—主缸；6—制动踏板；7—蓄能器；

8—调压活塞；9—电磁阀；10—液压泵；11—电磁线圈；12—储液器；13—ECU；14—轮缸

② 减压过程。ABS 减压过程如图 3-87 所示，ECU 对电磁阀通入较大的电流，电磁阀内的柱塞移到右边，蓄能器中储存的高压液体通过管路作用在调压活塞的左侧，产生一个与弹簧力方向相反的作用力，使调压活塞右移，单向阀关阀，主缸和轮缸之间的通路被切断。图中粗实线部分表示的是轮缸侧的管路容积，与图 3-86 相比，因调压活塞右移而使轮缸侧容积增加，制动压力减少，其减小幅度决定于轮缸侧管路容积的增加量。

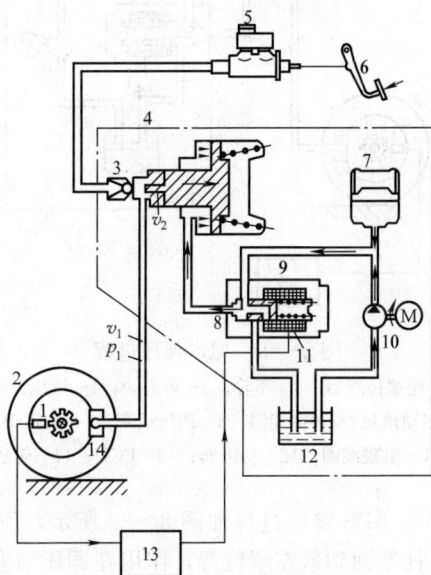

图 3-87　ABS 减压过程

1—轮速传感器；2—车轮；3—单向阀；4—液压元件；

5—主缸；6—制动踏板；7—蓄能器；8—调压活塞；9—电磁阀；

10—液压泵；11—电磁线圈；12—储液器；13—ECU；14—轮缸

③ 保压过程。ABS 保压过程如图 3-88 所示，ECU 对电磁阀通入较小的电流，电磁阀柱塞移到左边，作用在活塞左侧的液体压力得以保持，调压活塞两端承受的作用力相等。因此调压活塞静止不动，管路容积也不发生变化，制动压力保持不变。

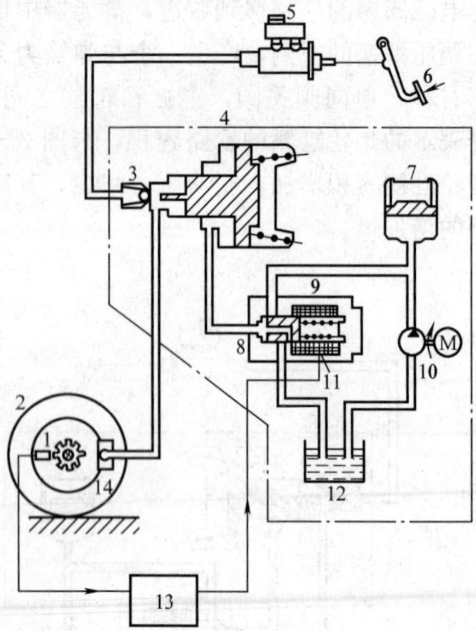

图 3-88　ABS 保压过程
1—轮速传感器；2—车轮；3—单向阀；4—液压元件；
5—主缸；6—制动踏板；7—蓄能器；8—调压活塞；9—电磁阀；10—液压泵；
11—电磁线圈；12—储液器；13—ECU；14—轮缸

④ 增压过程。ABS 增压过程如图 3-89 所示，ECU 对电磁阀的电磁线圈断电，柱塞回到最左端位置，作用在调压活塞左侧的高压被解除，调压活塞左移，调压活塞左侧制动液泄入储液器，同时制动主缸和制动轮缸的管路相通。轮缸侧容积增加量在此期间减小，制动压力增加至初始值。

2. ABS 典型电路

桑塔纳 2000GSi 时代超人轿车装备的 MK20-Ⅰ ABS 控制电路如图 3-90 所示。新捷达王（JETTA GTX）和捷达都市先锋（JETTA AT）轿车装置的 MK20-Ⅰ ABS 控制电路与该电路的惟一区别在于 ABS ECU 直接连接的两个端子不同：桑塔纳 2000GSi 轿车为 6 与 22 端子直接连接，捷达轿车为 15 与 21 端子直接连接。

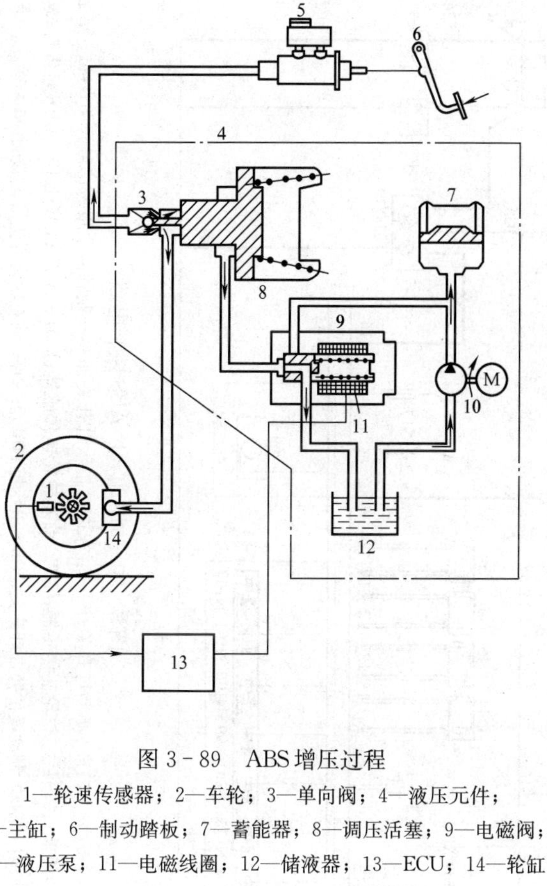

图 3-89　ABS 增压过程

1—轮速传感器；2—车轮；3—单向阀；4—液压元件；

5—主缸；6—制动踏板；7—蓄能器；8—调压活塞；9—电磁阀；

10—液压泵；11—电磁线圈；12—储液器；13—ECU；14—轮缸

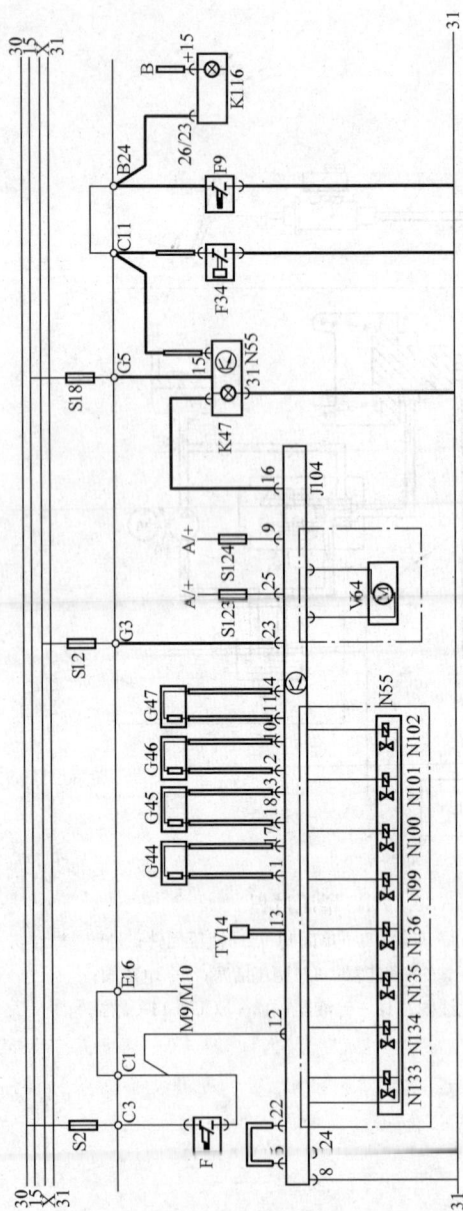

图 3－90　MK20－Ⅰ　ABS 控制电路

A—蓄电池；U—在仪表板内＋15；F—制动灯开关；F9—驻车制动指示灯开关；F34—制动液位报警信号开关；G44—后右轮速传感器；
G45—前右轮速传感器；46—后右轮速传感器；G47—前左轮速传感器；N55—液压控制单元；N99—前右轮开进液电磁阀；N100—前右轮常闭出液电磁阀；
M10—左制动灯；K116—驻车制动液出液电磁阀；N102—前左轮常闭出液电磁阀；N133—后右轮开进液电磁阀；N134—后右轮常闭出液电磁阀；
N101—前左轮开进液电磁阀；N102—前左轮常闭出液电磁阀；N136—后左轮常闭出液电磁阀；S2—熔丝（10A）；S12—熔丝（15A）；S18—熔丝（10A）；
N135—后左轮开进液电磁阀；S124—电磁阀熔丝（30A）；TV14—故障诊断接口 F1；V64—电动回液泵
S123—电动回液泵熔丝（30A）；S124—电磁阀熔丝（30A）；TV14—故障诊断接口 F1；V64—电动回液泵

接通点火开关，ABS自动进入自检状态，并持续到汽车行驶过程中，因为某些已经存在的故障只有在行驶时才能被识别出来。在自检过程中，仪表盘上的ABS警告灯亮约2s后自动熄灭，同时可听到继电器触点断开与闭合的响声及回液泵起动时的响声，在制动踏板上也能感觉到轻微的振动。

当ABS发生故障后，在汽车行驶过程中控制系统将自动关闭ABS，同时控制仪表盘上的ABS警告灯亮，此时恢复到常规制动状态。当控制系统的电源电压低于允许的最低电压（10.5V）时，ABS自动关闭，此时ABS警告灯亮。当电源电压恢复正常时，控制系统将再次起动ABS，指示灯熄灭。

汽车行驶过程中，车轮速度传感器不断向ECU输入轮速信号，ECU根据轮速信号计算车轮圆周速度，将车轮圆周速度微分便可得到车轮的加、减速度。当踩下制动踏板时，制动灯开关接通，并向ECU输入一个高电平（电源电压）信号，ABS投入工作。因为在制动条件相同的情况下，道路附着系数不同，其制动效果也不相同，所以ABS一般都将制动控制过程分为高附着系数、低附着系数和附着系数由高到低3种情况分别进行控制。

ABS工作时，ECU首先根据减速信号判定路面状况，减速度大于一定值为高附着系数路面，减速度小于一定值为低附着系数路面，然后根据判定结果调用相应的控制程序，控制制动压力调节器以每秒2～10次的频率调节制动分泵压力，防止车轮抱死滑移，从而将各车轮的滑移率控制在理想滑移率附近，以缩短制动距离，同时最大限度保证制动时汽车的稳定性和安全性。当驾驶人踩下制动踏板时，制动压力升高和降低的动作在脚掌上会有抖动的感觉，这种感觉在装备MK20-Ⅰ ABS的捷达AT、GTX和桑塔纳2000GSi轿车上为2～7次/s，在奥迪100轿车上为4～10次/s。

■ 驱动防滑转系统（ASR）

ABS用于防止汽车制动过程中车轮抱死，将车轮的滑移率控制在理想滑移率附近范围内，以缩短制动距离，提高汽车制动时的方向稳定性和转向控制能力。在驱动过程中（尤其是起步、加速和转弯过程中），为防止驱动车轮滑转，使汽车在驱动过程中的方向稳定性、转向控制能力和加速性能都得到提高，采用汽车驱动防滑转系统（ASR），也称牵引力（或驱动力）控制系统（TCS），日本称其为 TRC 或 TRAC。ASR 是 ABS 功能的完善和补充，ASR 可独立设立，但大多数与 ABS 组合在一起，常用 ABS/ASR 表示，统称为防滑控制系统。

　　ASR 与 ABS 有许多共同之处，如都是对车轮滑移率进行控制、都需要轮速传感器信号等，因而通常两者组合在一起，构成具有制动防抱死和驱动防滑转功能的防滑控制系统。具有代表性的凌志 LS400 轿车防滑控制系统（ABS/TRC）在制动过程中，采用循环调压方式、四通道、四轮独立控制；在驱动过程中，通过调节副节气门的开度和驱动轮介入制动的方式，对两后驱动轮进行防滑转控制。

　　1. ABS/TRC 的组成

　　ABS/TRC 主要由轮速传感器、ABS/TRC ECU、制动压力调节器、TRC 隔离电磁阀总成、TRC 制动供能总成、主副节气门位置传感器、副节气门控制步进电动机等组成，如图 3-91 所示。

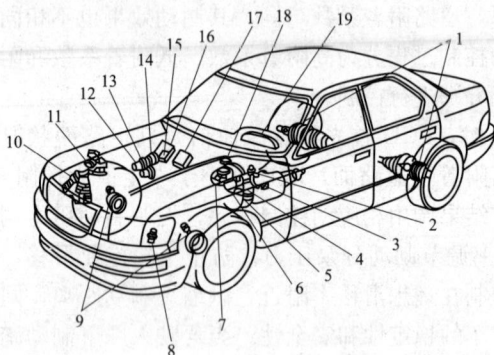

图 3-91　ABS/TRC 部件的车上布置

1—后轮速传感器；2—制动灯开关；3—空挡起动开关；4—TRC 液压泵；
5—TRC 液压泵电动机继电器；6—TRC 蓄能器；7—制动液位开关；8—TRC 制动器主继电器；
9—前轮速传感器；10—制动压力调节器；11—TRC 执行器；12—副节气门位置传感器；
13—主节气门位置传感器；14—TRC 副节气门电动机；15—TRC 副节气门继电器；
16—ABS/TRC ECU；17—发动机/变速器 ECU；18—TRC 关断开关；19—TRC 工作、关闭指示灯

　　2. ABS/TRC 的控制原理

　　ABS/TRC 防滑控制系统如图 3-92 所示。

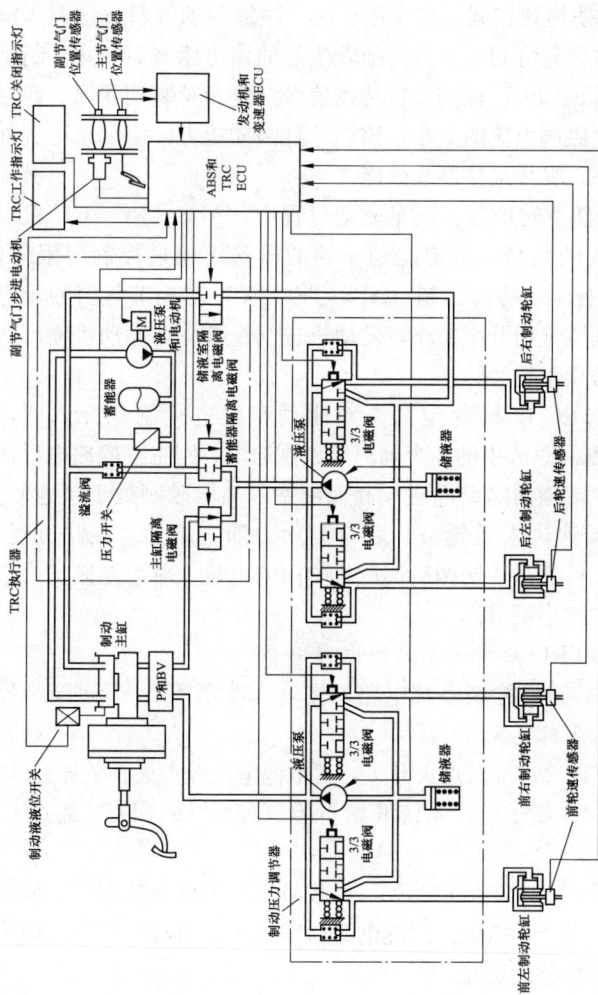

图 3 - 92　ABS/TRC 防滑控制系统

（1）未进行防滑转控制。制动压力调节器和 TRC 隔离电磁阀总成中各电磁阀均不通电，主缸与轮缸的制动液相通，蓄能器制动液保持一定压力，副节气门因步进电动机不通电而保持全开。

（2）制动防抱死控制。汽车制动时，主缸制动液通过各调压电磁阀进入各轮缸，轮缸制动液压力随着主缸的输出压力而变化。制动过程中，ABS/TRC ECU 根据车轮转速信号判定车轮制动状况，通过控制供给调压电磁阀电流的大小，控制轮缸制动压力，使车轮一直处于接近抱死状态，发挥最佳制动效能。

（3）驱动防滑转控制。汽车驱动过程中，ABS/TRC ECU 根据轮速传感器输入的信号，判定驱动车轮的滑移率超过控制门限值时，ABS/TRC 进行驱动防滑控制。ABS/TRC ECU 对副节气门的步进电动机通电，副节气门开度减小，发动机进气量减少，发动机输出转矩减小，有效防止车轮滑转。

当 ABS/TRC ECU 判定需要对驱动车轮进行制动介入时，对 TRC 隔离电磁阀总成中的 3 个隔离电磁阀通电，则主缸隔离电磁阀处于关闭状态，蓄能器隔离电磁阀和储液室隔离电磁阀处于接通状态，蓄能器的制动液进入后轮缸，后轮制动力随之增加。在此过程中，ABS/TRC ECU 通过控制两后调压电磁阀的电流，对后轮制动力进行增大、保持和减小调节。

3. ABS/TRC 防滑控制系统电路分析

ABS/TRC 防滑控制系统电路如图 3-93 所示，ABS/TRC ECU 各端子符号及名称见表 3-2。

（1）系统自检。接通点火开关，蓄电池电压经点火开关加到 ABS/TRC ECU 的 IG 端子上，系统开始自检。ABS/TRC ECU 通过 GND 和 E1 端子搭铁。

若发现故障，ABS/TRC ECU 将故障以代码的形式存储，防滑控制系统关闭。由于调压电磁阀继电器始终处于非激励状态，ABS 警告灯有电流通过而持续点亮。

若系统正常，ABS/TRC ECU 将从 BAT 端子接受蓄电池电压，作为工作电压。

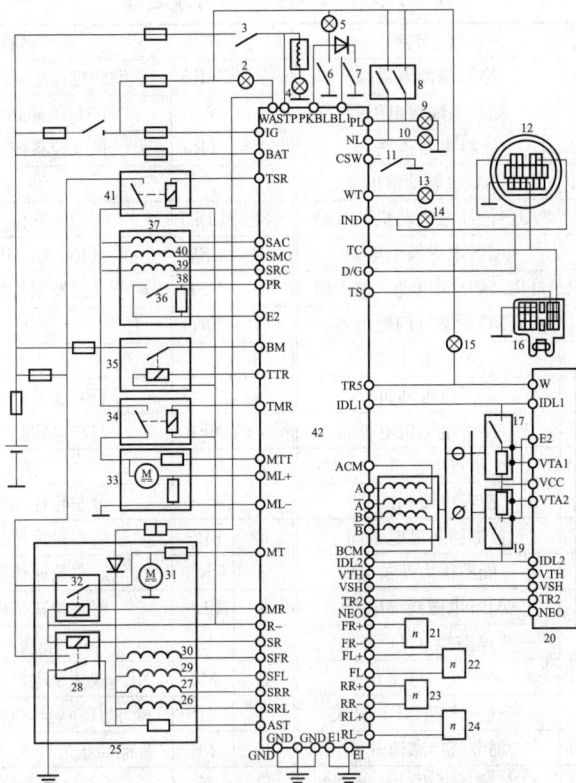

图 3 - 93 ABS/TRC 防滑控制系统电路

1—点火开关；2—ABS警告灯；3—制动灯开关；4—制动灯；5—制动警告灯；6—驻车制动开关；

7—储液室液位开关；8—空挡起动开关；9—P挡指示灯；10—N挡指示灯；11—TRC关闭开关；

12—诊断插头Ⅰ；13—TRC关闭指示灯；14—TRC工作指示灯；15—发动机警告灯；

16—诊断插头Ⅱ；17—主节气门位置传感器；18—副节气门控制步进电动机；19—副节气门

位置传感器；20—发动机和变速器 ECU；21—右前轮速传感器；22—左前轮速传感器；

23—右后轮速传感器；24—左后轮速传感器；25—制动压力调节器；26—左后调压电磁阀；

27—右后调压电磁阀；28—调压电磁阀继电器；29—左前调压电磁阀；30—右前调压电磁阀；

31—液压泵；32—液压泵继电器；33—TRC液压泵；34— TRC液压泵继电器；35—副节气门

控制步进电动机继电器；36—压力开关；37—TRC隔离电磁阀总成；38—储液室隔离电磁阀；

39—制动主缸隔离电磁阀；40—TRC蓄能器隔离电磁阀；41—TRC制动主继电器；

42—ABS/TRC ECU

表 3 - 2　　　　ABS/TRC ECU 各端子符号及名称

编号	符号	端子名称	编号	符号	端子名称
A18 - 1	SMR	主缸隔离电磁阀	7	TR2	发动机点火正时信号
2	SRC	储液室隔离电磁阀	8	WT	TRC 关闭指示灯
3	R -	继电器搭铁	9	TR5	发动机电控系统故障监测
4	TSR	TRC 主制动继电器	10		
5	MR	ABS 液压泵电动机继电器	11	LBL1	制动液液位开关
6	SR	ABS 电磁阀继电器	12	CSW	TRC 关闭开关
7	TMR	TRC 液压泵电动机继电器	13	VSH	副节气门控制传感器信号
8	TTR	TRC 副节气门继电器	14	D/G	诊断
9	A	步进电动机	15		
10	$\overline{A}$	步进电动机	16	IND	TRC 工作指示灯
11	BM	步进电动机电源	A20 - 1	SFR	前右电磁阀线圈
12	ACM	步进电动机＋	2	GND	搭铁
13	SFL	前左电磁阀线圈	3	RL＋	后左轮速传感器
14	SAC	蓄能器隔离电磁阀	4	FR -	前右轮速传感器
15	VC	蓄能器压力开关电源	5	RR＋	后右轮速传感器
16	AST	ABS 电磁阀继电器	6	FL -	前左轮速传感器
17	NL	变速空挡（N）开关	7	E1	搭铁
18	IDL1	主节气门怠速开关	8	MT	ABS 液压泵电动机继电器
19	PL	变速停车挡（P）开关	9	ML -	TRC 液压泵电动机锁止传感器
20	IDL2	副节气门怠速开关	10	PR	蓄能器压力开关（传感器）
21	MTT	TRC 液压泵电动机继电器	11	IG	点火开关信号
22	$\overline{B}$	步进电动机	12	SRL	后左电磁阀线圈
23	B	步进电动机	13	GND	搭铁
24	BCM	步进电动机＋	14	RL -	后左轮速传感器
25	GND	搭铁	15	FR＋	前右轮速传感器
26	SRR	后右电磁阀线圈	16	RR -	后右轮速传感器
A19 - 1	BAT	备用电源	17	FL＋	前左轮速传感器
2	PKB	驻车制动开关	18	E2	搭铁
3	TC	诊断	19	E1	搭铁
4	NEO	发动机转速 NE 信号	20	TS	轮速传感器检查用
5	VTH	主节气门位置传感器信号	21	ML＋	TRC 液压泵电动机锁止传感器
6	WA	ABS 警告灯	22	STP	制动灯开关

（2）系统进入工作状态。

① 制动防抱死系统。ABS/TRC ECU 向 SR 端子供给蓄电池电压，并使 R-端子通过内部搭铁，调压电磁阀继电器将因励磁线圈中有电流通过而处于激励状态，使 ABS 警告灯不再有电流通过而熄灭，蓄电池电压通过调压电磁阀继电器中的闭合触点加在 4 个调压电磁阀电磁线圈的一端和 ABS/TRC ECU AST 端子上，ABS 处于等待工作状态。

② 驱动防滑转系统。TRC 关闭开关断开，使 ABS/TRC ECU 的 CSW 端子短路，TRC 也处于等待工作状态。

ABS/TRC ECU 向 TSR 端子供给蓄电池电压，使 TRC 制动主继电器处于激励状态，蓄电池电压通过 TRC 制动主继电器中的触点加在 3 个隔离电磁阀电磁线圈的一端。当 TRC 供能总成中的压力开关因蓄能器中的制动液压力不足而闭合时，ABS/TRC ECU 的 PP 端子将与 E_2 端子具有相同的电压，ABS/TRC ECU 由此判定需要向 TMR 端子供电，激励 TRC 液压泵继电器，使液压泵运转。液压泵继电器激励期间有电压加在 MTT 端子上，ABS/TRC ECU 由此监测液压泵继电器的工作状态。

ABS/TRC ECU 还供给 WT 端子和 IND 端子电压，使 TRC 关闭指示灯和 TRC 工作指示灯熄灭。

（3）系统信号输入。

① 轮速传感器分别通过 RL-和 RL＋、RR-和 RR＋、FL-和 FL＋、FR-和 FR＋ 4 对端子向 ABS/TRC ECU 输入各车轮的转速信号。

② 主副节气门位置传感器通过发动机和变速器 ECU 的 V_{TA1}、V_{CC} 和 V_{TA2} 端子，再经过 N_{E0}、T_{R2}、VSH、VTH、IDL2 和 IDL1 等端子向 ABS/TRC ECU 输入发动机转速、主副节气门开度及怠速状态等信号。

③ 发动机发生故障使警告灯亮时，ABS/TRC ECU 的 TR_5 端子自动搭铁，停止驱动防滑控制。

④ ABS/TRC ECU 通过监测端子 PKB 和 LBL1 的输入电压对驻车制动开关和液位开关的状态进行判定。

⑤ ABS/TRC ECU 通过监测 PL 和 NL 端子的输入电压对变速器

所处挡位进行判定。

（4）系统功能控制。

① 防抱死制动控制。制动时，制动灯开关闭合，蓄电池电压通过制动灯开关从 SPT 端子输入到 ABS/TRC ECU，由此判定汽车进入制动状态。

ABS/TRC ECU 根据各轮速传感器输入的信号对各车轮状态进行监测，并通过分别控制其 SRL、SRR、SFL 和 SFR 4 个端子的搭铁电阻值，控制各调压电磁阀的通过电流，使各相应制动轮缸的制动压力增大、保持或减小。同时，ABS/TRC ECU 输给端子 MR 电压，使液压泵通电运转，ABS/TRC ECU 根据其端子 MT 的输出电压，对液压泵继电器的状态进行监测。

② 防滑转驱动控制。驱动过程中，当 ABS/TRC ECU 根据轮速传感器输入的车轮信号判定驱动车轮的滑移率超过控制门限值时，系统进行驱动防滑转控制。

ABS/TRC ECU 向端子 TTR 提供电压，使副节气门控制步进电动机处于激励状态，将蓄电池电压通过 BM 端子经过 ABS/TRC ECU 供给 ACM 端子和 BCM 端子。ABS/TRC ECU 通过控制其端子 A、$\overline{\text{A}}$ 和 B、$\overline{\text{B}}$ 的搭铁电阻，控制步进电动机驱动副节气门转动，对发动机进气量进行调节。

若 ABS/TRC ECU 判定需要制动介入时，使端子 SAC、SMC、SRC 分别通过内部搭铁，3 个隔离电磁阀因电磁线圈中都有电流通过而换位，ABS/TRC ECU 再通过控制其端子 SRL、SRR 的搭铁电阻，控制两个后调压电磁阀分别对两个后制动轮缸的制动压力进行调节。驱动防滑控制期间，ABS/TRC ECU 通过内部使其 IND 端子搭铁，使 TRC 工作指示灯点亮。

闭合 TRC 开关，ABS/TRC ECU 判定其 CSW 端子搭铁，就不在向端子 TSR、TTR 和 TMR 供给电压，使 TRC 制动主继电器、副节气门控制步进电动机继电器和 TRC 液压泵继电器都处于非激励状态，系统即可退出防滑转控制。TRC 关闭指示灯因 ABS/TRC ECU 使端子 WT 通过内部搭铁而点亮。

③ 故障诊断控制。ABS/TRC ECU 的 D/G、TC 和 TS 端子与诊断插头 I 和诊断插头 II 中相应的端子相连，在进行故障诊断时，将诊

断插头Ⅰ或诊断插头Ⅱ中的 TC 端子与搭铁线跨接，ABS/TRC ECU 则按存储记忆故障码相应的方式使端子 WA 或 WT 间断搭铁，ABS 警告灯或 TRC 工作指示灯闪亮，显示故障码。

三　汽车电子稳定程序（ESP）

　　汽车电子稳定程序（ESP）用于恒时监控汽车的行驶状态，在紧急躲避障碍物或转弯时出现不足转向或过度转向时，使车辆避免偏离理想轨迹。使驾驶人操作轻松，汽车容易控制，并减少交通事故。车型不同，其缩写有所不同。沃尔沃称其为 DSTC，宝马称其为 DSC，丰田凌志称其为 VSC，其原理和作用基本相同。ESP 属于汽车主动安全系统，又称为行驶动力控制系统。ESP 控制电路如图 3-94 所示。

　　1. 供电电路

　　接通点火开关，系统供电电路如下。

　　（1）蓄电池电源通过 50A 的 ABS 1 号熔丝对 ABS ECU 的端子 2 供电。

　　（2）蓄电池电源通过 30A 的 ABS 2 号熔丝对 ABS ECU 的端子 3 供电。

　　（3）经过点火开关后的电压经 7.5A 的 ECU 2 号点火熔丝，分两路，一路对 ABS ECU 的端子 28 供电；另一路对 VSC 蜂鸣器 E13 的端子 2 供电。

　　2. 信号输入电路

　　（1）ABS ECU 的端子 5、6 接左前轮速传感器；端子 3、17 接右前轮速传感器；端子 7、27 接左后轮速传感器；端子 5、19 接右后轮速传感器。

　　（2）ABS 的端子 30 为制动灯开关的信号输入端。

　　（3）转向角传感器 E17。蓄电池电压经 10A ECU-B1 号熔丝对转向角传感器的端子 3 供电；当点火开关接通时，经过点火开关后的电压经 7.5A 的 ECU 2 号点火熔丝，对转向角传感器的端子 1 供电；转向角传感器的端子 2 搭铁；转向角传感器信号通过端子 9、10 输出到 CAN 总线。

　　（4）横摆速率传感器 E65。当点火开关接通时，经过点火开关后的电压经 7.5A 的 ECU 2 号点火熔丝，对横摆速率传感器的端子 2 供电；横摆速率传感器的端子 4 搭铁；横摆速率传感器信号通过端子 2、3 输出到 CAN 总线。

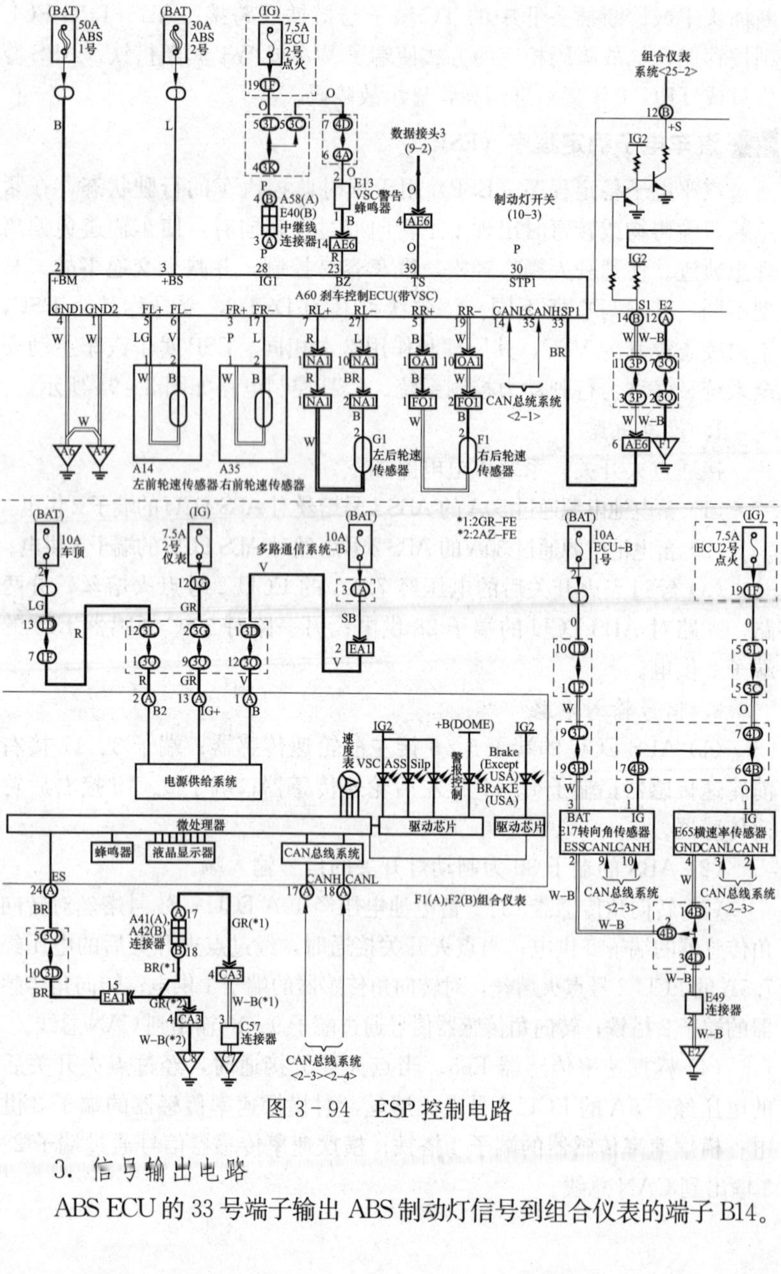

图 3-94 ESP 控制电路

3. 信号输出电路

ABS ECU 的 33 号端子输出 ABS 制动灯信号到组合仪表的端子 B14。

第十二节 电控悬架

电控悬架（ECS）可根据不同的路面条件、不同的载质量、不同的行驶速度等，控制悬架系统的刚度，调节减振器阻尼力的大小以及调整车身高度，从而使车辆的平顺性和操纵稳定性在各种行驶条件下达到最佳的组合。电控悬架分半主动悬架和全主动悬架两类，半主动悬架可根据汽车行驶时的振动及工况变化情况，对悬架阻尼参数进行自动调整，但在汽车转向、起步及制动等工况时，不能对悬架的刚度和阻尼进行有效的控制。主动悬架可根据汽车载质量、路面状况、行驶速度、起动、制动、转向等变化时，自动调整悬架的刚度和阻尼以及车身高度，能同时满足汽车行驶平顺性和操纵稳定性等各方面的要求。

一 减振器阻尼控制系统

常见减振器阻尼控制系统有超声悬架系统（SSS）、自适应阻尼控制系统（ADS）、自动行驶控制系统（ARC）及丰田电子控制悬架系统（TEMS）。TEMS主要由车速传感器、转向传感器、节气门位置传感器、制动灯开关、空挡起动开关、模式选择开关、ECU、可调阻尼减振器、执行器及TEMS指示灯等组成，如图3-95所示。

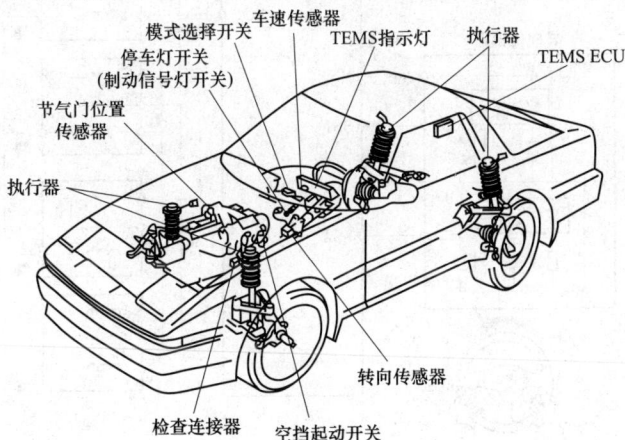

图3-95 TEMS部件的车上布置

ECU 根据汽车行驶过程中各种传感器提供的状态信号计算车辆行驶状态（如加速或减速、高速或低速、转弯及空挡等），以确定减振器阻尼力的大小，并通过执行器进行调节。

（1）正常行驶减振控制。正常行驶时，减振力按照模式选择开关的设置方式确定，当开关置于 NORM 位置时，减振力为软；开关置于 SPORT 位置时，减振力为中。

（2）防侧倾控制。防侧倾控制用于防止汽车转弯或沿 S 弯路行驶时的车身侧倾，如图 3-96 所示。车速传感器信号输入到 ECU 的端子 SPD，转向传感器信号输入到 ECU 的端子 SS1 和 SS2，ECU 根据上述信号进行判定，然后通过端子 SOL 对执行器发出控制信号，不管模式选择开关原先设置为何种方式，减振器减振力都将设置为硬，从而限制车辆侧倾。该项控制执行 2s 后取消。电流从 ECU 端子 S+ 或 S- 进入执行器，减振器减振力恢复原始状态。

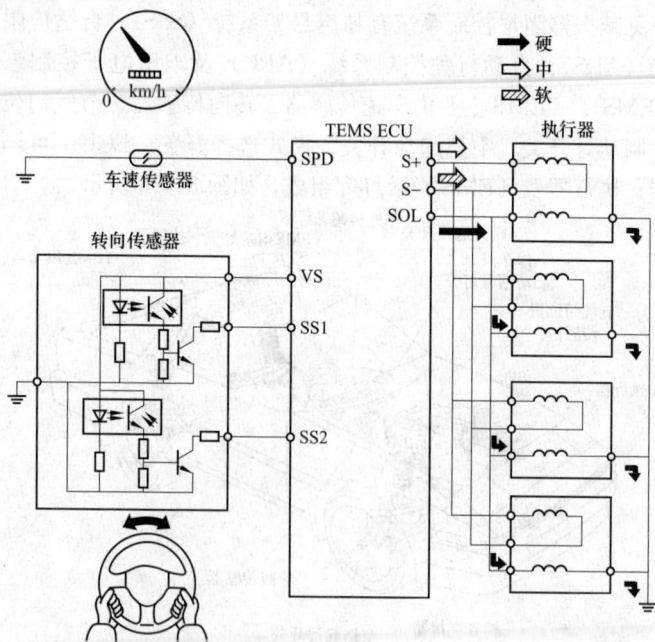

图 3-96　防侧倾控制

（3）防车尾下坐控制。防车尾下坐控制用于防止汽车起动或急加速时车辆后端下坐，如图3-97所示。当车速低于20km/h，且节气门开度较大或突然打开时，ECU通过端子SOL对执行器发出控制信号，不管模式选择开关原先设置为何种方式，减振器减振力都将设置为硬。3s后或车速超过50km/h时，防车尾下坐控制取消。电流从ECU端子S＋或S-进入执行器，减振器减振力恢复原始状态。

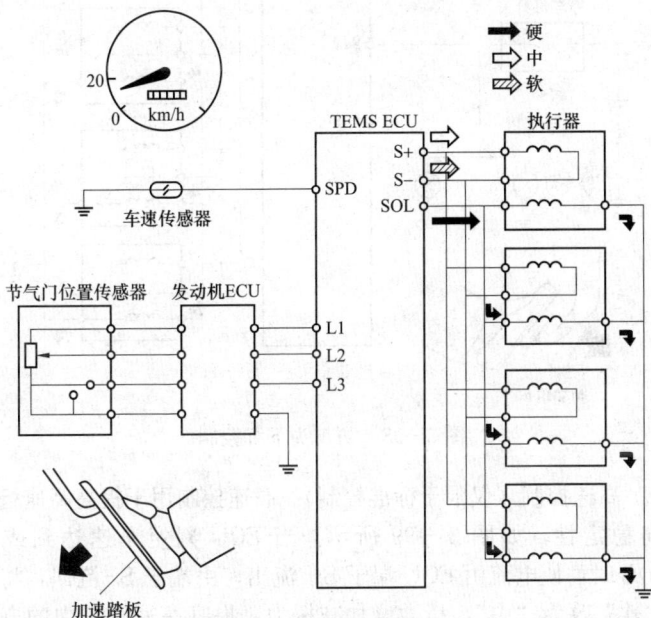

图3-97　防车尾下坐控制

（4）防车头下沉控制。防车头下沉控制用于防止汽车制动时汽车头部下沉程度，如图3-98所示。当ECU判定车速达到或超过60km/h时，如果制动信号由停车灯开关输入，则ECU通过端子SOL对执行器发出控制信号，不管模式选择开关原先设置为何种方式，减振器减振力都将设置为硬，从而限制汽车头部下沉。该项控制在停车灯熄灭2s后取消。电流从ECU端子S＋或S-进入执行器，减振器减振力恢复原始状态。

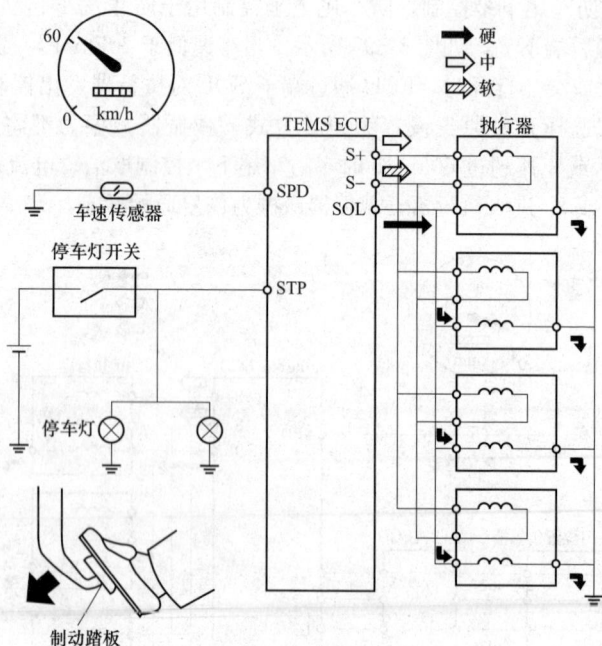

图 3-98 防车头下沉控制

(5) 高速控制（仅限于标准控制）。高速控制用于提高高速行车中的方向稳定性，如图 3-99 所示。当 ECU 判定车速达到或超过 120km/h 时，使电流由 ECU 端子 S+流出，由端子 S-流回，将执行器从"软"改为"中"，稍微增加减振力，提高高速行车中的方向稳定性。当车速降至 100km/h 以下时，高速控制取消，电流从 ECU 端子 S-进入执行器，减振器减振力恢复原始状态。

(6) 预防换挡时车尾下坐控制。预防换挡时车尾下坐控制（A/T车型）用于防止自动变速器车辆起动时车辆后端下坐的程度，如图 3-100 所示。当 ECU 判定车速低于 10km/h，且换挡手柄在 P 或 N 位置时，ECU 通过端子 SOL 对执行器发出控制信号，不管模式选择开关原先设置为何种方式，减振器减振力都将设置为硬，从而限制车辆后端下坐。当换挡手柄从 P 或 N 位换至其他挡位或车速达到或超过 15km/h 时，该相控制取消。电流从 ECU 端子 S+或 S-进入执行器，减振器减振力恢复原状态。

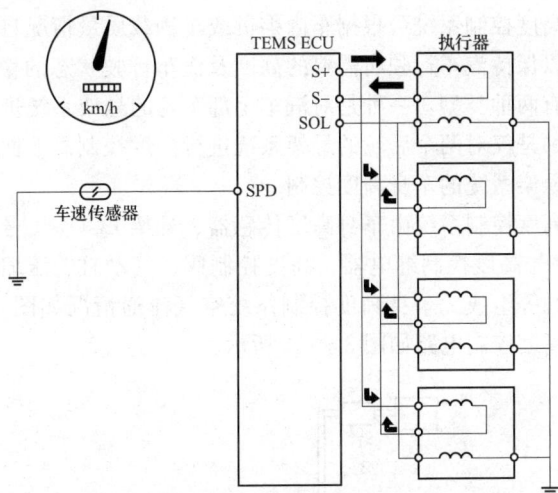

图 3-99 高速控制

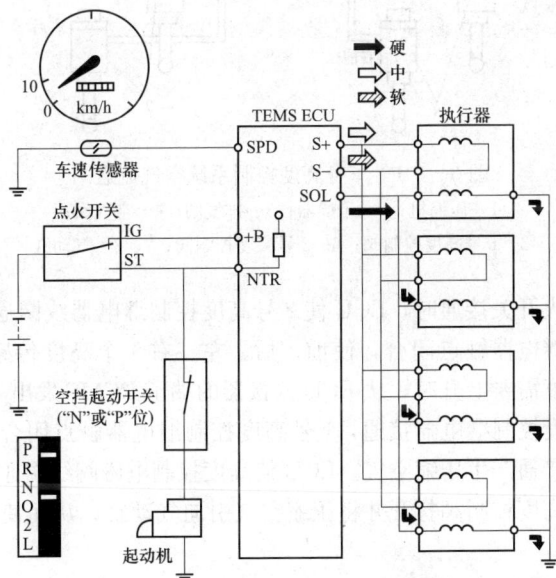

图 3-100 预防换挡时车尾下坐

二 车身高度控制系统

车身高度控制系统可根据车内乘员或车辆载质量情况自动调整车身高度，以保持汽车行驶所需要的高度及汽车行驶状态的稳定。车身高度控制有两种类型，一种是对汽车全部车轮的悬架系统进行高度控制；另一种是仅对两个后轮的悬架系统进行高度控制。下面主要介绍汽车四轮悬架系统的车身高度控制。

车身高度控制系统由车身高度传感器、悬架 ECU、1 号高度控制继电器、2 号高度控制继电器、高度控制阀、气动缸、压缩机、干燥器和排气阀等组成。车身高度控制系统空气流通情况如图 3-101 所示，车身高度控制电路如图 3-102 所示。

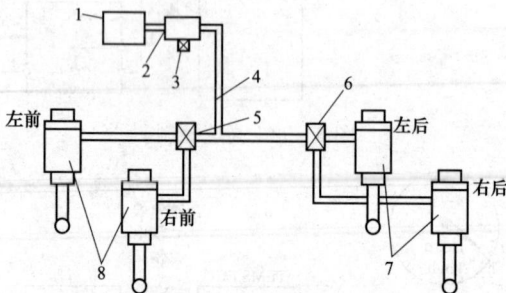

图 3-101　车身高度控制系统空气流通图

1—压缩机；2—干燥器；3—排气阀；4—空气阀；

5—1 号高度控制阀；6—2 号高度控制阀；7、8—气动缸

当点火开关接通时，ECU 使 2 号高度控制继电器线圈通电，2 号高度控制继电器触点闭合，使前、后、左、右 4 个高度传感器通电。当汽车高度需要上升时，从 ECU 连接器的端子 RCMP 发出一个信号，使 1 号高度控制继电器接通，1 号高度控制继电器触点闭合，压缩机控制电路接通产生压缩空气。ECU 使高度控制电磁阀线圈通电后，电磁线圈将高度控制阀打开并将压缩空气引向气动缸，从而使汽车高度上升。

当汽车高度需要下降时，ECU 不仅使高度控制阀电磁线圈通电，而且还使排气阀电磁线圈通电，排气阀电磁线圈使排气阀打开，将气

缸中的压缩空气排入大气。

　　1号高度控制阀用于前悬架控制，用两个电磁阀分别控制左右两个气动缸。2号高度控制阀用于后悬架控制，也采用两个电磁阀。为了防止空气管路中产生不正常的压力，2号高度控制阀中采用了一个溢流阀。

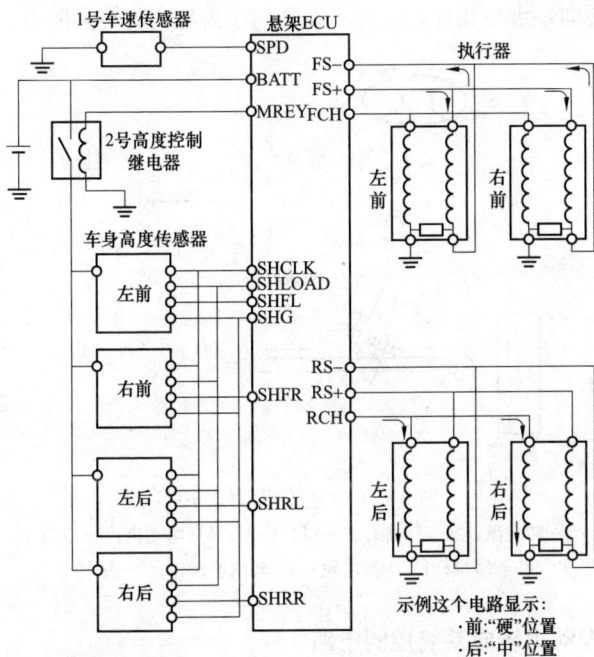

图3-102　车身高度控制电路

第十三节　电控动力转向

　　电控动力转向（EPS）根据车速或发动机转速改变转向动力放大倍数，可使汽车在停车或低速行驶时转动转向盘所需的力减小；车辆高速行驶时，转动转向盘所需的力增大。从而提高车辆的操纵轻便性和行车安全性。EPS根据其动力源不同，分为液压式EPS和电动式

EPS 两种形式。液压式 EPS 可分为反作用力控制式、流量控制式和阀灵敏度控制式，电动式 EPS 可分为齿轮助力式、转向器齿条助力式和转向轴助力式。

■ 电控动力转向系统的组成

以齿轮助力式 EPS 为例。如图 3-103 所示，电动机通过电磁离合器与转向小齿轮相连，直接驱动转向小齿轮实现转向助力。

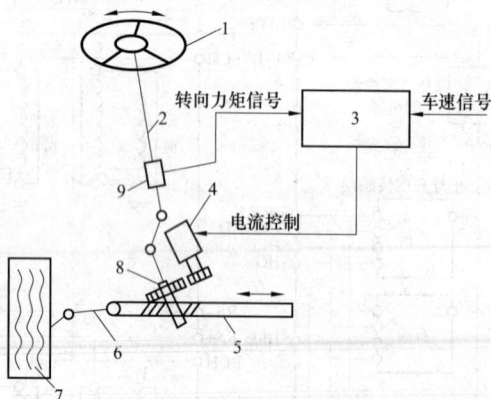

图 3-103　齿轮助力式 EPS

1—转向盘；2—转向轴；3—EPS ECU；4—电动机；5—齿条；
6—横拉杆；7—转向轮；8—转向小齿轮；9—扭杆

■ 电控动力转向系统控制电路

三菱微型汽车齿轮助力式 EPS 如图 3-104 所示，ECU 根据车速和转向盘上的操纵力，控制转向助力机构内的电动机，实现转向助力控制。

（1）转矩传感器通过扭杆将转动转向盘时的转矩变为转角信号送给 ECU，一般扭杆的扭转角度设定为 46°左右。

（2）车速传感器安装在变速器上，根据车速的变化，把两个系统（主、副）的脉冲信号输送给 ECU。当车速传感器有故障时，由于没有车速信号送给 ECU，故系统处于安全状态，系统恢复普通转向系统。

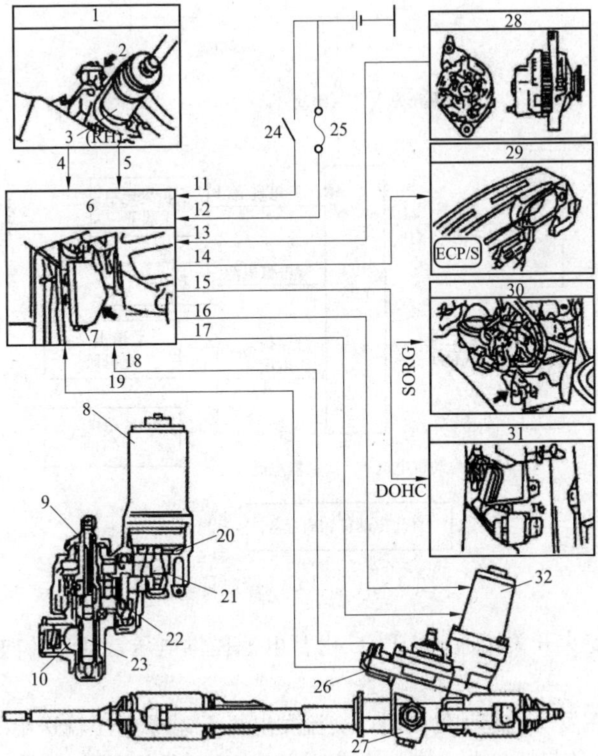

图 3 - 104　齿轮助力式 EPS

1—车速传感器；2—速度表引出电缆部位；3—传动轴；4—车速信号（主）；5—车速信号（副）；

6—ECU；7—副驾驶人脚下部位；8—电动机；9—扭杆；10—齿条；11—点火电源；

12—蓄电池；13—发电机信号；14—指示电流；15—提高怠速电流；16—电动机电流；

17—离合器电流；18—转矩信号（主）；19—转矩信号（副）；20—离合器；

21—电动机齿轮；22—传动齿轮；23—小齿轮；24—点火开关；25—熔丝；

26—转矩传感器；27—转向器齿轮总成；28—交流发电机；29—指示灯；

30—怠速提高电磁阀；31—发动机 ECU；32—电动机与离合器

（3）交流发电机 L 端子电压输送给 ECU，用于判断发动机是否开始转动。

（4）ECU 控制原理如图 3 - 105 所示。

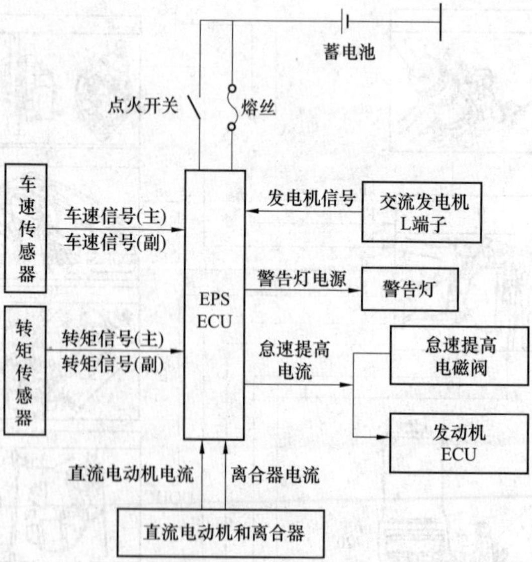

图 3-105　ECU 控制原理

① 点火开关接通时，ECU 由蓄电池提供电压，电动转向系统开始工作。

② 在发动机起动的同时，交流发电机 L 端子电压输送给 ECU 检测发动机的起动状态，使电动转向系统变为工作状态。

③ 汽车在行驶过程中，ECU 根据车速传感器和转矩传感器信号，经过对比运算后，向电动机和电磁离合器发出控制指令，电动机输出轴经减速机构对转向小齿轮助力。

（5）电动机、离合器和减速机构均安装在转向器内，接收 ECU 指令，电动机的旋转力矩经减速机构传给转向小齿轮，实现转向助力。

系统在设定车速以上转向时，恢复普通转向系统。若系统出现故障，自我修正功能发挥作用，断开电动机的输出电流，恢复普通转向系统。同时速度表内的警报灯点亮，提示驾驶人。

第十四节　安全气囊

一　安全气囊的组成和工作原理

安全气囊（SRS）主要由传感器、安全气囊组件和 ECU 等组成，其工作过程如图 3-106 所示。

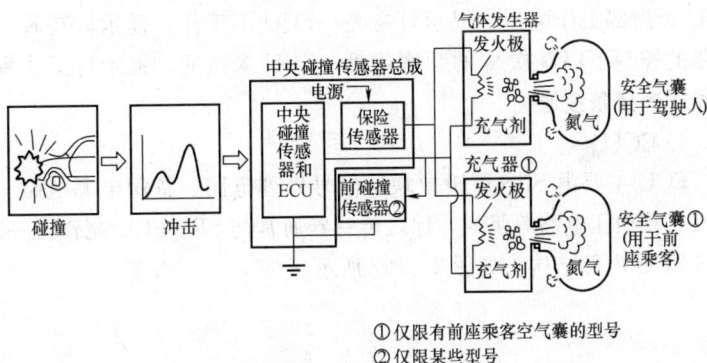

①仅限有前座乘客空气囊的型号
②仅限某些型号

图 3-106　安全气囊工作过程

1. 传感器

传感器用于检测车辆发生事故后的撞击信号，输送给 ECU，以便及时起动安全气囊。传感器按其功能可分为前碰撞传感器、中央碰撞传感器和保险传感器，碰撞传感器负责检测碰撞的激烈程度，如果汽车以 40km/h 的车速撞到一辆正在停放的同样大小的汽车上，或以不低于 22km/h 的车速迎面撞到一个不可变形的固定障碍上，碰撞传感器便会动作，接通搭铁回路；保险传感器，也称触发传感器，其闭合的减速度要稍小一些，起保险作用，防止因碰撞传感器短路而造成误膨开。

2. 安全气囊组件

安全气囊组件主要由气体发生器、点火器、气囊、饰盖和底板组成。驾驶人安全气囊组件位于转向盘中心处，乘客安全气囊组件位于仪表板右侧手套盒的上方。目前，大多数气体发生器都是利用热效反应产生氮气而充入安全气囊。在点火器引爆点火剂的瞬间，点火剂会产生大量热量，叠氮化纳受热立即分解释放氮气，并从充气孔充入安全气囊。

3. SRS 提示灯

SRS 提示灯位于仪表板上，接通点火开关时，诊断单元对系统进行自检，SRS 提示灯点亮 6s 后熄灭表示系统正常。否则，表示安全气囊出现故障，应进行检修。

若 ECU 出现异常，不能控制 SRS 提示灯，SRS 提示灯便在其他电路的直接控制下作出异常显示，如 ECU 无点火电压，提示灯常亮；ECU 无内部工作电压，提示灯常亮；ECU 不工作，提示灯在看门狗电路的控制下以 3 次/s 的频率闪烁；ECU 未接通，提示灯经线束插接器的短接条接通。

4. ECU

ECU 主要由 SRS 逻辑模块、信号处理电路、备用电源电路、保护电路和稳压电路等组成，保险传感器通常与 SRS ECU 制作在一起。SRS ECU 内部结构，如图 3 - 107 所示。

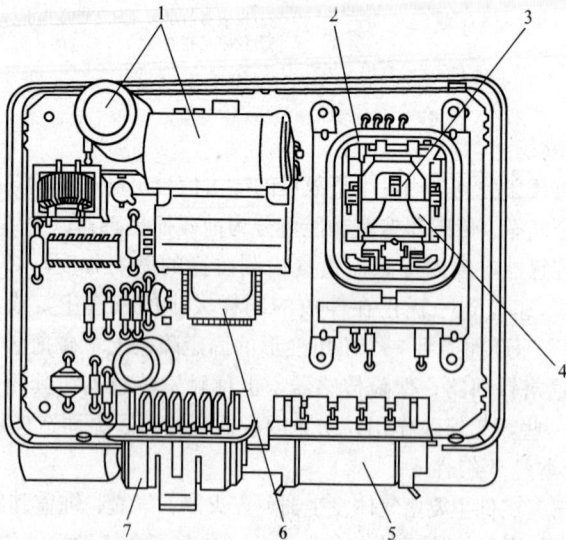

图 3 - 107　SRS ECU 内部结构

1—能量储存装置（电容）；2—保险传感器总成；3—传感器触点；
4—传感器平衡块；5—四端子插接器；6—逻辑模块；7—SRS ECU 插接器

（1）SRS逻辑模块。SRS逻辑模块由模/数转换器、数/模转换器、串行输入/输出接口、只读存储器ROM、随机存储器RAM、可擦除可编程只读存储器EEPROM和定时器等组成。主要用于监测汽车纵向减速度或惯性力是否达到设定值，控制安全气囊组件中的点火器引爆点火剂。

（2）信号处理电路。信号处理电路主要由放大器和滤波器组成，用于对传感器检测的信号进行整形、放大和滤波，以便SRS ECU能够接收、识别和处理。

（3）备用电源电路。备用电源电路由电源控制电路和两个电容器组成。单安全气囊ECU中设有一个逻辑备用电源和一个点火备用电源，双安全气囊ECU中设有一个逻辑备用电源和两个点火备用电源，即两条点火电路各设一个备用电源。点火开关接通10s后，如果汽车电源电压高于SRS ECU的最低工作电压，则逻辑备用电源和点火备用电源即可完成储能任务。当汽车遭受碰撞而导致蓄电池和交流发电机与SRS ECU之间的电路切断时，备用电源能在6s内向ECU供给电能，保持ECU测出碰撞、发出点火指令等正常功能；点火备用电源能在6s内向点火器供给足够的点火能量引爆点火剂，使充气剂受热分解对安全气囊充气。

（4）保护电路和稳压电路。当汽车电器部件中的线圈电流接通或切断、开关接通或断开、负载电流突然变化时，会产生瞬时脉冲电压即过电压，若过电压加到安全气囊电路上，其电子元件会因电压过高而损坏。因此，SRS ECU必须设置保护电路。同时，为了保证汽车电源电压变化时，安全气囊能正常工作，还应设置稳压电路。

5. 安全气囊线束与保险机构

为区别电器系统线束插接器，安全气囊的插接器与汽车其他电器系统的插接器有所不同。过去曾采用过深蓝色插接器，目前安全气囊的插接器绝大多数采用黄色插接器，欧洲汽车有的采用红色插接器。安全气囊的插接器采用导电性能和耐久性能良好的镀金端子，并设有防止安全气囊误爆机构、端子双重锁定机构、插接器双重锁定机构和电路连接诊断机构等，用以保证安全气囊可靠工作。安全气囊采用的各种特殊插接器如图3-108所示，插接器采用的各种保险机构见表3-3。

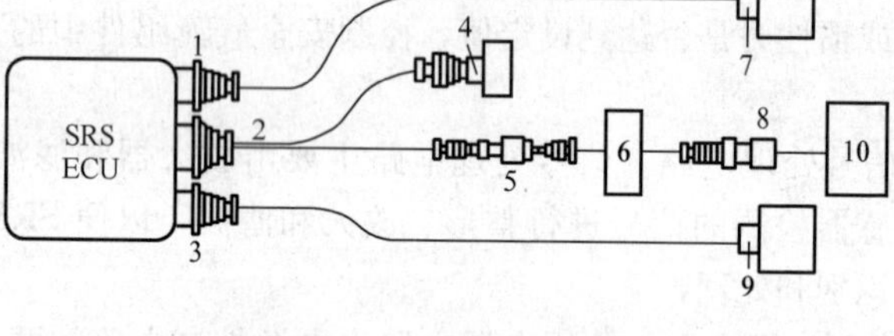

图3-108 安全气囊插接器
1、2、3—ECU插接器；4—SRS电源插接器；5—中间线束插接器；
6—螺旋线束；7—右碰撞传感器插接器；8—安全气囊组件插接器；
9—左碰撞传感器插接器；10—点火器

表3-3   **SRS插接器保险机构**

序号	名称	插接器代号
1	防止安全气囊误爆机构	2、5、8
2	电路连接诊断机构	1、3、7、9
3	插接器双重锁定机构	5、8
4	端子双重锁定机构	1、2、3、4、5、7、8、9

■■ 装备安全带收紧器的安全气囊

目前采用安全气囊的轿车越来越多，当车辆发生碰撞时，安全气囊对防止驾驶人和乘员遭受伤害十分有效。汽车安全气囊属于一次性使用装备，而且造价较高。为了保护驾驶人和乘员安全，降低耗费，部分中高档轿车装备了带座椅安全带收紧器的安全气囊。

1. 系统结构

装备了带安全带收紧器的安全气囊在普通安全气囊的基础上，增加了前排左、右两个座椅安全带收紧器，安装在前排座椅左、右两侧或前左、右车门立柱旁边。安全带收紧器由气体发生器、带轮、离合器、自动安全带卷筒、沽塞（或转子）和软轴等组成。气体发生器和点火器的结构原理与安全气囊组件基本相同。

2. 系统工作原理

装备安全带收紧器的安全气囊工作原理如图 3-109 所示。前左、右碰撞传感器 9、10 与安装在 SRS ECU 中的中央碰撞传感器相互并联，驾驶人安全气囊点火器 7 与乘客安全气囊点火器 8 并联，左、右安全带收紧器的点火器 5、6 并联。

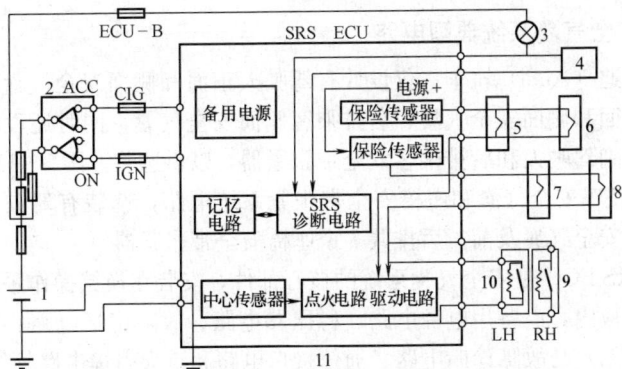

图 3-109　装备安全带收紧器的安全气囊控制电路

1—蓄电池；2—点火开关；3—SRS 指示灯；4—故障诊断接头；
5、6—安全带收紧器的点火器；7、8—安全气囊点火器；9、10—碰撞传感器

在 SRS ECU 中，设有两只相互并联的保险传感器，其中一只与收紧器 5、6 和 SRS ECU 中的驱动电路构成回路，收紧器的点火器受控于 SRS ECU。另一只保险传感器与安全气囊点火器 7、8 和碰撞传感器 9、10 构成回路，安全气囊点火器 7、8 也受控于 SRS ECU。

在汽车行驶过程中，保险传感器、中央碰撞传感器和前碰撞传感器随时检测车速变化信号，并将信号送到 SRS ECU。在 SRS ECU 中，预先编制的程序经过数学计算和逻辑判断后，再向收紧器的点火器或 SRS 点火器发生点火指令，使安全带收紧器动作或收紧器与 SRS 同时作用。当汽车行驶速度低于 30km/h 时，碰撞产生的减速度和惯性力较小，保险传感器和中央碰撞传感器将此信号送到 SRS ECU，ECU 判断结果为不引爆 SRS，仅引爆座椅安全带收紧器的点火器；与此同时，向左、右安全带收紧器的点火器发出点火指令使安全带收紧，防止驾驶人和乘员遭受伤害。

当汽车行驶速度高于 30km/h 时，碰撞产生的减速度和惯性力较大，保险传感器、中央碰撞传感器和前碰撞传感器将此信号送到 SRS ECU，ECU 判断结果为需要 SRS 和安全带收紧器共同作用来保护驾驶人和乘员。与此同时，向收紧器点火器和安全气囊点火器发出点火指令，引爆所有点火器，在座椅安全带收紧的同时，驾驶人安全气囊与乘客安全气囊同时膨开。

三 安全气囊系统典型电路

奥迪（Audi）轿车不仅设计有驾驶人正面和侧面安全气囊、副驾驶人正面和侧面安全气囊、后排乘客侧面安全气囊，同时还设计有驾驶人、副驾驶人和后排乘客安全带张紧器，以供选装。图 3-110 为奥迪 A6 轿车安全气囊和座椅安全带张紧系统电路，选装有驾驶人和乘客正面安全气囊及前、后排共 5 个座椅安全带张紧器。

SRS ECU 是安全气囊系统的核心部件，安装在换挡操作手柄前面的装饰板内，由备用电源电路、稳压器电路、故障记忆电路、微处理器（CPU）与故障诊断电路、通信接口电路和点火引爆电路等组成。

1. 专用 CPU 电路

专用 CPU 由模/数（A/D）转换器、数/模（D/A）转换器、串行输入/输出（I/O）接口、只读存储器 ROM、随机存储器 RAM、电可擦除可编程只读存储器 EEPROM 和定时器等组成，其主要功用是监测汽车纵向减速度是否达到设定阈值，控制气囊点火器引爆电路。

在汽车行驶过程中，专用 CPU 不断监测碰撞信号传感器检测的车速变化信号，判定是否发生碰撞。当判断结果为发生碰撞时，立即运行控制点火的软件程序，并向点火电路发出点火指令引爆点火剂，点火剂引爆时产生大量热量，使充气剂受热分解释放气体给气囊充气。除此之外，专用 CPU 还要对控制组件中关键部件的电路（如传感器电路、备用电源电路、点火电路、SRS 指示灯及其驱动电路）不断进行诊断测试，并通过 SRS 指示灯和存储故障码来显示测试结果。仪表盘上的 SRS 指示灯可直接向驾驶人提供 SRS 的状态信息。存储器中的状态信息和故障码可用专用仪器或通过特定方式从串行通信接口（诊断插座）调出，以供检查和设计参考。

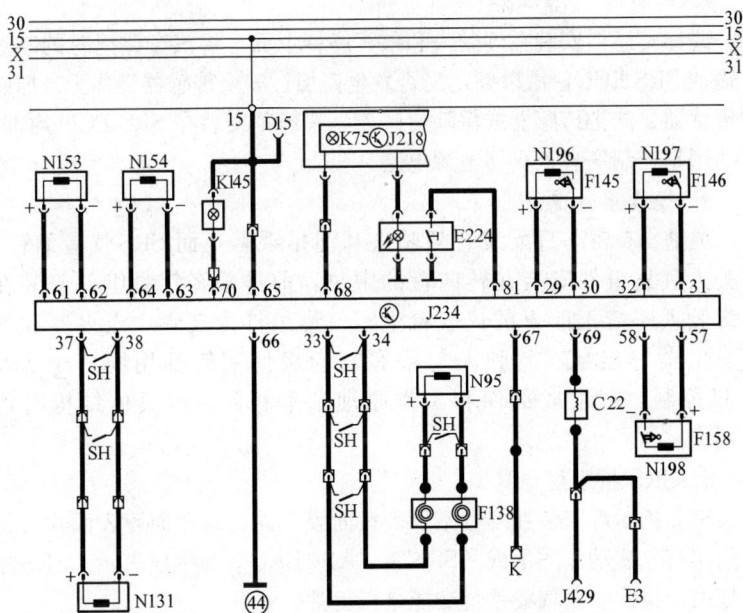

图 3-110 奥迪 A6 轿车 SRS 电路

N153—驾驶人安全带张紧点火器；N154—副驾驶人安全带张紧点火器；

K145—副驾驶人安全气囊切断报警灯；D15—点火开关 15 端子；K75—SRS 指示灯；

J218—仪表盘电路组合控制器；J234—SRS ECU；E224—副驾驶人安全气囊切断开关；

N196—左后座椅安全带张紧点火器；N197—右后座椅安全带张紧点火器；

F145—左后碰撞传感器；F146—右后碰撞传感器；N131—副驾驶人安全气囊点火器；

SH—短路片（线束插接器拔开时，短路片接通）；N95—驾驶人安全气囊点火器；

F138—螺旋线束；K—自诊断插头触发端子；C22—SRS 抗干扰电感线圈；

J429—中央门锁控制单元；E3—报警灯开关；N198—后排中央座椅安全带张

紧点火器；F158—后排中央碰撞传感器

2. 备用电源电路

SRS 有两个电源，一个是汽车电源（蓄电池和发电机），另一个是备用电源（BACK—UPPOWER）。当汽车电源与 SRSECU 之间的电路切断后，在一定时间（一般为 6s）内备用电源维持 SRS 供电，保持 SRS 功能正常。

3. 碰撞传感器电路

碰撞传感器安装在驾驶人和乘客座椅下面，将汽车碰撞时的减速度输入 SRS ECU，用以判定是否发生碰撞。安全传感器又称为碰撞防护传感器、防护传感器或保险传感器，一般都安装在 SRS ECU 内部，其功用是控制气囊点火器电源电路。

4. 气囊组件电路

奥迪 A6 轿车只配装有驾驶人和前排乘客正面 SRS 气囊组件。驾驶人气囊组件安装在转向盘的中央，前排乘客气囊组件安装在副驾驶人座椅正前方的仪表台上。气囊组件由气囊、点火器和气体发生器等组成。驾驶人与乘客气囊组件一般都用同一个 SRS ECU 控制，其组成部件和工作原理基本相同，但具体结构有所不同。

5. SRS 指示灯电路

SRS 指示灯安装在驾驶室仪表盘面膜下面，并在面膜表面相应位置制作有气囊动作图形或 "SRS"、"AIR BAG" 等字样表示。SRS 指示灯用于指示安全气囊系统功能是否正常。

6. 螺旋线束电路

安全气囊系统的所有线束都套装在黄色波纹管内，并与车颈线束总成连成一体，以便于区别。为了保证转向盘具有足够的转动角度而又不致损伤驾驶人气囊组件的连接线束，在转向盘与转向柱管之间采用了螺旋线束，即将线束安装在螺旋形弹簧内，再安放到弹簧壳体内。电喇叭线束也安装在螺旋形弹簧内，螺旋弹簧安装在转向盘与转向柱管之间，安装时应注意其安装位置和方向，否则将导致螺旋线束和电喇叭线束折断、转向盘转动角度不足或转向沉重。

7. 防误爆机构电路

在驾驶人和乘客气囊组件的插接器中设有防止气囊误爆机构，为一块铜质弹簧片，用以防止静电或误通电将点火器电路接通而造成气囊误膨开，如图 3—111 所示。

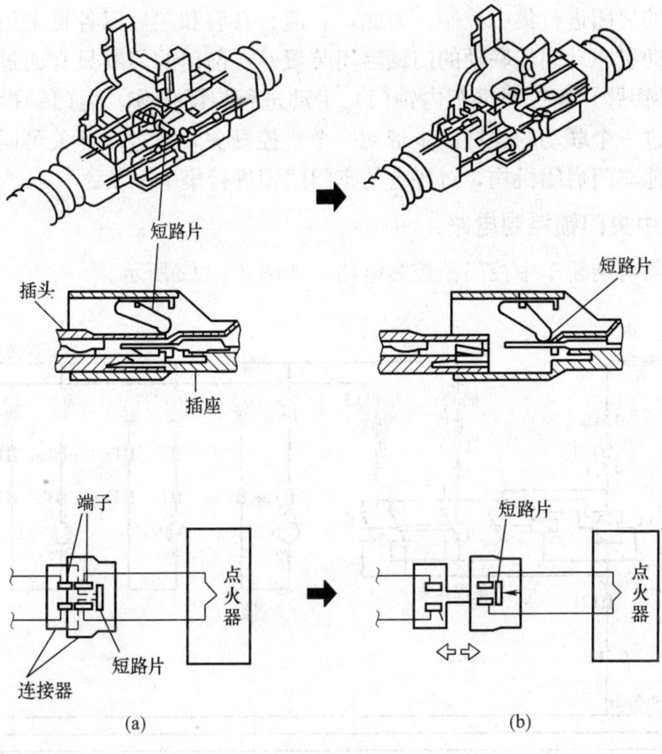

图 3 - 111　防止安全气囊误爆机构

（a）插接器正常连接，短路片与端子脱开；（b）插接器拔下时，短路片端子短接

第十五节　中央门锁

中央门锁的组成

中央门锁由门锁控制器、门锁开关、闭锁器（执行器）和电动机等电气部分和门锁、钥匙、拉杆、拉钮等机械部分组成。

门锁启闭有两种方式可供选择：一是独立地按下或提起右前、右后和左后车门上的门锁提钮，可分别锁闭或开启这 3 个车门的门锁；

另一种方式是通过设在左前门上的门锁提钮或门锁钥匙，对 4 个车门门锁的启闭进行集中控制。为此，右前、右后和左后门各自采用手动和电动机驱动同步联动的门锁启闭装置。左前门的门锁只有通过钥匙（车外钥匙）和提钮（车内锁门）手动进行启闭操作。但门锁操纵机构通过一个联动的连杆同步带动一个集控开关，通过该开关可同时控制其他车门启闭机构，对各自的车门门锁进行集中操纵。

三　中央门锁控制电路

桑塔纳轿车中控门锁控制电路，如图 3－112 所示。

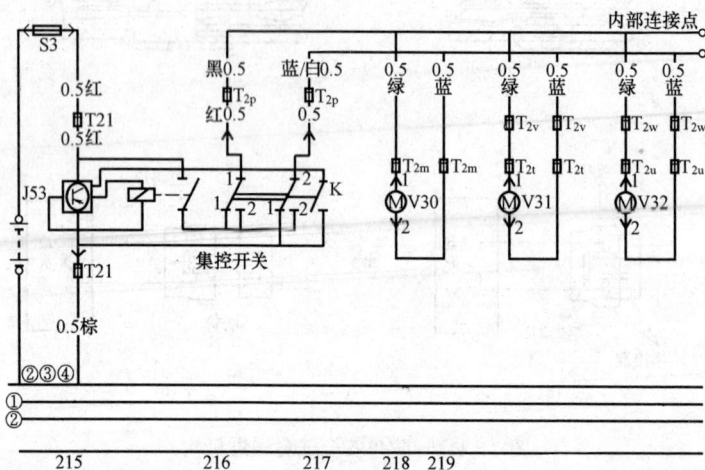

图 3－112　桑塔纳轿车中控门锁控制电路

1. 门锁锁闭过程

将左前门门锁提钮压下，使集控开关第 2 位触点接通。由于提钮压下过程中，集控开关附带的控制触点 K 被短暂闭合，集控继电器 J53 的触点闭合，电源经熔断器 S3→J53 的闭合触点→集控开关第 2 掷第 2 位→蓝/白线→电动机 V30、V31、V32→蓝线→集控开关第 1 掷第 2 位→电源负极。此时，电动机反转，带动各门锁闭锁。集控继电器 J53 控制其触点闭合 1～2s 后断开，切断电源与电动机的通路，电动机停转，使门锁保持闭锁状态。

2. 锁开启过程

将左前门门锁提钮提起，使集控开关第 2 位触点断开，第 1 位触点闭合。在提钮被提起的过程中，触点 K 又被短暂闭合，电源经熔断器 S3→J53 的闭合触点→集控开关第 1 掷第 1 位→黑线→绿线→电动机 V30、V31、V32→蓝/白线→集控开关第 2 掷第 2 位→电源负极。此时，加在电动机上的电源极性改变，电动机 V30、V31、V32 正转，带动各门锁开启。1～2s 后，集控继电器 J53 使其触点断开，电动机停转。

第十六节　防盗系统

一　防盗系统基本电路

一些高档汽车配置有防盗系统，若有非法移动汽车、开启车门、油箱门、发动机盖、行李箱门、搭接点火线路时，防盗器会发出警报，灯光闪烁，警笛大作，同时切断起动电路、点火电路、燃油喷射控制电路，甚至自动变速器电路，使汽车无法使用。防盗系统基本电路如图 3-113 所示。

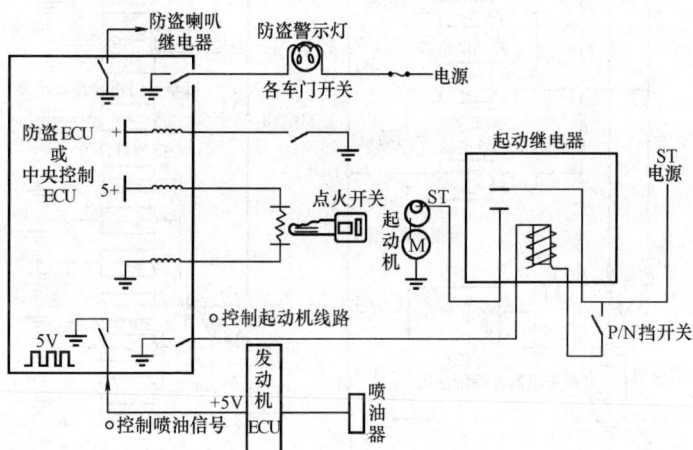

图 3-113　防盗系统基本电路

典型防盗系统电路

凌志汽车防盗系统电路，如图 3-114 所示。

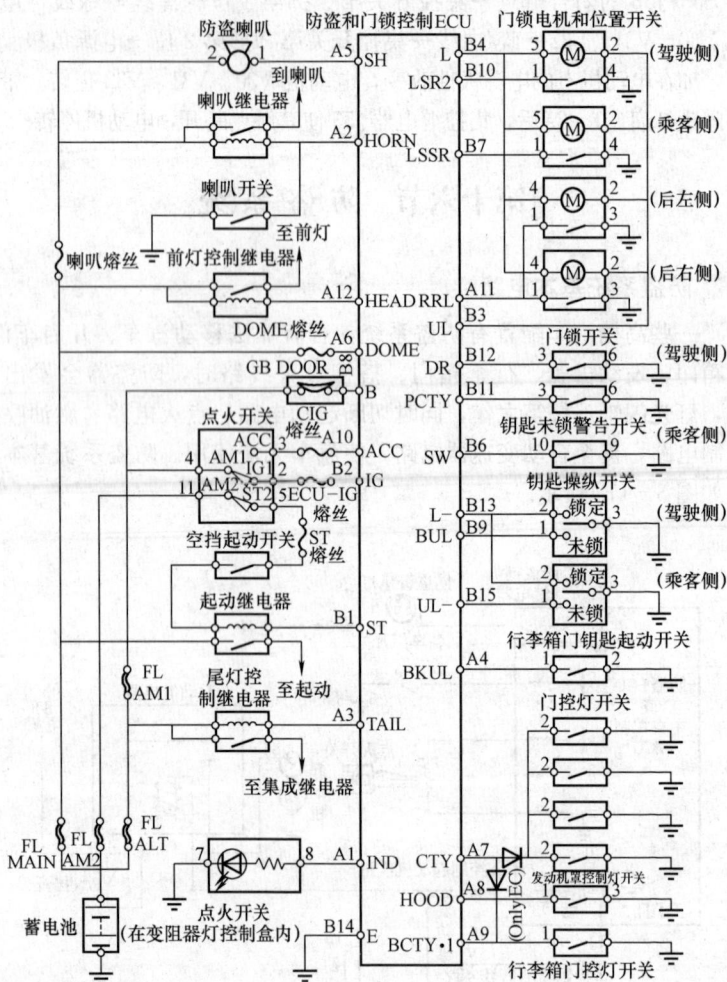

图 3-114　防盗系统基本电路

该系统由 ECU 及各个车门、行李箱门、发动机罩的锁的开关信号及包括喇叭、前灯、尾灯、起动线路在内的执行器组成。ECU 与外部电器通过 A、B 两个插接器联系。其节点上的 A12 指 A 插接器的 12 号端子。B9 指 B 插接器上 9 号端子。ECU 节点上的其他英文字母或单词在该端子处标示线路作用。

当门锁开关发出有未用钥匙强行撬锁或用非匹配钥匙开锁等信号时，ECU 即向喇叭继电器、前灯、尾灯、继电器及防盗喇叭供电使之处于报警状态，同时切断起动继电器电源。

当 ECU 接收到有盗车可能的信号时，A2 端子向喇叭继电器，A12 端子向前灯继电器电磁线圈提供间歇的搭铁电路，使喇叭间歇鸣叫，前灯闪烁。同时 B1 端子断开起动继电器的搭铁电路，即使点火开关转到 ST（起动）位置，起动机仍不会工作。

第十七节　故障自诊断系统

故障诊断方式包括电控单元自诊断及采用特殊的操作调取故障信息。

故障自诊断指电控单元对信号输入装置、执行器、相应电路及电控单元本身进行监测。在检测出故障后，以故障码形式储存起来，在维修时可以调出故障码。故障诊断系统的监测内容一般如下。

1. 信号输入装置

电控单元通过监测信号输入装置确定是否有输入信号，以及输入信号是否在适当的范围内，从而确定这些信号输入装置或电路是否有故障。

2. 执行器及其电路

当电控单元控制执行器工作后，电控单元可通过监测执行器是否已经工作，来判断执行器以及电路是否正常。

3. 电控单元

电控单元可检测出自身发生的某些故障。

故障诊断虽然被称为一个系统，但并不独立，它与所有受电子控制的系统都有关联。所以电路图中没有单独的故障诊断系统电路图，只是在电控系统中有代表自诊断系统的诊断插座及故障指示灯。为了便于检测故障，往往在电路图附属资料内会介绍该插座的相应电路及作用、读取故障码可以在诊断座上进行，还可以在诊断座上直接检测某些电器件。

以图 3-115 所示的丰田汽车诊断座及某些端子为例，进行介绍。

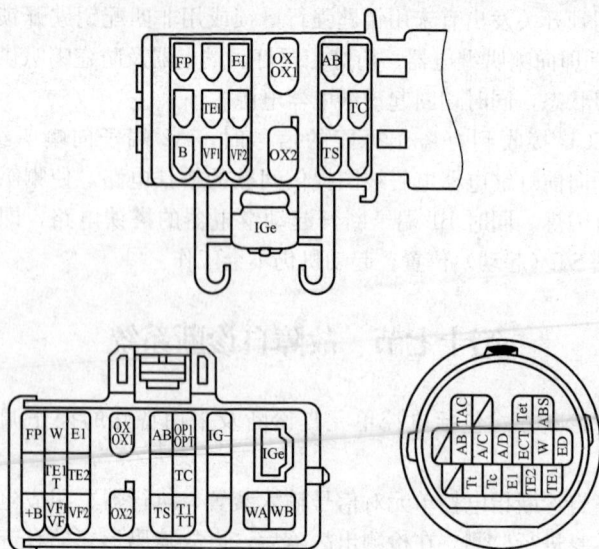

图 3-115　丰田汽车诊断座

(1) 如图 3-116 所示，在 FP 端子上接通电源，电动汽油泵应该工作。可用于判断电动汽油泵的好坏。

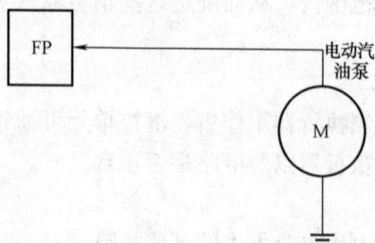

图 3-116　诊断座 FP 端子的作用

(2) 如图 3-117 所示，点火开关接通时，将 W 端子搭铁，发动机故障指示灯应该亮。用于判断发动机故障指示灯的好坏。

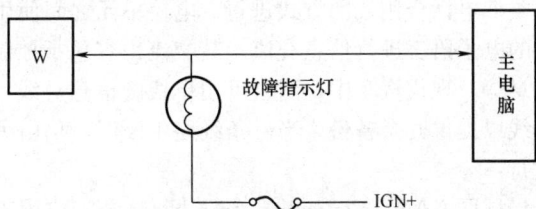

图 3-117　诊断座 W 端子的作用

（3）如图 3-118 所示，在 OX 端子上接信号示波器，可以显示氧传感器的信号，用于判断氧传感器的好坏。

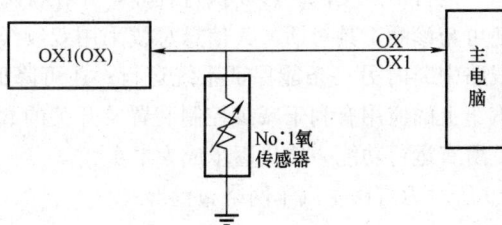

图 3-118　诊断座 OX1（OX）端子的作用

第十八节　网络数据传输

近年来，汽车电路最大的变化反映在网络技术在汽车上的广泛使用。网络的基本作用是允许电控单元共享输入信息，并协调多个电控单元的工作，是电子控制线路的重大进步。

汽车网络指用计算机网络将汽车全部电器组成一个电控系统。车上每一设备都有一个读取器接收并发送信号。由于网络系统实现了系统内共享输入信号，即一个传感器同时向几个电控单元发出信号，一个执行器同时接收几个电控单元的信号。所以使传感器数量减少，线路也相应简化。

汽车上的多模块操作网络系统命名为多路传输通信网络（MCU）。模块由双绞线相互连接，使用数据连接插口（DLC）作为诊断接口。信息交换以类似电话合用线的方式进行。电控单元之间使用相同的称作"协议"的电子语言进行信息交流。其交流内容包括控制、运行参数及诊断信息等。现代汽车中，网络可用单线缆信息总线，也可用双绞线信息总线以提供冗余备份。当一条线路中断时，仍由另一条线路保证系统运行：

控制器局域网 CAN（Controller Area Network）应用于汽车电控系统，连接发动机、ABS 和自动变速器的电控单元，并进行信息交流的高速网络。VAN（Vehicle area Net—work）主要连接空调、音响、导航系统等。

CAN 与 VAN 由全车电子系统中枢 BSI 智能服务器管理。BSI 接收各系统信息，进行信息交流、诊断执行程序，并在特殊情况下控制某些功能，还可与诊断工具对话。其信息总线采用双绞线：可提供备份，即一条线路中断时另一条能保证系统运行；还可降低电子干扰。网络技术在汽车上的应用有利于减少控制装置及开关的数量，简化线路，使汽车上所有运行功能一体化逐步成为事实。

图 3-119 所示为雪铁龙汽车网络布置形式。

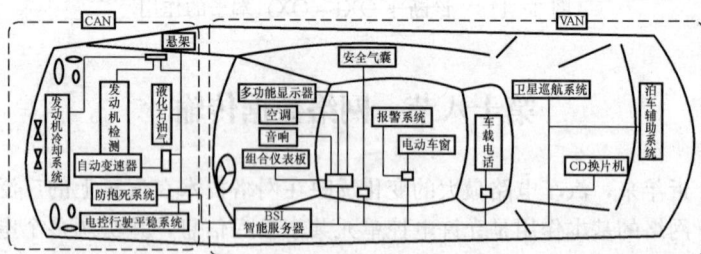

图 3-119 雪铁龙汽车网络布置

网络中连接各电控单元及数据连接插口的导线被称为数据总线，数据总线的导线数目和网络类型有关系。图 3-120 所示为汽车网络数据传输。

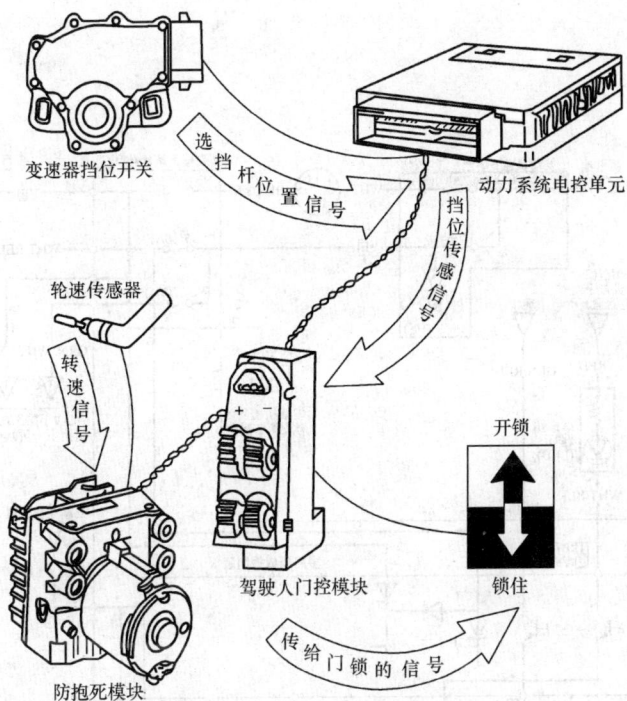

图 3-120 汽车网络数据传输

　　识读电路时，只要明确哪些导线是数据总线即可，至于这些导线传送什么信号在电路图上看不出来。网络使整车控制成为一体，从而使许多在工作上各自独立的系统互相联系。当汽车电源电压不足时，网络会切断某些相对汽车工作不重要的辅助系统的电源。这些内容也难以从电路图上了解到，需要借助其他资料才能进一步了解。

　　本田汽车多路集成控制系统电路如图 3-121 所示。

　　多路集成控制系统是网络控制的一种类型，该电路中以多路集中控制装置为中心，并接有仪表控制模块、车门多路控制模块、组合开关控制模块、继电器控制模块，它们之间采用 CAN 数据线进行数据传递。CAN 能实现数据双向传递。

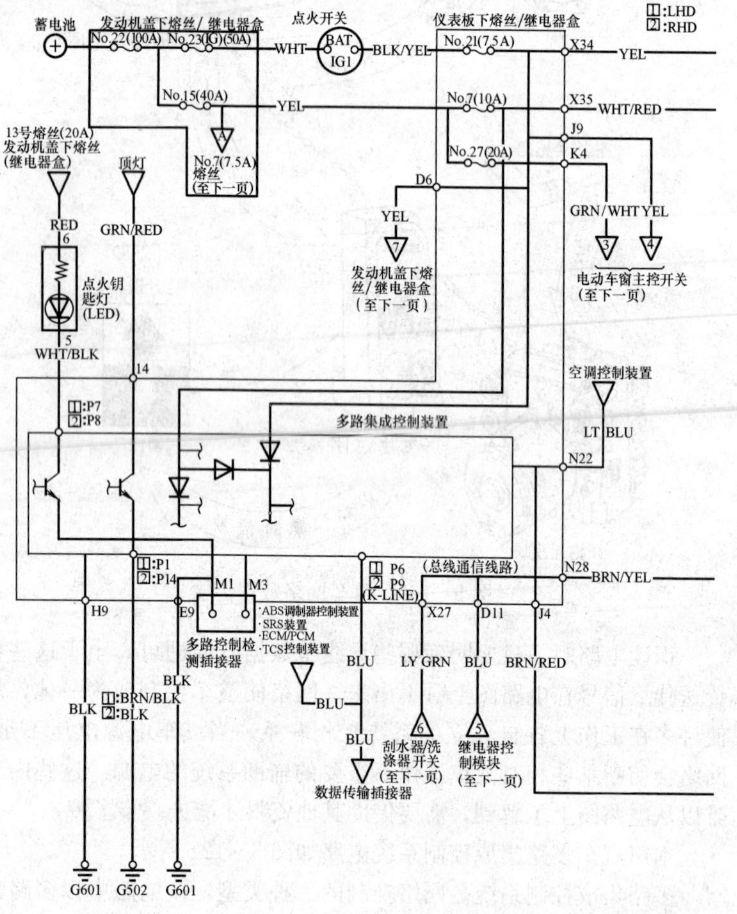

图 3-121　本田汽车多路

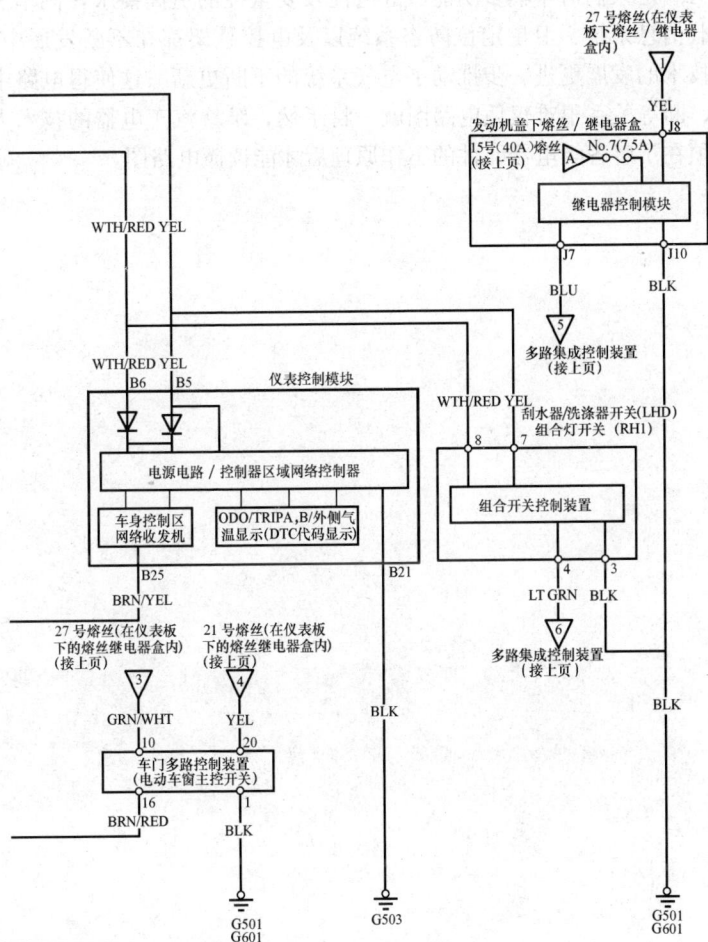

集成控制系统电路

多路集成控制电路说明：N22 -空调控制装置；N28 -仪表控制模块 B25；J4 -车门多路控制装置 16；D11 -继电器控制模块 J7；X27 -组合开关控制装置 4。

为满足人们对车辆多功能、舒适性及安全性的更高要求，汽车上的车载信息系统、卫星定位防盗系统以及电控悬架都在不断发展中。信息技术的发展更进一步推动了电气系统的不断更新。这使得电路中的通、断等关系很难仅凭电路图就一目了然，维修汽车电器的技术人员必须在了解各类电器元件的工作原理后才能读懂电路图。

第四章

典型汽车电路识读示例

第一节　欧洲汽车电路识读示例

一　奔驰汽车

1. 电路图符号

奔驰汽车电路图符号见表 4-1。

表 4-1　　　　　　　　　　奔驰汽车电路图符号

图形符号	含义	图形符号	含义
	手动开关		手动按键开关
	动合触点		动断触点
	压簧自动开关		温度开关
	压力开关		自动开关
	电磁阀		熔丝
	指示仪表		电磁线圈
	磁极		电阻

图形符号	含义	图形符号	含义
	电位计		可变电阻
	二极管		电子元件
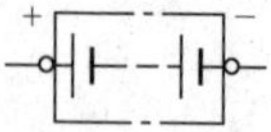	蓄电池		直流电动机
	螺钉连接		焊接连接
	平插头		圆插头
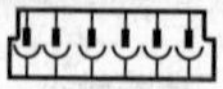	接线板		

2. 电路图特点

奔驰汽车电路图用数字做横坐标，字母做纵坐标来确定电器元件在电路图中的位置。电器符号用代码及文字标注。代码前部是字母，表示电器种类，如 A 为仪表，B 为传感器，C 为电容，E 为灯，F 为熔丝，G 为蓄电池、发电机，H 为喇叭扬声器，K 为继电器，L 为转速、速度传感器，M 为电动机，N 为控制单元，R 为电阻、火花塞，S 为开关，T 为点火线圈，W 为搭铁点，X 为插接器，Y 为电磁阀，Z 为连接套。代码后面的数字代表编号，通常电器代码下面注明电器名称。插接器（字母 X）、搭铁点（字母 W）仅有代码不注明文字。有时也会出现如 M1 标注的搭铁点，是代码为 M1 的电动机本身壳体搭铁。奔驰轿车电路图中电器元件的字母代号见表 4-2。

表 4 - 2 奔驰轿车电路图中电器元件的字母代号

图中符号	元件名称	图中符号	元件名称
A1	组合仪表	N	巡航控制装置
e1（在 A1 内）	左报警指示灯	N5/1	燃油泵继电器
e2（在 A1 内）	右报警指示灯	N10	指示灯、后挡风玻璃加热器、刮水器电动机组合继电器
e3（在 A1 内）	大灯警报灯	N19	空调控制装置
e4（在 A1 内）	燃油储备报警灯	R1	后挡风玻璃加热器
e5（在 A1 内）	充电指示灯	R2/1	刮水器喷嘴加热器
e6（在 A1 内）	制动摩擦片磨损报警灯	R3	点烟器照明灯
e7（在 A1 内）	制动液/驻车制动指示灯	R4	火花塞
e8（在 A1 内）	仪表照明灯	R14	鼓风电动机电阻
h1	报警蜂鸣器	R21	辅助空气阀加热继电器
h2	报警蜂鸣器指示灯	S1	转向灯开关
r1	仪表照明变阻器	S2/1	点火开关
P1	冷却液温度表	S3	空气流量开关
P2	燃油表	S4	组合开关
P7	时钟/转速表	s1（在 S4 内）	指示灯开关
A2	收音机	s2（在 S4 内）	前照灯闪光器开关
B2	空气流量计	s3（在 S4 内）	闪光器开关
B4	燃油表传感器	s4（在 S4 内）	洗涤开关
B10/6	蒸发器温度传感器	s5（在 S4 内）	刮水器速度开关
B11/3	冷却液温度传感器	S5/2	分电器

续表

图中符号	元件名称	图中符号	元件名称
B13	水温表冷却液温度传感器	S6	危险闪光器开关
E1	左前照灯总成	S7	喇叭触点
e1（在 E1 内）	左远光灯	S8/1	蜂鸣器照明灯触点
e2（在 E1 内）	左近光灯	S9	停车灯开关
e3（在 E1 内）	左侧灯	S10/1	前左制动摩擦片磨损触点
e4（在 E1 内）	左雾灯	S10/2	前右制动摩擦片磨损触点
e5（在 E1 内）	指示灯	S11	制动液指示灯开关
E2	右前照灯总成	S12	驻车指示灯开关
e1（在 E2 内）	右远光灯	S13/1	电动遮阳板开关
e2（在 E2 内）	右近光灯	S14	后挡风玻璃加热开关
e3（在 E2 内）	右侧灯	S16/1	起动连锁/备用灯开关
e4（在 E2 内）	右雾灯	S17/3	左前门开关
e5（在 E2 内）	指示灯	S17/4	右前门开关
E3	左尾灯总成	S17/5	左后门开关
e1（在 E3 内）	指示灯	S17/6	右后门开关
e2（在 E3 内）	左尾灯/停车灯	S17/7	左门舒适电路开关
e3（在 E3 内）	左倒车灯	S17/9	手套箱灯开关
e4（在 E3 内）	左制动灯	S18	后车内灯开关
e5（在 E3 内）	左后雾灯	S19	右电动挡风玻璃组合开关

续表

图中符号	元件名称	图中符号	元件名称
E4	右尾灯总成	s1（在 S19 内）	右前挡风玻璃开关
e1（在 E4 内）	指示灯	s2（在 S19 内）	右后挡风玻璃开关
e2（在 E4 内）	尾灯/停车灯	S20	左电动挡风玻璃组合开关
e3（在 E4 内）	倒车灯	s1（在 S20 内）	左前挡风玻璃开关
e4（在 E4 内）	制动灯	s2（在 S20 内）	左后挡风玻璃开关
E9/1	加热器控制灯	s3（在 S20 内）	后电动挡风玻璃安全开关
E13/1	手套箱灯	S21/3	左后挡风玻璃开关
E15/1	前车内灯	S21/4	右后挡风玻璃开关
E15/3	后车内灯	S24	新空气/再循环空气开关
E18	行李箱灯	S25/1	100℃温度开关
E19/1	左牌照板灯	S26	温度—时间开关
E19/2	右牌照板灯	S27/2	减速微型开关
F1	中央电子装置	S29/1	全负荷节气门开关
G1	蓄电池	S30	调低速开关
G2	发电机及调节器	S31	空调压缩机开关
H1	双音喇叭	S32	辅助风扇开关
K1	过电压保护继电器	S40	巡航控制开关
K2	前照灯洗涤继电器	T1	点火线圈
K4	挡风玻璃继电器	V1	舒适电路二极管
K8	辅助风扇/发动机风扇继电器	W1	主搭铁
K12	巡航减速继电器	W2	前右搭铁

图中符号	元件名称	图中符号	元件名称
L1	曲轴位置传感器	W4	前车内灯搭铁
L2	车速传感器	W5	发动机搭铁
M1	起动机	W9	前左搭铁
M2	鼓风机电动机	W10	蓄电池搭铁
M3	燃油泵	X5/1	车内导线接头
M4	辅助风扇	X6	导线插接器
M5/1	挡风玻璃洗涤泵	X11	诊断插座
M5/2	前照灯洗涤泵	X13	点烟器灯接头
M6/1	挡风玻璃刮水器电动机	X14	接线插头
M6/2	左前照灯刮水器电动机	X33	K1V巡航控制接线插头
M6/3	右前照灯刮水器电动机	X35	蓄电池电缆插接器
M10/3	前左挡风玻璃提升电动机	X71	急速稳定转换阀接线插头
M10/4	前右挡风玻璃提升电动机	Y1	电液执行元件
M10/5	后左挡风玻璃提升电动机	Y2	发动机风扇螺线管
M10/6	后右挡风玻璃提升电动机	Y3	自动变速器转换阀
M11	电动天线	Y5	空调压缩机螺线管
M12/1	遮阳板电动机	Y8	起动阀
M16	巡航控制元件	Y12	急速提高转换阀
N1/1	电子点火开关	Y13	新空气/再循环空气板转换阀

　　奔驰轿车电气系统采用了中央配电系统，即在发动机室左后角设置了一个包括熔丝、继电器的中央配电盒。其上设有多路熔丝及多个继电器，几乎全车的电气线路都要经过熔丝/继电器盒。如自动变速器延迟换挡继电器、减速延迟继电器、空调压缩机速度传感器、前照灯雨刮继电器、后窗雨刮继电器、空调辅助风扇继电器、空调辅助风扇保护电阻继电器、室外灯不良监视电脑、电动座椅二极管、防盗报警继电器、巡航控制警示开关等都集中布置在中央配电盒中。这样布置使全车电气系统更加紧凑，出现故障也更加便于维修。近期车型，其熔丝盒固定在发动机室内的驾驶人侧接近制动总泵的位置上。这些车型有一个单独的熔丝盒或附加的排成直线的熔丝。对于收音机，通常是在收音机后面装一个单独的排成直线的玻璃熔丝盒，而对于点火系统则不装熔丝。在此区域内，也装有各种继电器和开关。

　　奔驰 M202 轿车的熔丝盒有 4 个，其中 F1、F2、F3 集中布置在一起，F4 布置在后车厢内。图 4-1 所示为奔驰轿车的熔丝位置。F1、F2、F3 熔丝盒中的熔丝编号按由小到大的顺序排列，F4 熔丝盒中的熔丝编号单独排列，如图 4-2 所示。熔丝根据其用途不同，有 7.5A、10A、15A、20A、25A、30A 和 40A 七种。

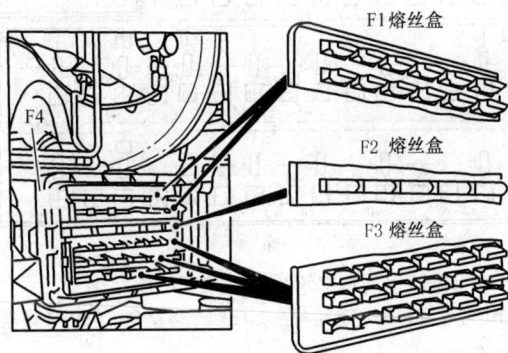

图 4-1　奔驰轿车的熔丝盒位置

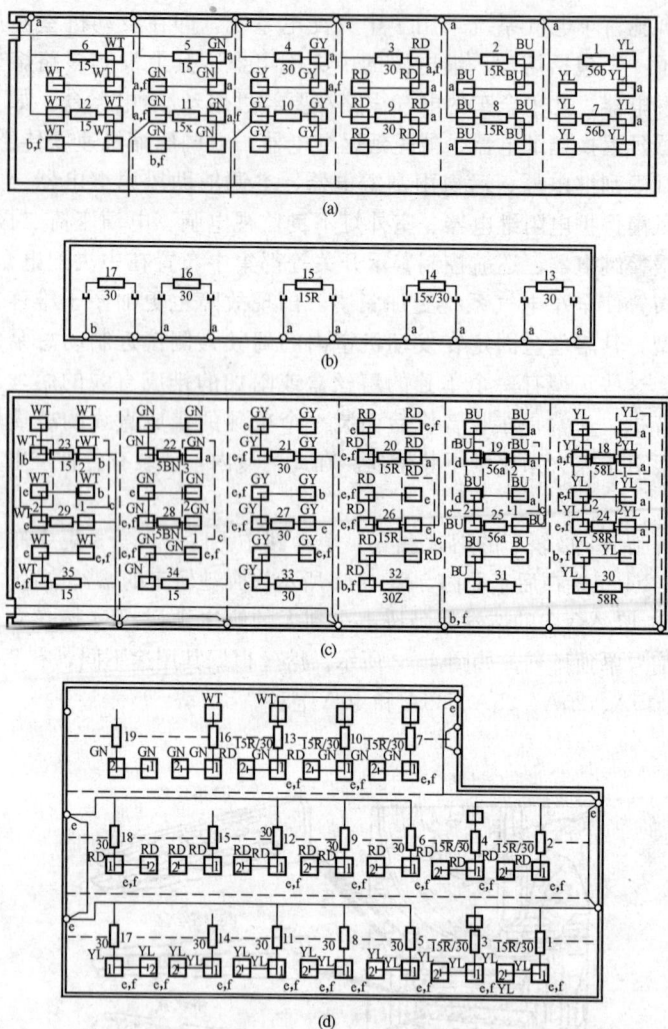

图 4-2 奔驰轿车熔丝盒中的熔丝编号

(a) F1 熔丝盒；(b) F2 熔丝盒；(c) F3 熔丝盒；(d) F4 熔丝盒

奔驰 M202 轿车继电器盒在车上的位置，如图 4-3 所示。继电器盒固定在熔丝后面，并用英文字母表示各继电器的位置。

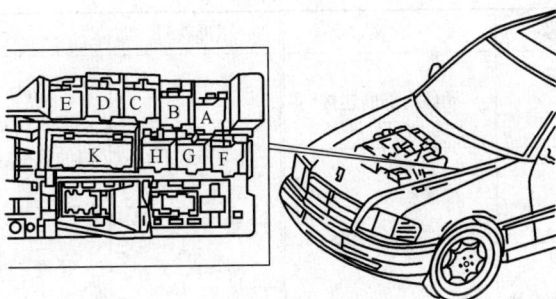

图 4-3 奔驰轿车的继电器盒位置

3. 电路识读示例

奔驰汽车电路识读示例，如图 4-4 所示（见文后插页）。

二 宝马汽车

1. 电路图符号

宝马汽车电路图符号见表 4-3。

表 4-3 宝马汽车电路图符号

图形符号	含义	图形符号	含义
(K)	半导体	⊗↗	发光二极管
(M)	电动机		蓄电池
(M)	鼓风机电动机		
(M)	带吸拉线圈的起动电动机		喇叭
(G 3~)	交流发电机		
⊗	灯、前照灯		整体元件
(× ×)	双丝灯		元件的一部分

续表

图形符号	含义	图形符号	含义
	元件内部的连接	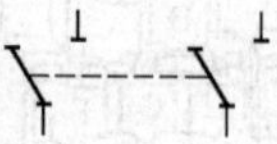	虚线指示两开关之间的机械联动
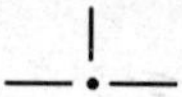	绞接点	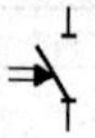	
装有手动变速器的车型 装有自动变速器的车型 2.5 BK YL 2.5 BK	括号表示了车上可供选择项目在线路上的区分		开关（机械式）
			固定连接
			可拆离连接
			搭铁
	熔丝	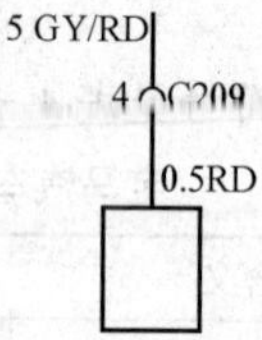 5 GY/RD 4 209 0.5RD	接在元件引出线上的插接器
	电阻		
	电容		
	二极管	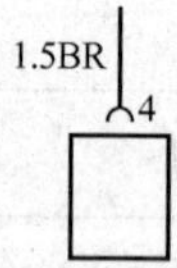 1.5BR 4	附在元件上的插接器
	线圈		
	开关		导线延续

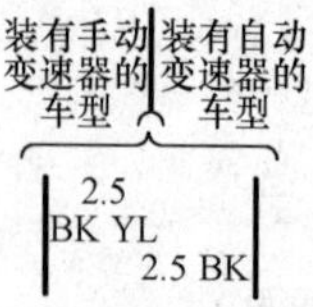

2. 电路识读示例

宝马汽车电路识读示例如图4-5所示。

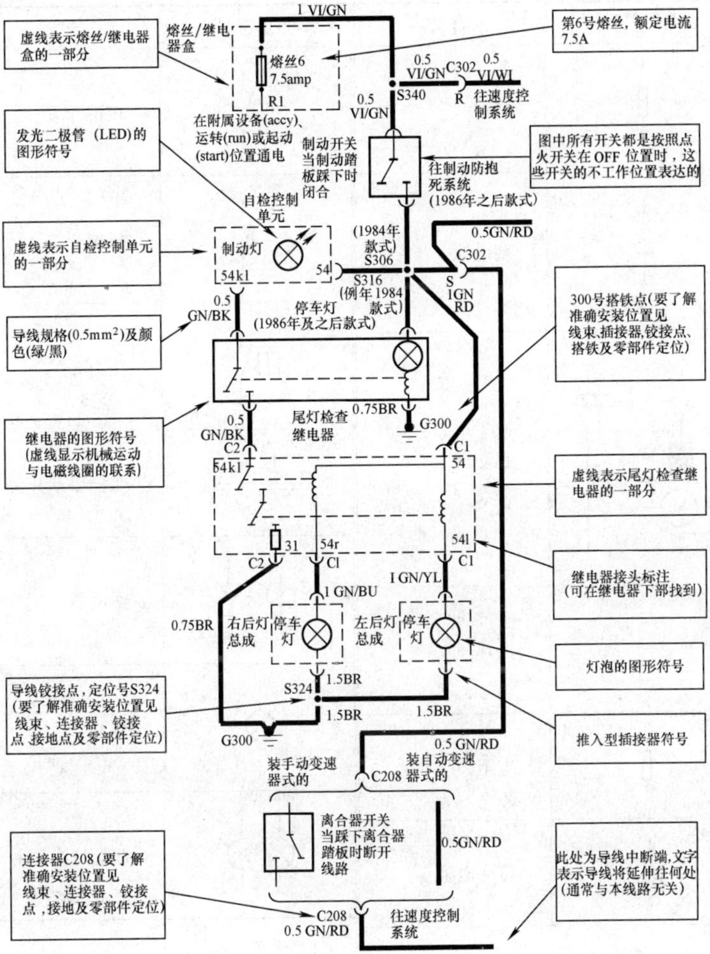

虚线表示熔丝/继电器盒的一部分

发光二极管（LED）的图形符号

虚线表示自检控制单元的一部分

导线规格(0.5mm²)及颜色（绿/黑）

继电器的图形符号（虚线显示机械运动与电磁线圈的联系）

导线铰接点，定位号S324（要了解准确安装位置见线束、连接器、铰接点，接地点及零部件定位）

连接器C208（要了解准确安装位置见线束、连接器、铰接点，接地及零部件定位）

1 VI/GN

熔丝/继电器盒

熔丝6 7.5amp

R1

在附属设备(accy)、运转(run)或起动(start)位置通电

制动开关当制动踏板踩下时闭合

自检控制单元

制动灯

54k1 54

停车灯（1986年及之后款式）

(1984年款式) S306

S316（例车1984款式）

0.5 GN/BK

尾灯检查继电器

54k1

C2

31 54r C1

C2 C1

0.75BR

右后灯总成 停车灯

S324

G300

1 GN/BU

1.5BR 1.5BR

装手动变速器式的

C208

离合器开关当踩下离合器踏板时断开线路

C208 0.5 GN/RD

往速度控制系统

第6号熔丝，额定电流7.5A

0.5 VI/GN C302 0.5 VI/WI

S340 R

往速度控制系统

0.5 VI/GN

往制动防抱死系统（1986年之后款式）

图中所有开关都是按照点火开关在OFF位置时，这些开关的不工作位置表达的

0.5GN/RD

C302

S 1 GN RD

300号搭铁点（要了解准确安装位置见线束、插接器、铰接点、搭铁及零部件定位）

0.75BR G300

C1 54

54l C1

I GN/YL

左后灯总成 停车灯

1.5BR

0.5 GN/RD

装自动变速器式的

0.5 GN/RD

往速度控制系统

虚线表示尾灯检查继电器的一部分

继电器接头标注（可在继电器下部找到）

灯泡的图形符号

推入型插接器符号

此处为导线中断端，文字表示导线将延伸往何处（通常与本线路无关）

图4-5 宝马汽车电路识读示例

三 大众车系

1. 电路图符号

大众车系电路图符号见表4-4。

表 4 - 4　　　　　　　　　大众车系电路图符号

图形符号	含义	图形符号	含义
	熔丝		按键开关
	蓄电池		机械开关
	起动机		压力开关
			多挡手动开关
	电热丝		继电器
	电阻		灯泡
	可变电阻		双丝灯泡
	手动开关		交流发电机
	温控开关		点火线圈

续表

图形符号	含义	图形符号	含义
	火花塞和火花塞插头		元件上多针插头连接
	发光二极管		元件内部导线触点
	内部照明灯		可拆式导线触点
	显示仪表		不可拆式导线触点
	电子控制器		线束内导线连接
	电磁阀		氧传感器
	电磁离合器		电动机
	接线插座		
	插头连接		双速电动机

续表

图形符号	含义	图形符号	含义
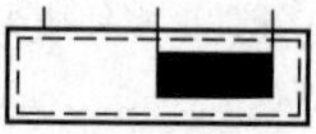	感应式传感器	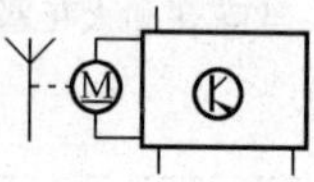	自动天线
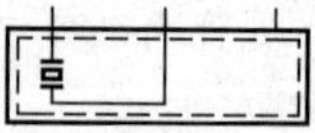	爆燃传感器	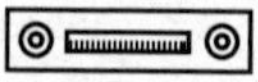	收放机
	数字钟		点烟器
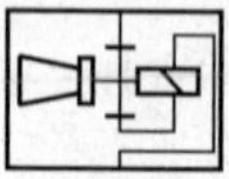	喇叭	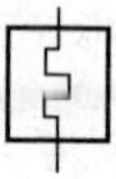	后窗除霜器
	扬声器		

2. 电路图特点

大众车系电路图遵循德国工业标准 DIN725527。图上部的灰色区域表示汽车的中央接线盒的熔丝与继电器。灰色区域内部水平线为接电源正极的导线，有 30、15、X 等。其中 30 线直接接蓄电池正极，称为常火线。15 线接点火开关，当点火开关处于"ON"及"START"挡时有电，对小功率用电器供电。对于 X 线，当点火开关接至"ON"或"ST"时，中间继电器闭合，通过触点对大功率用电器供电。31 线为搭铁线。图最下端是标注图中各线路位置的编号，各线路平行排列，每条线路对准下框线上的一个编号。线路若在图中中断，断口处标注与之连接的另一段线路所在的编号，同时也在线上注出各搭铁点。所有电器元件均处于图中间位置。图中起连接作用的细实线表示接线杆、接线铜片及绞接等的非导线连接方式。

3.电路识读示例

大众汽车电路识读示例如图 4-6 所示。

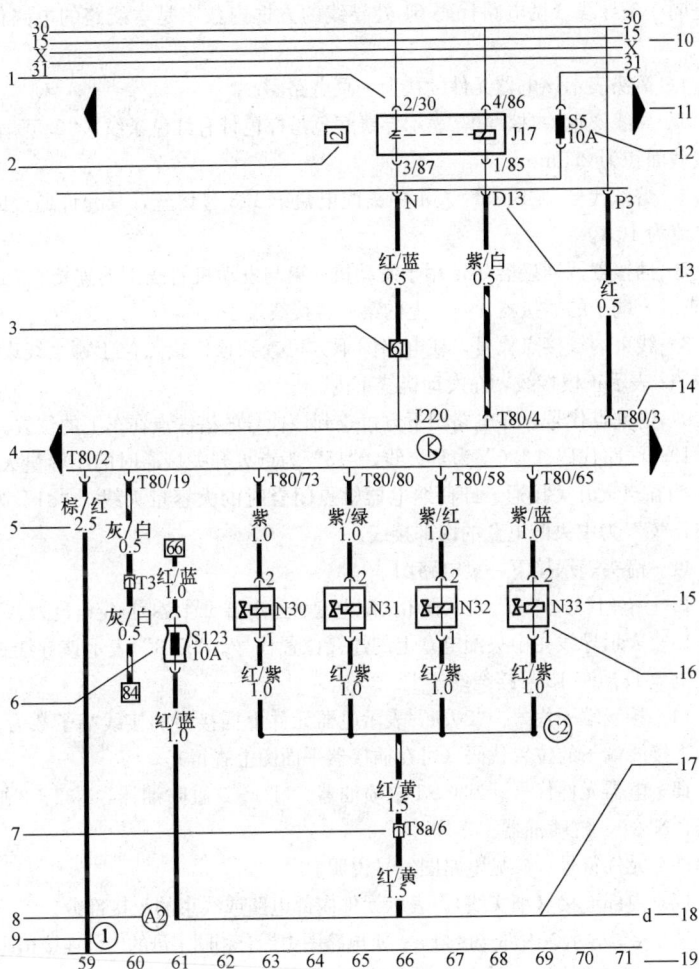

图 4-6 大众汽车电路识读示例

1—继电器或控制器与继电器板的接线端子代号。"2/30"表示继电器板上该继电器插座的 2 号插孔，"30"表示继电器上的 30 号接线端子。

2—继电器位置编号。"2"表示该继电器定位于主配电盒上 2 号位置继电器。

3—指示线路中断点。方框内数字"61"表示该导线与电路代码 61 的导线是同一条导线（见电路代码 61 处导线的方框内数字是本线路的电路代码 66）。

4—箭头表示该电器元件续接上一页电路图。

5—导线颜色。"棕/红"表示导线底色是棕色带有红色条纹。"2.5"表示导线截面积为 2.5mm^2。

6—熔丝代号。"S123"表示中央配电盒第 123 号熔丝，其允许通过的最大电流为 10A。

7—插接器。插接器 T8a 用于发动机线束与发动机右线束的连接，"T8a/6"表示 8 端子的插接器 a 插头上的第 6 号接线端子。

8—线束内铰接点代号，在电路图下方可查到该铰接点位于哪个线束内。图中 A2 表示正极接线，在发动机线束内。

9—搭铁点代号，在电路图下方可查到该代号的搭铁点在车上的位置。

10—线路代码。"30"为常火线，"15"为点火开关接通时的小容量火线，"X"为在点火开关接通、卸荷继电器触点闭合时的大容量火线，"31"为搭铁线，"C"为中央配电盒的内部接线。

11—箭头表示接下一页电路图。

12—熔丝代号。"S5"表示在中央配电盒熔丝座第 5 号位，额定电流为 10A。

13—表示导线在中央配电盒上的连接位置代号。"D13"表示该导线在中央配电盒 D 插座 13 号接线端子上。

14—接线端子代号。"80/3"表示电器元件上插接器的接线端子数为 80，"3"为接线端子的位置代码（可在插接器平面图上查得）。

15—电器元件代号。N30-1 缸喷油器，N31-2 缸喷油器，N32-3 缸喷油器，N33-4 缸喷油器。

16—元件符号。参见电路图符号说明。

17—内部连接（细实线）。表示元件内部电路或线束的铰接部分。

18—字母表示该内部连接与下一页电路图中标有相同字母的内部连接相连。

19—电路接续号，用此标志对电路图中的线路进行定位。

四 雪铁龙汽车

1. 电路图符号

雪铁龙汽车电路图符号见表 4-5。

表 4 - 5 雪铁龙汽车电路图符号

符号	含义	符号	含义
	线头焊片节点		机械开关
	插头节点		压力开关
	插接器节点		温度开关
	带有分辨记号插接器节点		延时断开触点
	不可拆节点（铰接）		延时闭合触点
	不可拆节点（铰接）		摩擦式触点
	经线头焊片搭铁		带电阻手动开关（点烟器）
	经插接器搭铁		电阻
	经零件外壳搭铁		可变电阻
	开关（无自动回位）		手动可变电阻
	手动开关		机械可变电阻

续表

符号	含义	符号	含义
	转换开关		热敏电阻
	动合触点（自动回位）		压力可变电阻
	动断触点（自动回位）		可变电阻
	手动开关		分流器
	线圈		电子控制组件
	指示灯		继电器组件
	照明灯		零件框图（带有原理图）
	双灯丝的照明灯		零件框图（无原理图）
	发光二极管		零件部分框图
	光敏二极管		零件部分框图
	二极管		指示器

续表

符号	含义	符号	含义
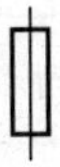	熔断器		热电偶
	热断路器		电极
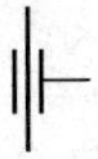	屏蔽装置		氧探测器
	蓄电池单格		接线柱
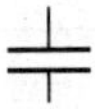	电容器		NPN 型晶体三极管
	电动机		PNP 型晶体三极管
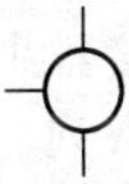	双速电动机		联动线（轴）
	交流发电机	（ ）	备用头
	发声元件		

2. 电路图特点

（1）线束代码。法国雪铁龙汽车电路图中的导线都标明其所在线束的代码，以便于寻找线路的方位和走向。线束代码见表 4 - 6。

表 4 - 6　　　　　　　　　　　　线 束 代 码

代码	线束名称	代码	线束名称	代码	线束名称
AV	前部	MT	发动机（和电喷系）	PP	乘客侧门
CN	蓄电池负极电缆	MV	电动风扇	RD	右后部
CP	蓄电池正极电缆	PB	仪表板	RG	左后部
EF	行李箱照明灯	PC	驾驶人侧门	RL	侧转向灯
FR	尾灯	PD	右后门	UD	右制动蹄片磨损指示器
GC	空调	PG	左后门	UG	左制动蹄片磨损指示器
HB	驾驶室	PL	顶灯		

（2）插接器。

单列插接器的接线板只有一层，如 7B5，7 表示该插接器共有 7 个通道，B 表示插接器的颜色为黑色，5 表示该插接器的第 5 号线（5 号端子）。

双列插接器的接线板有两层，如 7N B4，7 表示该插接器共有 7 个通道，N 表示插接器的颜色为黑色，B 表示该插接器的 A 列，4 表示该插接器的第 4 号线（4 号端子）。

前围板插接器位于前挡风玻璃左下侧的车身内，用于前部线束和仪表板线束的连接，共有 62 个通道，其颜色为黑色（符号为 C），由 8 组 7 通道的接线板和 3 组 2 通道的接线板组成，如 2C10 1，2 表示 2 个通道的前围板，C 表示前围板插接器的颜色为黑色，10 表示第 10 组，1 表示第 10 组的第 1 号线。

3. 电路识读示例

雪铁龙汽车电路识读示例如图 4-7 所示。

原理图	说明	装置图
54 ZX 540-00/20	章节号	ZX 540-00/20 54
	电气图编号	
	不可拆卸的接头(编接、铰接…)	
( )	(在这个车型中)无零件、电线束	( )
G 6N3 260	零件号(见《清单》)	260 6N
	零件框图(带有内部示意图)	
6N1 G V	零部件功能简图	
TB	电线束标记(见《清单》)	TB
2N2 999	零件框图(无内部示意图)	2N 999
2N1 G	电线的颜色(一横线在字母上)	
TB	电线上的数字标记	
12		
3B2	用插接器连接	3B
R	电线上的颜色标记	
9M2	输送线束	9M
M V	插头护套颜色	MV
A V Ic	用插头连接	Ic
25	用线头焊片连接	25 AV
A V	用于其他功能的连接	
m1	搭铁点	
24 25 26 27 28 Y,51-4	位置座标	Y,51-4

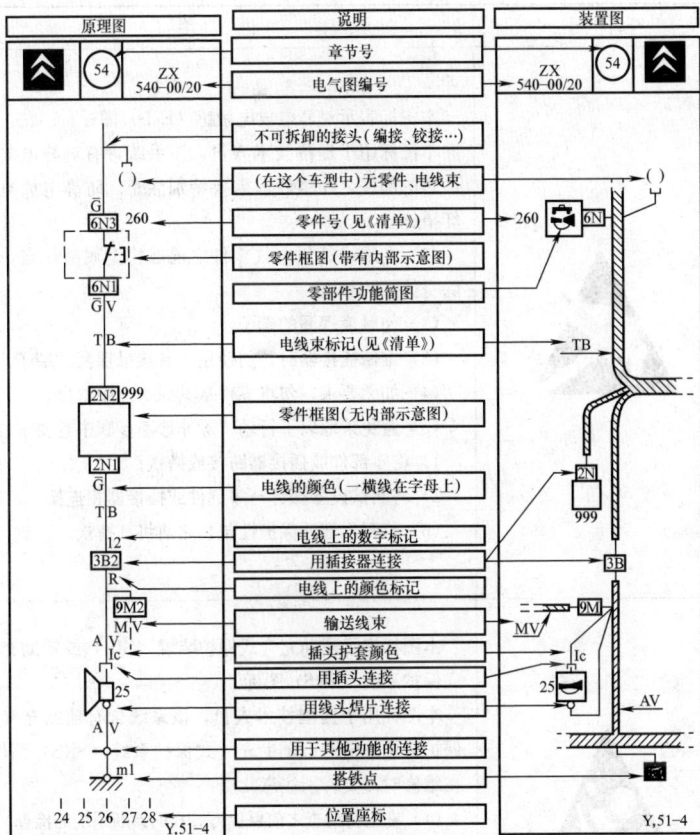

图 4-7　雪铁龙汽车电路识读示例

第二节　美国汽车电路识读示例

一　通用汽车

1. 电路图符号

通用汽车电路图符号见表 4-7。

表 4 - 7　　　　　　　　　　通用汽车电路图符号

符　号	说　明
	本图标表示对静电放电敏感（EsD）图标。 　　本图标用于提醒技术人员，该系统含有对静电放电敏感的部件，在维修前需要特别注意。防静电放电损坏措施如下： 　　（1）在维修任何电气零件之前触摸金属搭铁点，去除身体上的静电。 　　（2）勿触摸裸漏的端子。 　　（3）维修插接器时，勿使用工具接触裸漏的端子。 　　（4）如无要求，勿将零件从其保护盒中取出。 　　（5）避免采取以下行动（除非诊断步骤中有要求）： 　　1）将零部件或插接器跨接或搭铁； 　　2）将测试设备探针与零部件或插接器相连接。 　　（6）打开零部件保护性包装之前将其搭铁
	本图标表示辅助充气式保护装置（SIR）或辅助充气式保护系统（SRS）图标。 　　本图标用于提醒技术人员，该系统含有辅助充气式保护装置（SIR）/辅助充气式保护系统（SRS）部件，在维修时需要特别注意几点： 　　（1）在进行检查之前要执行 SIR 的诊断系统的检查。 　　（2）在进行维修工作前要使安全气囊失效。 　　（3）在完成维修工作后应使安全气囊系统生效。 　　（4）在把车辆交给用户前要执行 SIR 的诊断系统检查
	本图标表示车载诊断（OBDII）图标。 　　本图标用于提醒技术人员，该电路对 OBDII 排放控制电路的操作十分重要。任一电路如果出现故障将导致故障指示灯（MIL）亮，该电路就属于 OBDII 电路

续表

符　号	说　明
⚠	本图标表示重要注意事项图标。 本图标用于提醒技术人员还有其他附加系统维修的信息
所有时间热 于运行发热 开始时发热 附件和运行时发热 运行和起动时发热 于运行 灯泡测试和起动时热 驻车或正前方时前照灯开关发热 固定式附件电源 (RAP) 发热	本图标表示电压指示器框。 示意图上的这些框格用于指示何时熔丝上有电压
(虚线框)	本图标表示局部部件。 当部件采用虚框表示时，部件或导线均未完全表示
(实线框)	本图标表示完整部件。 当部件采用实线表示时，所示部件或导线表示完整
⌇	熔丝
⌣	电路断电器
▬	易熔线
▭—12	连接在部件上的插接器
▭—>12	部件引出线上的插接器
▭—○	带螺栓或螺钉连接孔的端子
12 —>> C100	直列线束插接器

符　　号	说　　明
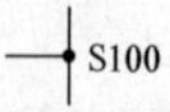 S100	接头
 P100	贯穿式密封圈
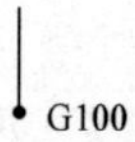 G100	搭铁
	壳体搭铁
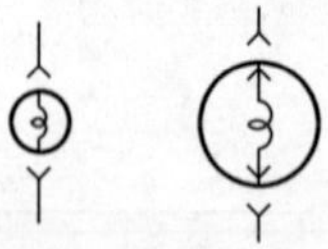	单丝灯泡
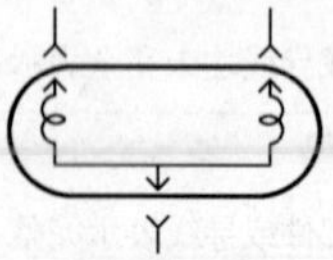	双丝灯泡
	发光二极管
	电阻
	可变电阻
	位置传感器
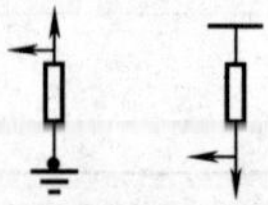	输入/输出电阻

续表

符　号	说　明
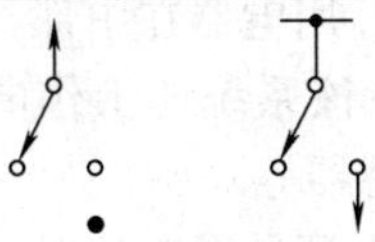	输入/输出开关
	晶体
	加热电阻丝
	电磁阀
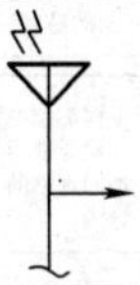	天线
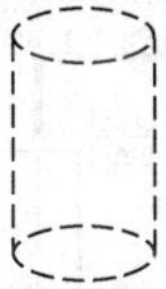	屏蔽
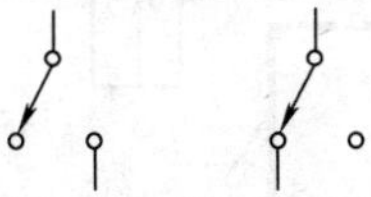	开关
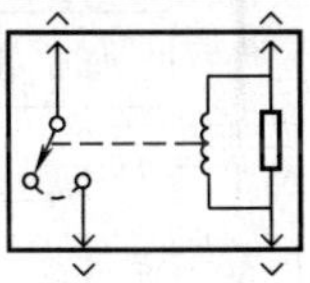	单级单触点继电器
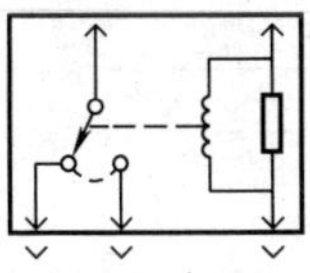	单级双触点继电器

2. 电路图特点

系统电路图中电源线从图上方进入，通常从熔丝处开始，并于熔丝上方用黑线框标注此处与电源之间的通断关系。用电器在中部，搭铁点在最下方。对于电子控制系统，电路图中除该系统的工作电路外，还包括与该系统工作有关的信号电路（如传感器等）。

系统电路图上方常用粗黑框内的文字标注与电源的通断情况，一般为"常通电"（常火线）式、"在 ON 或 ACC 时通电"（点火开关在 ON 或 ACC 位置时接通电源），通用汽车电路图中用黑三角内的图案表示电路中需注意的内容，如对静电敏感，操作时要注意人体放电等。

3. 电路识读示例

通用汽车电路识读示例如图 4-8 所示。

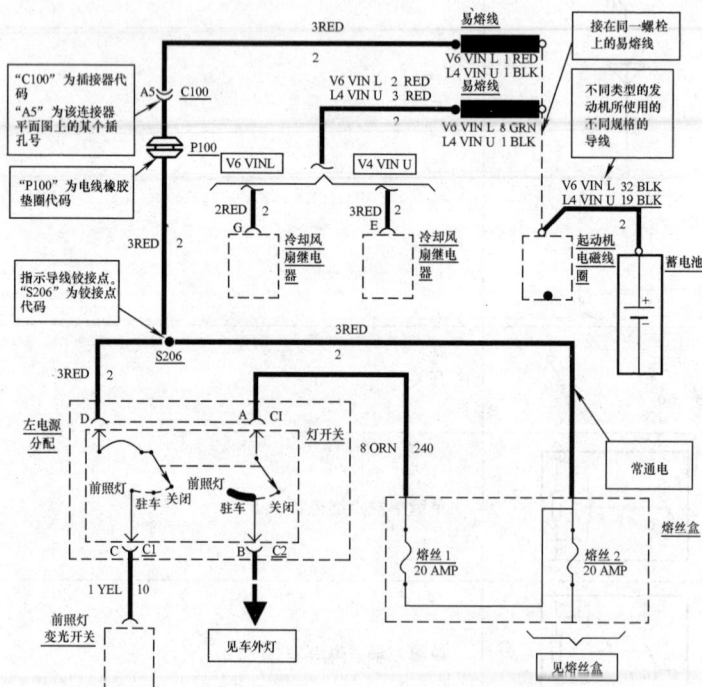

图 4-8　通用汽车电路识读示例

二 福特汽车

1. 电路图符号

福特汽车电路图符号见表4-8。

表4-8 福特汽车电路图符号

符号	含义	符号	含义
	虚线框所表示的部件指此页只表达部件的一部分,完整部件在其他地方表达	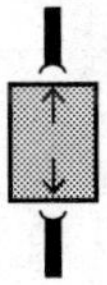	带插接器的部件
	蓄电池	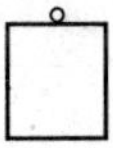	部件上的螺纹接头
Solid State	封闭的电子部件,在方框内标注的是何系统;只说明其功能,并不表示其线路		搭铁点
 275 Y	单股导线	 881 R/W 554 Y/BK	带条纹导线
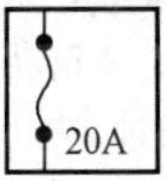 20A 电流额定值	熔丝	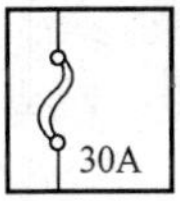 30A 额定电流值	最粗的熔丝
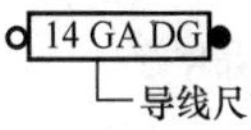 14 GA DG 导线尺寸及颜色	易熔线	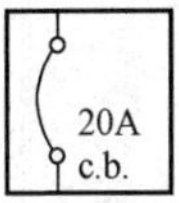 20A c.b. 额定电流值	线路断电器

续表

符号	含义	符号	含义
 S100（铰接点符号）	铰接点或折叠式接点	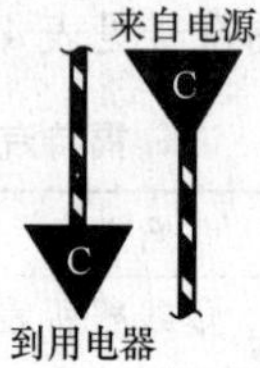 来自电源 C / 到用电器（箭头符号）	在两页之间中断的导线的标记。"C"箭头显示电流从电源流向搭铁
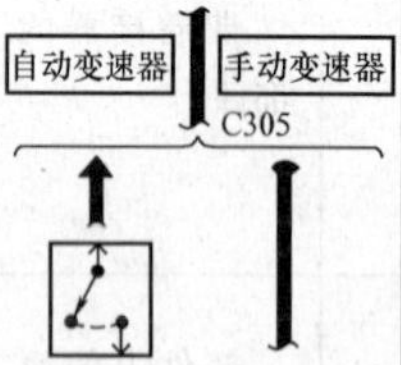 自动变速器 手动变速器 C305	可变更的线路	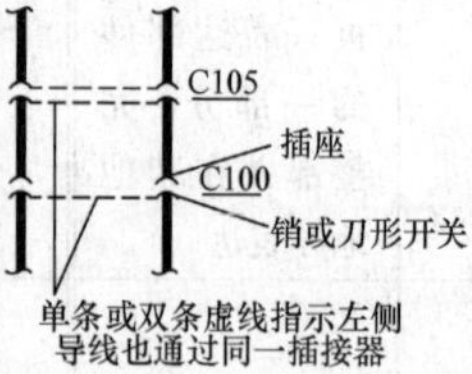 C105 插座 / C100 销或刀形开关 单条或双条虚线指示左侧导线也通过同一插接器	串联式插接器
倒车灯	标注该导线的完整线路在其他图页	 搭铁点	虚线表示该线路未完全在此图中表达，而是在其方框中的页码完整表达
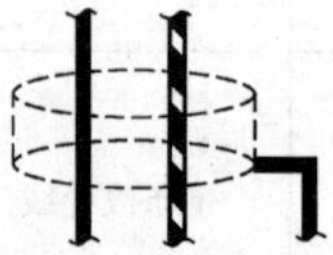 （屏蔽线符号）	屏蔽线	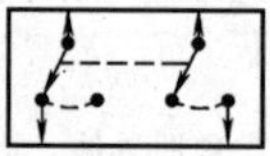 （联动开关符号）	联动开关。触点同时移动
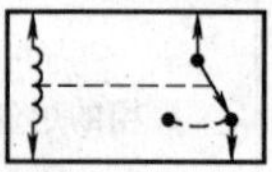 （继电器符号）	继电器	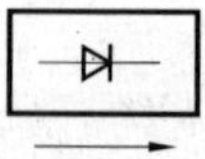 ▷	二极管，电流只能按箭头方向通过
 （电容符号）	电容	（晶体管符号）	晶体管

续表

符号	含义	符号	含义
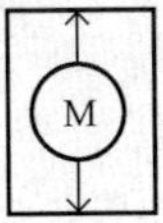 M（电动机图形符号）	电动机	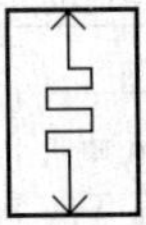 （加热元件图形符号）	加热元件
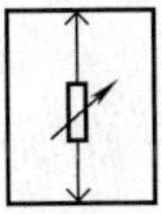 （热敏电阻图形符号）	热敏电阻	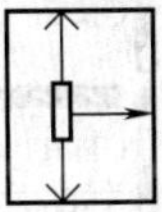 （可变电阻图形符号）	可变电阻或分压器
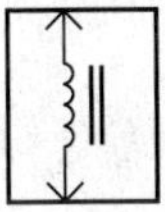 （电磁线圈图形符号）	电磁线圈	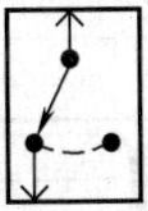 （开关图形符号）	开关
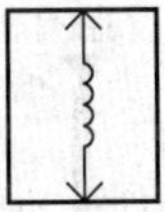 （磁场线圈图形符号）	磁场线圈	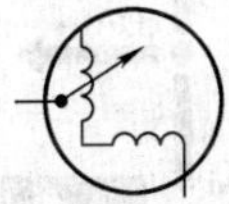 （计量器图形符号）	计量器
 （单丝灯泡图形符号）	单丝灯泡	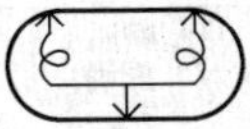 （双丝灯泡图形符号）	双丝灯泡
 （发光二极管图形符号）	发光二极管		

2. 电路识读示例

福特汽车电路识读示例如图4-9所示。

三 克莱斯勒汽车

1. 电路图符号

克莱斯勒汽车电路图符号见表4-9。

指示熔丝与电源的通断条件

常通电

电器元件名称下划有细实线

喇叭
15A

发动机室熔丝／继电器盒

QA01 GN/R

S115

QA01 GN/R   QA05 GN/R

C184 12V

实线框表示完整的电器元件

发动机室熔丝／继电器盒

喇叭继电器

C184

线路铰接点代码

QA04 Y   QA02 GN

S140

QA04 Y   喇叭／点烟器 42-1页

门控灯

线束连接器代码。后缀"M"代表插头，后缀"F"代表插座

SC21 Y

C226M
C226F   151-4C1

电器元件定位指示码，指示该件在车上安装位置可从"电器元件定位图"中第4页内C1位置上找到

L170 O

SC21 Y

C2030

11 喇叭控制

1 门控灯控制

传动带开关输入信号23   举升门除雾输入信号   举升门除雾控制

22   4

C2032   C2030

PP42 GN   HF01 GN/R   HF07 GN/BK

警钟 66-2页   后窗除雾／加热镜 56-1页

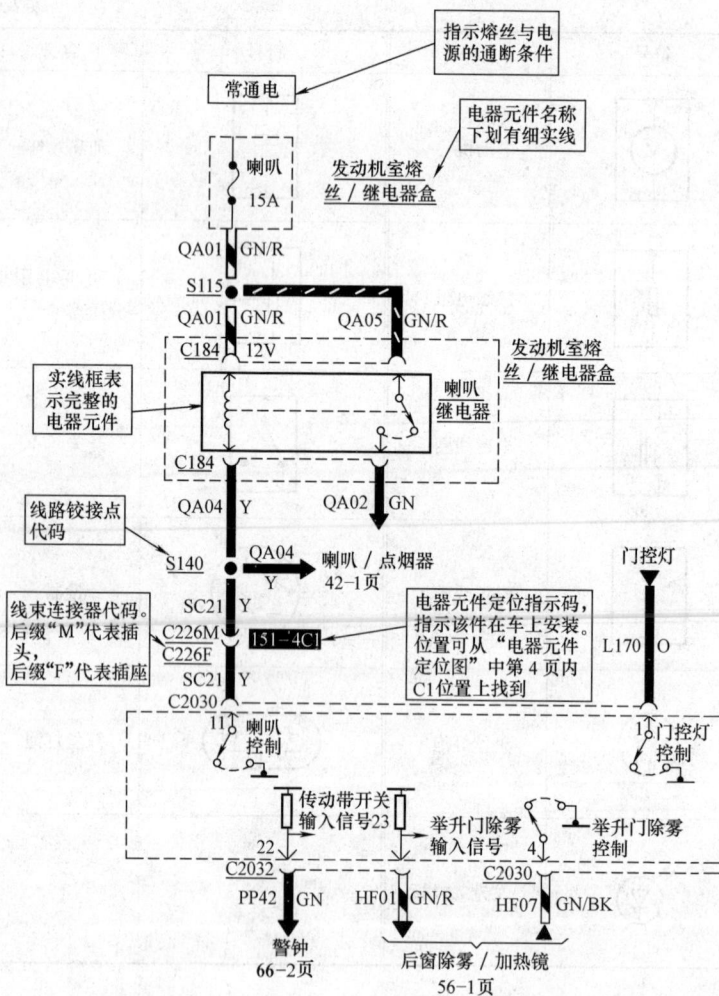

图 4-9 福特汽车

指示熔丝与电源的通断条件

起动或运转时通电

ACC(附属设备)或运转时通电

虚线框指示此图只表达了该电器的一部分

仪表盘熔丝／继电器盒

30
10A

5
10A

见电源分配

虚线表示该线路未在此图中表达完整

ZY50 LG

SC

SC13 LG/R

带条纹导线颜色标注：基本底色字母在前，斜线后字母表示条纹颜色

S244

S279

KA01

电动镜

该线路通往电动镜

LG/1R

线路代码

单色导线颜色标注

此处指示当点火开关在ACC(附属设备)或RUN(运转)时，此线路提供蓄电池电压12V

ER05 LG
12V

SC13 LG/R
12V

C2032 （起动／运转）

（附属设备／运转）

电控单元ECU

8 点火
点火
9 点火

举升门开输入信号

左门开输入信号

右门开输入信号

滑门开输入信号

151-5FG

9 搭铁
0V

4

1

2

3

G2032

SCE1 BK

L189 R/W

L187 R

L190 R/W

L194 R/GN

0V 表示此接柱接往搭铁点

S206

动力门锁无钥匙入口

电器上的插接器，虚线表示同一个插接器上的端子

SCE1 BK

S205

EE01 BK

G200

见搭铁

电路识读示例

表 4 - 9 克莱斯勒汽车电路图符号

符 号	含 义	符 号	含 义
+	正极		动合触点
−	负极		开关闭合
⊥	搭铁		开关打开
	熔丝		组合开关闭合
	带有汇流条的组合熔丝		组合开关打开
	断路器		单极双掷开关
	电容器		压力开关
Ω	欧姆（电阻）		电磁开关
	电阻器		水银开关
	可变电阻		二极管或整流管
	串联电阻		稳压管
	线圈		电动机
	升压线圈		电枢与电刷
	动断触点		插接器
	插头		插座
	表示电线继续延伸		表示电线走向
	接头	12 2	接头标记

续表

符　号	含　义	符　号	含　义
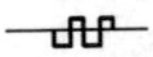	加热元件	 TIMER	延时器
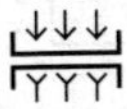	多线插接器	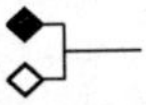	可选择性符号
	星形绕组	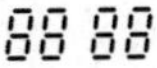 88 88	数字显示器
	发光二极管	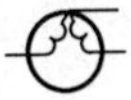	双丝灯
	仪表		单丝灯
	燃油喷射器		热敏电阻传感器
 STRG COLUMN	表示电线穿过转向管柱插接器		表示电线穿过前围板
 ENG	表示电线穿过绝缘孔圈进入发动机舱	 NST PANEL	表示电线穿过仪表盘插接器
	加热栅元件		表示穿过绝缘孔圈的电线

2. 电路图特点

电路图中将插接器、铰接点和接线盒作为标注的重点，各插接器的平面图附在线路该插接器的符号边上。组合插接器用小方框标志，铰接点用菱形标志，菱形标志内为铰接点的导线识别代码。若该导线上有不止一个铰接点，则在菱形上还有一个小方框，里面标注代码，说明其为该导线上的第几个铰接点，以此区分各铰接点。

3. 电路识读示例

克莱斯勒汽车电路识读示例如图4-10所示。

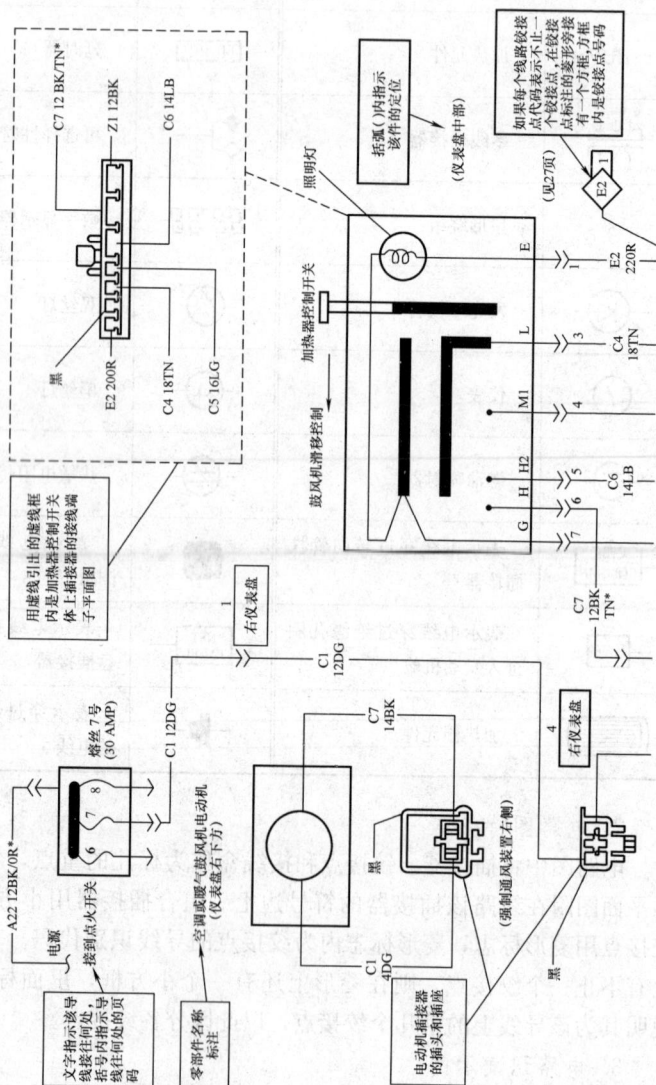

括弧（）内指示该件的定位
（仪表盘中部）

如果每个线路接接点点代码表示不止一个接接点，在接接点点标注的变形旁接有一个标注的变形方框，方框内是接接点号号码
（见27页）

照明灯

加热器控制开关

用建线引出此电线框内是加热器控制开关座上插接器的接线端子平面图

鼓风机滑移控制

右仪表盘

右仪表盘

熔丝 7 号
(30 AMP)

A22 12BK/0R*

电源

接到点火开关

空调或暖气鼓风机电动机
（仪表盘右下方）

（强制通风装置右侧）

电动机插接器的插头和插座

文字指示该导线接往何处的，括号内指示内处的页码

零部件名称标注

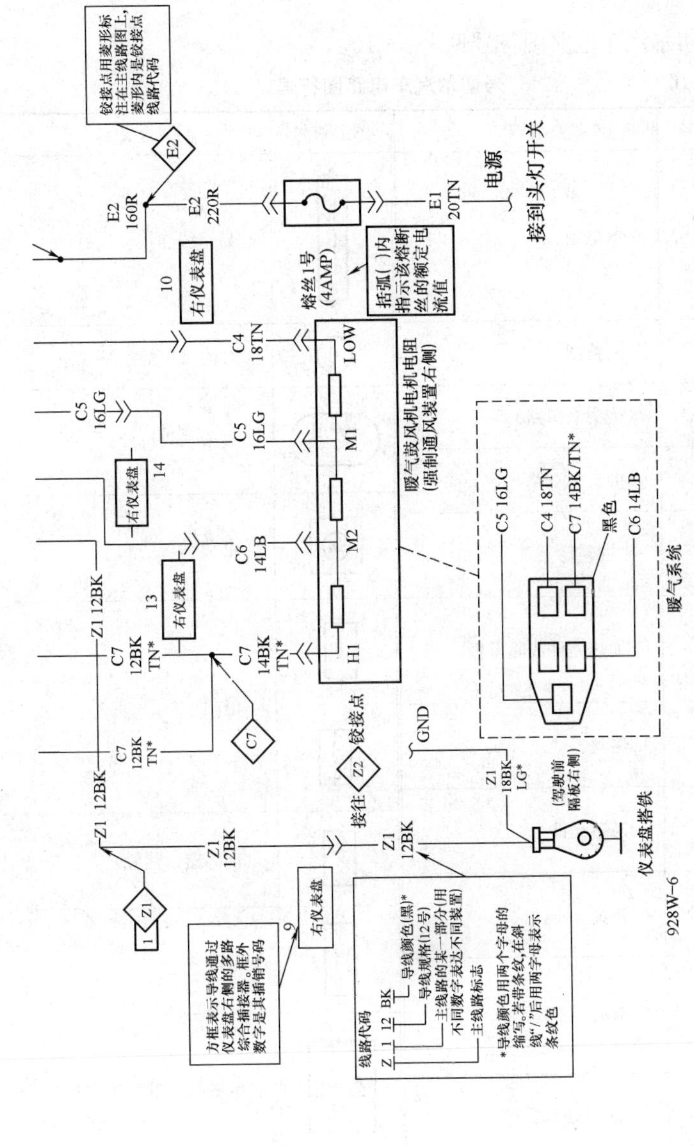

图4-10 克莱斯勒汽车电路识读示例

四 米切尔汽车

1. 电路图符号

米切尔汽车电路图符号见表4-10。

表4-10　　　　　　　　米切尔汽车电路图符号

图形符号	含义	图形符号	含义
	蓄电池	20 GA DK BLUE	易熔线连接
	断路图		灯泡（单灯丝）
	接头（单路）		灯泡（双灯丝）
	接头（双路）		
	二极管	M	电动机
	加热元件或除雾栅		电阻
	熔丝		
	易熔元件		传感器（热敏）
	卷簧		电磁阀
	喇叭		
	爆燃传感器		电磁阀（带二极管）

续表

图形符号	含义	图形符号	含义
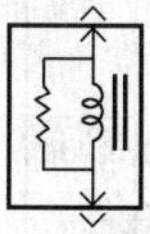	电磁阀（带电阻）	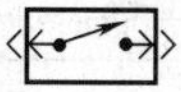	开关（单路）
	电磁阀（带二极管和电阻）	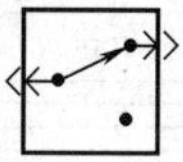	开关（双路）

2. 电路图特点

米切尔（Mitchell）公司是北美著名的汽车维修资料供应商，其汽车维修资料占据北美市场的70%，数据库光盘占北美市场的50%，中国车检中心在1997年与米切尔公司签定了数据库转让许可合同，并建造了全中文的CVIC汽车维修数据库。米切尔的电路图已成为中国地区汽车维修的重要资料。米切尔资料中电路图的特点：

（1）米切尔电路图包括了美国、欧洲、亚洲主要汽车制造厂的电路图，按照统一的格式和电器符号绘制，使用方便。

（2）对于电控系统电路，以电控单元（ECU）为中心，电控单元插接器端子按照代码依次排列，电控单元周围的元件大致是电源部分在图上方，搭铁部分在图下方。

（3）电器元件一般在四周，中间为导线。

3. 电路识读示例

米切尔汽车电路识读示例如图4-11所示。

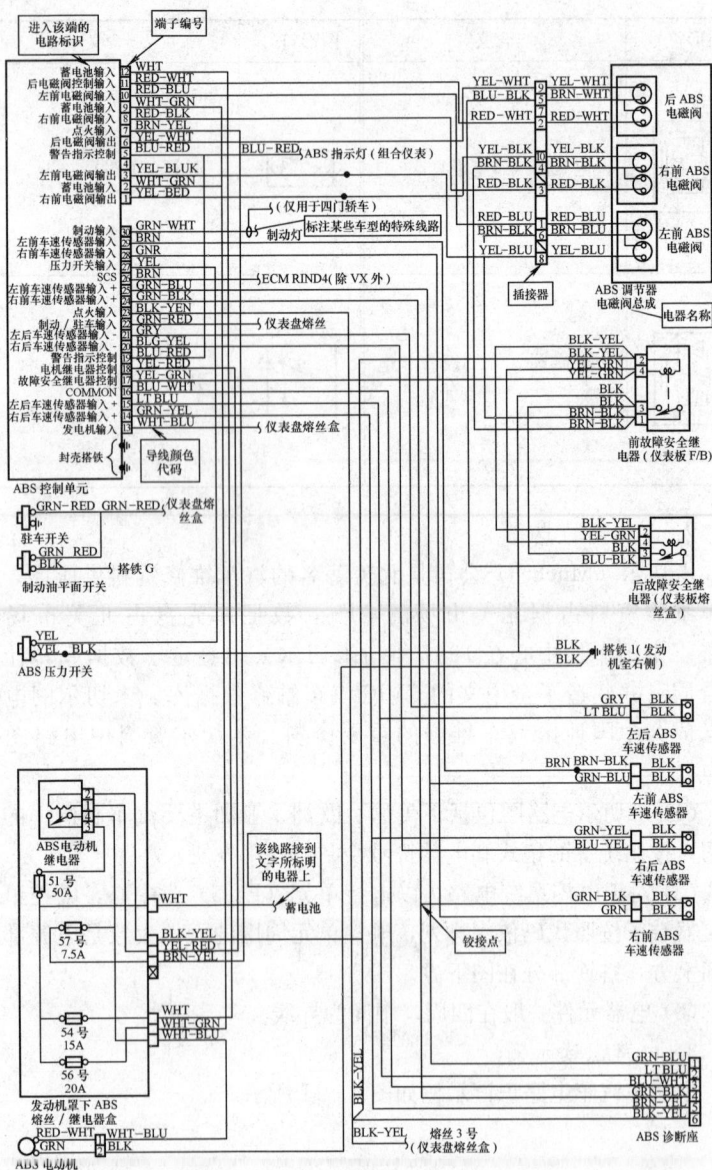

图 4-11 米切尔汽车电路识读示例

第三节　日本汽车电路识读示例

一　丰田汽车

1. 电路图符号

丰田汽车电路图符号见表 4-11。各系统的符号如图 4-12所示。

表 4-11　　　　　　　　丰田汽车电路图符号

符号	含义	符号	含义
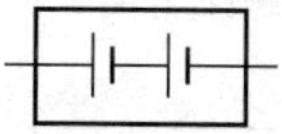	蓄电池		 单灯丝 双灯丝	前照灯
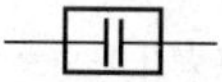	电容器		喇叭
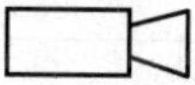	点烟器	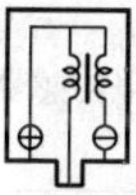	点火线圈
	电路断电器		
	二极管		小灯
	稳压二极管		发光二极管
	分电器、集成点火装置		模拟式仪表
	熔丝 易熔丝	 FUEL	数字式仪表
⊥	搭铁		电动机

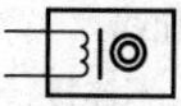

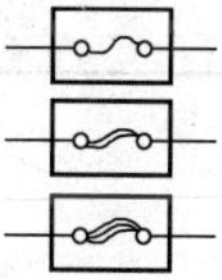

续表

符号	含义	符号	含义
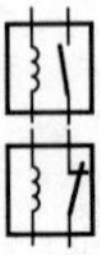	继电器 1. 动断 2. 动合		扬声器
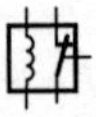	切换式继电器	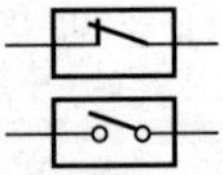	手动开关 1. 动合 2. 动断
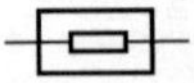	电阻	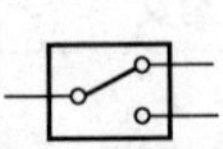	双投掷开关
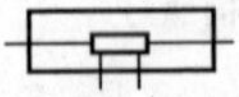	按键式变阻器	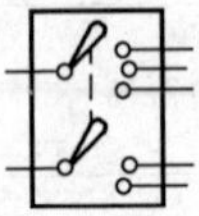	点火开关
	可变电阻器		
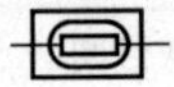	热敏电阻传感器	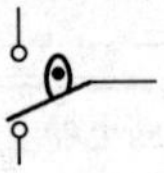	刮水器停放位置开关
	模拟速度传感器	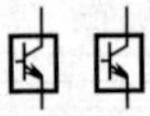	三极管
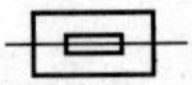	短路插销	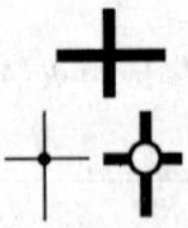	配线 1. 不连接 2. 铰接
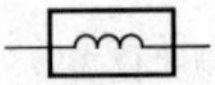	电磁阀或电磁线圈		

2. 电路图中导线颜色代码

丰田汽车电路图中导线颜色代码见表 4-12。

含义	符号	含义	符号	含义	符号
ABS（防抱死制动系统		发动机控制		超速驾驶	O/D
AC(空调)		前雾灯		电源	
自动天线		燃油加热器		电动窗	
倒车灯		前刮水器和洗涤器		电动座位	
行李箱锁		电热和废气控制		散热器风扇和冷凝器风扇	
化油器		电热塞		音响	
充电系		前照灯		后雾灯	
点烟器和时钟		前照灯光束水平控制		后窗除雾器	
组合仪表		前照灯清洁器		后刮水器和洗涤器	
巡航控制		喇叭		遥控后视镜	
门锁		照明		座位加热器	
电子控制变速器和AT指示灯	ECT PRND2L	车内灯		换挡杆锁	
电控液压冷却风扇		灯光自动切断		SRS(乘员辅助安全系统)	
电控安全带张力减小器		灯光提醒蜂鸣器		起动和点火	
停车灯		车顶窗		尾灯	
转向信号和危险信号灯		开锁和座位安全带警告灯			

图 4-12　丰田汽车各系统的符号

表 4 - 12　　　　　　　丰田汽车电路图中导线颜色代码

符号	导线颜色	符号	导线颜色
B	黑色	O	橙色
BR	棕色	P	粉色
G	绿色	V	紫色
GR	灰色	R	红色
L	蓝色	W	白色
LG	浅绿色	Y	黄色

3. 电路图特点

（1）丰田汽车电路保护装置见表 4 - 13。

表 4 - 13　　　　　　　丰田汽车电路保护装置

附图	符号	名称	缩略语
 BE5594	 ⊸○━○⊸ INO365	熔丝	FUSE
 BE5595	 ⊸○∿○⊸ INO366	中等电流熔丝	M-FUSE
 BE5596	 ⊸∿⊸ INO367	大电流溶丝	H-FUSE
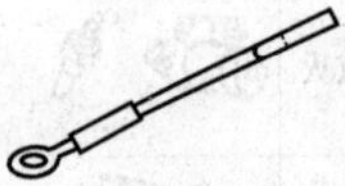 BE5597	 ⊸∿⊸ INO367	易熔线	FL
 BE5598	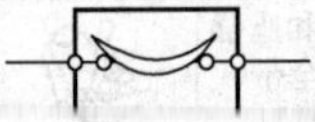 INO368	电路断电器	CB

（2）插接器接线端子的编号如图 4-13 所示。插接器的插座接线端子的编号为从上排左至下排右的次序进行编号，插接器的插头接线端子的编号为从上排右至下排左的次序进行编号。具有相同端子数目的不同插接器用于同一个零件时，各插接器的名称（英文字母）和接线端子编号都有相应规定。同一零件的不同插接器如图 4-14 所示。

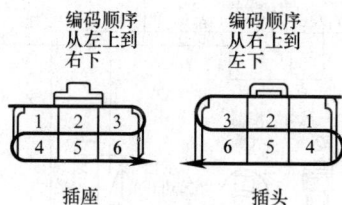

图 4-13 插接器接线端子的编号

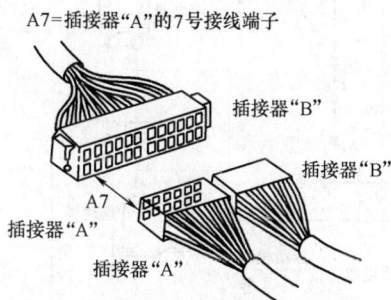

图 4-14 同一零件的不同插接器

4. 电路识读示例

丰田汽车电路识读示例见表 4-15。说明如下：

（1）系统标题。

（2）表示配线颜色。图中 W 表示白色。

（3）表示与电器元件相连的插接器（数字表示接线端子的编号）。

（4）表示插接器的接线端子编号，其中插座和插头的编号方法不同。在插座编号中，顺序为从左至右，从上至下；插头则从右至左，从上至下。

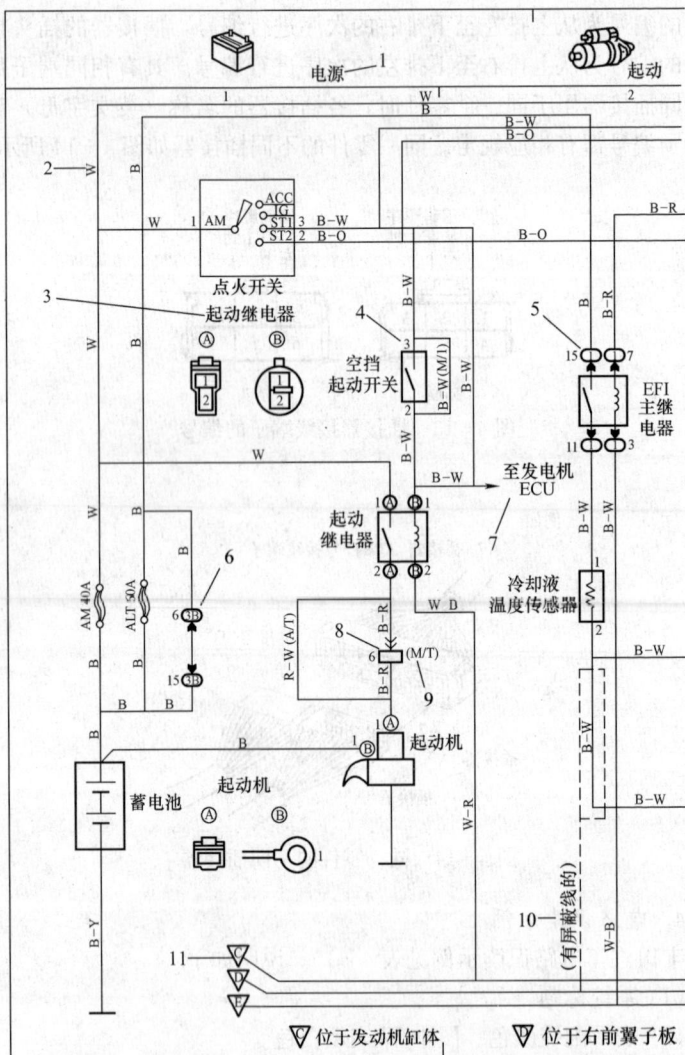

图 4-15　丰田汽车电路识读示例

　　(5) 表示继电器盒。图中只标明继电器盒的号码，也不印上阴影，以有别于接线盒。图示继电器盒号码为 1，表示电子燃油喷射系统（EFI）主继电器在 1 号位置。

（6）表示接线盒。圈内数字表示接线盒（J/B）号码，圈旁数字表示该插接器插座位置代码。接线盒上一般印上阴影，使其与其他元件区分。不同的接线盒，用不同的阴影标出，以便区分。如图中的 3B 表示它在 3 号接线盒内，数字 6 和 15 表示两条配线分别在插接器 6 号和 15 号接线端子上。

（7）表示相关联的系统。

（8）表示配线与配线之间的插接器，带插头的配线用符号"⌁"表示，外侧数字 6 表示接线端子的号码。

（9）当车辆型号、发动机型号或规格不同时，用括号"（ ）"中内容来表示不同的配线和插接器等。

（10）表示屏蔽的配线。

（11）表示搭铁点位置。搭铁点在电路图中用符号"▽"表示。

二 本田汽车

1. 电路图符号

本田汽车电路图符号见表 4-14。

表 4-14　　　　　　　　本田汽车电路图符号

图形符号	含义	图形符号	含义
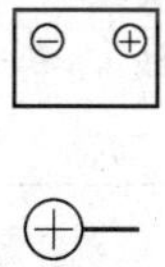	蓄电池	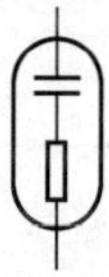	点烟器
	搭铁 1. 搭铁点 2. 元件搭铁点		电阻
		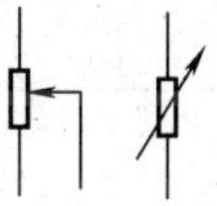	可变电阻
	熔丝		
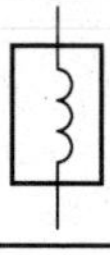	线圈螺线管		热敏电阻

续表

图形符号	含义	图形符号	含义
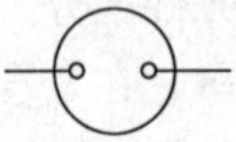	点火开关	 P	泵
	扬声器		线路断电器
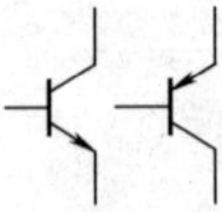	晶体管（三极管）	 H	喇叭
	动合开关		二极管
	动断开关	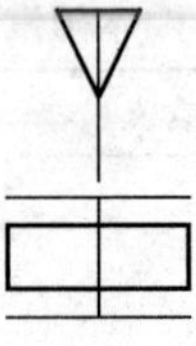	天线 1. 桅柱形天线 2. 窗形天线
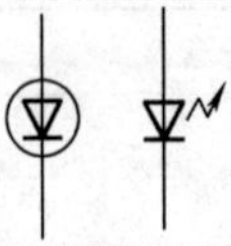	发光二极管	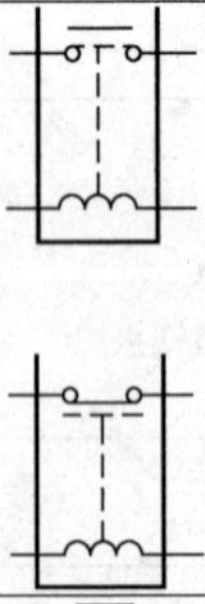	继电器 1. 动合继电器 2. 动断继电器
	冷凝器		
	灯泡		
	暖气		线路连接 1. 电流进入 2. 电流输出
 M	电动机		

续表

图形符号	含义	图形符号	含义
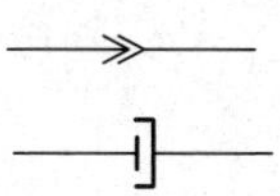	插接器		簧片开关

2. 电路图中导线颜色代码

本田汽车电路图中导线颜色代码见表 4-15。

表 4-15　　　　本田汽车电路图中导线颜色代码

符号	导线颜色	符号	导线颜色
BLK	黑色	ORN	橙色
BRN	棕色	PNK	粉红色
GRN	绿色	PUR	紫色
GRY	灰色	RED	红色
BLU	蓝色	WHT	白色
LT GRN	浅绿色	YEL	黄色
LT BLU	浅蓝色		

3. 电路图特点

(1) 本田汽车电路图中线路符号的特点如图 4-16 所示。图注说明如下。

① 虚线表示图中只显示部分电路，完整的电路参见箭头所指的系统或元件的电路。

② 根据不同车型或选装件选择不同的线路（左或右）。

③ 在导线的连接处只标出线接头，接线的详情参见箭头所指的系统或元件的电路。

④ 虚线表示蓝/红和红/蓝导线端子均在 C124 插接器的接线端子上。

⑤ 线端的波浪表示该导线在下页继续。

⑥ 电线的绝缘皮可为单色或一种颜色配上不同颜色的条纹。

⑦ 表示导线接至另一侧，箭头表示电流方向。

⑧ 表示导线与另一电路相接。

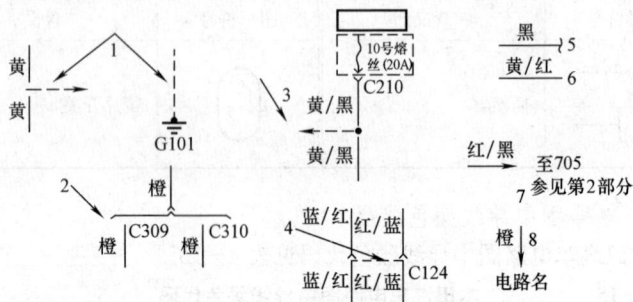

图 4-16　本田汽车线路符号说明

（2）本田汽车电路图中接线端子、搭铁线连接符号的特点如图 4-17 所示。图注说明如下。

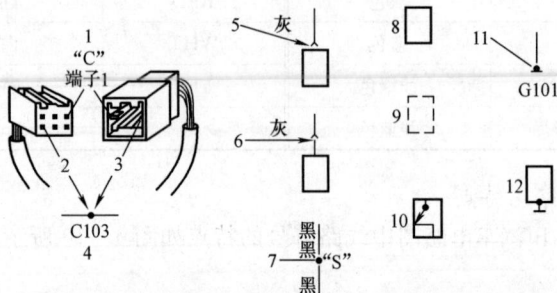

图 4-17　本田汽车接线端子、搭铁线连接符号说明

① 插接器 C。

② 插孔。

③ 插头。

④ 插接器标号都以字母 C 开头，以备在元件位置索引中查找。其插头的接线端子的编号从左上开始，对每个接线端子的插孔和插头进行编号，使对应的插孔和插头号相同。

⑤ 表示接线端子直接与元件连接。

⑥ 表示接线端子与元件的引线连接。

⑦ 导线连接，"S"线路图上的圆点表示线接头。

⑧ 实线表示显示整个元件。

⑨ 虚线表示只显示元件的一部分。

⑩ 元件名称出现在符号的右上角，下面是有关元件功能的说明。

⑪ 该符号表示接线端子与车身连接。每根导线的搭铁都用标有字母 C 的符号开头，以备在元件位置索引中查找。

⑫ 表示元件外壳直接与车身搭铁。

（3）本田汽车电路图中开关、熔丝符号的特点如图 4 - 18 所示。图注说明如下。

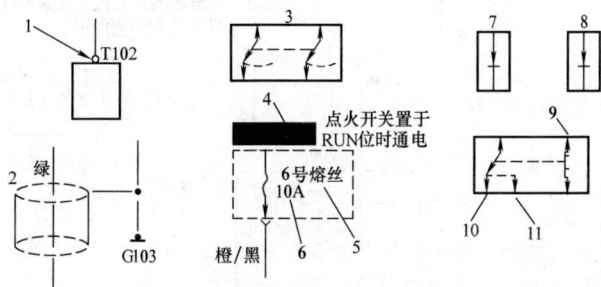

图 4 - 18　本田汽车电路图中开关、熔丝符号说明

① 螺纹连接。每个端子都标有以 r 开头的符号，以备在元件位置索引中查找。端子 r 是一种采用螺钉进行连接的接头，而不是采用一种推拉型的插接接头。

② 屏蔽。代表电线周围的无线电频率干涉屏蔽，该屏蔽总搭铁。

③ 联动开关。虚线表示开关之间的机械连接。

④ 表示点火开关处于接通状态。

⑤ 熔丝编号。

⑥ 熔丝的额定电流。

⑦ 二极管。

⑧ 二极管。

⑨ 线圈（是一个继电器，线圈内没有电流通过）。

⑩ 常闭触点。

⑪ 常开触点。

4. 电路识读示例

本田汽车电路识读示例如图 4 - 19 所示。

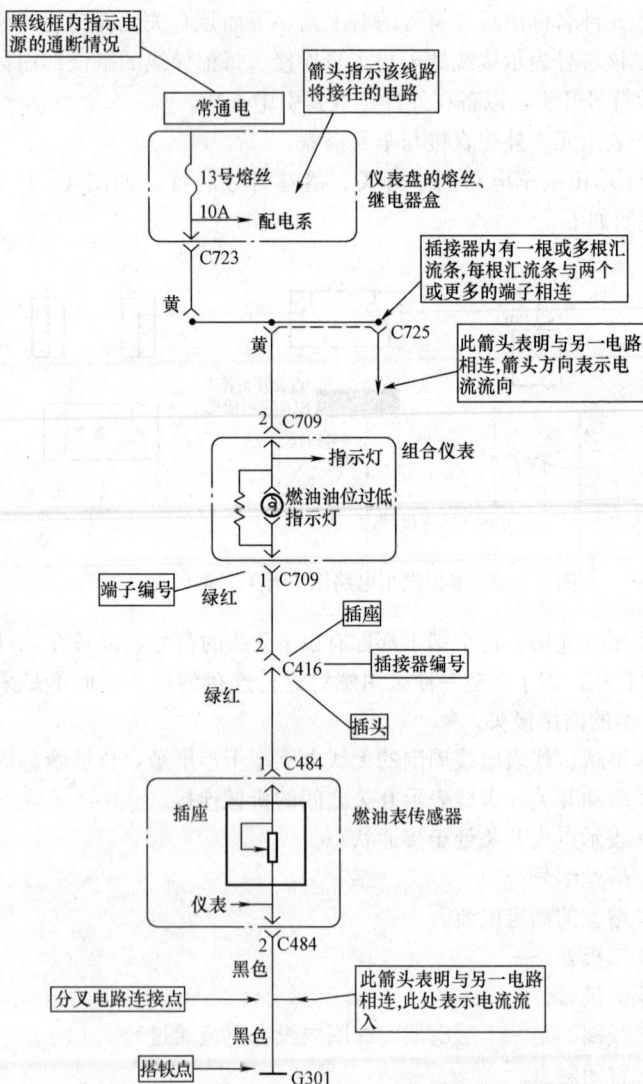

黑线框内指示电
源的通断情况

箭头指示该线路
将接往的电路

常通电

13号熔丝

10A 配电系

仪表盘的熔丝、
继电器盒

C723

黄

插接器内有一根或多根汇
流条，每根汇流条与两个
或更多的端子相连

黄 C725

此箭头表明与另一电路
相连,箭头方向表示电
流流向

2 C709

指示灯 组合仪表

燃油油位过低
指示灯

1 C709

端子编号

绿红

2

C416

插座

插接器编号

绿红

插头

1 C484

插座

燃油表传感器

仪表

2 C484

黑色

此箭头表明与另一电路
相连,此处表示电流流
入

分叉电路连接点

黑色

搭铁点 G301

图 4 - 19 本田汽车电路识读示例

三　日产汽车

1. 电路图特点

（1）开关状态的表示方法

① 一般开关分常开式和常闭式两种，其表示方法如图4-20所示。

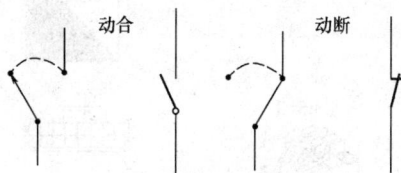

图4-20　一般开关的表示方法

② 多路开关一般采用图示和接线图两种方式表达，如图4-21所示，其导通情况表示示例见表4-16。

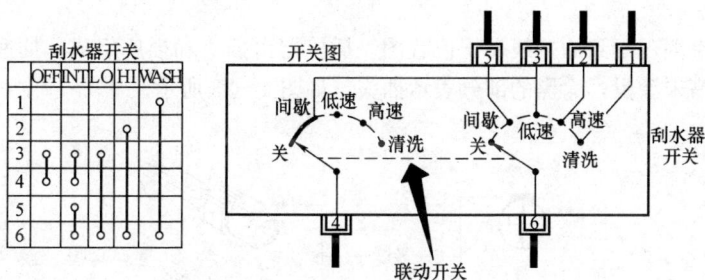

图4-21　多路开关（刮水器）的表示方法

表4-16　　　　　刮水器开关的导通情况

开关位置	导通电路	开关位置	导通电路
OFF	3—4	HI	2—6
INT	3—4，5—6	WASH	1—6
LO	3—6		

（2）插接器的表示方法。

① 插接器接线端子的位置如图4-22所示。

② 单线框表示从端子侧观察到的接线端子位置图，双线框表示从

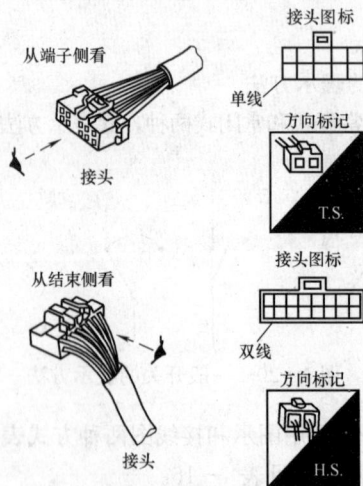

图 4－22　插接器接线端子位置的表示方法

线束侧观察到的接线端子位置图。插接器由插头和插座组成，插座的导槽未涂黑，涂黑的部分表示插头，如图 4－23 所示。

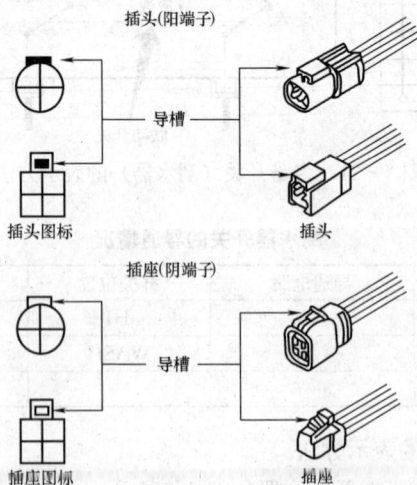

图 4－23　插接器由插头和插座的表示方法

③ 图 4 - 24 所示为一实例表示各章中的线路图接线端子的编号与具体插接器的关系，可分析线路走向和电路原理。

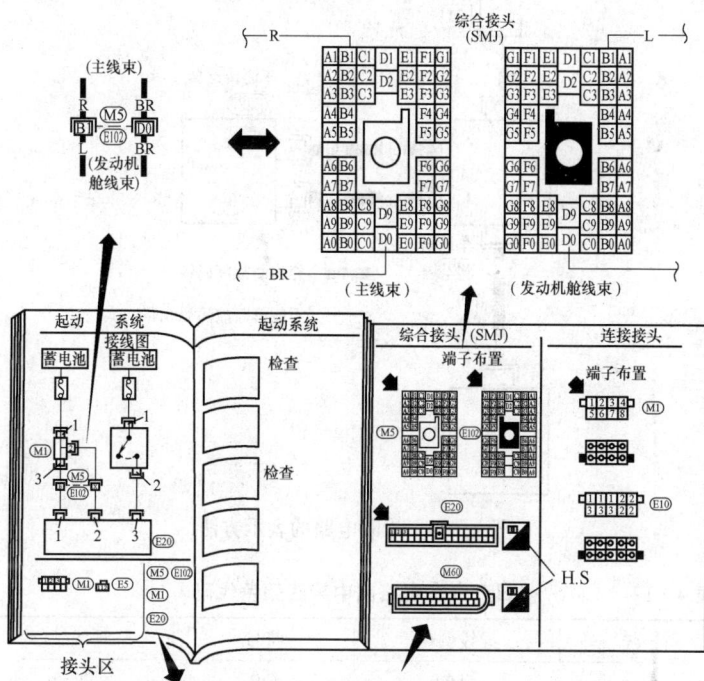

图 4 - 24　插接器的布置

（3）诊断电路的表示方法

如图 4 - 25 所示，电路图中线条较宽的线路为故障自诊断电路，电控系统能应用自诊断系统诊断出电路的故障码。电路图中线条较窄的线路是不能诊断故障码的电路。

2. 电路图中导线颜色代码

日产汽车电路图中导线颜色代码见表 4 - 17。

点火开关"ON"
或"START"

10A
21

Y

17

车速传感器
(E222)

14 G ━━ G 1

16 G ━━ R 2

15 车速表
Y/G (M27)

■■■ 能诊断故障码线路

── 不能诊断故障码线路

Y/G

26

VSP

ECM
(ECCS 控制模块)
(F29)

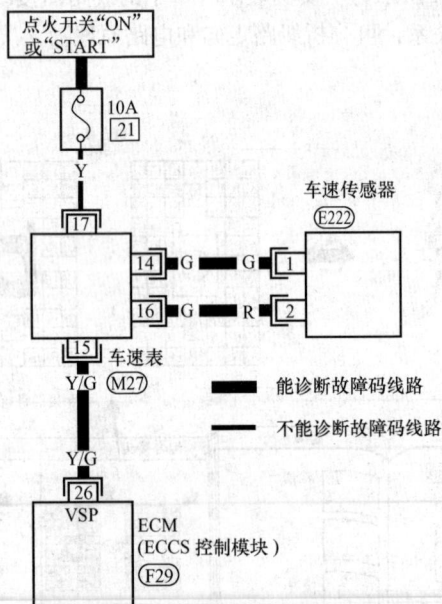

图 4-25　诊断电路的表示方法

表 4-17　　　　　　日产汽车电路图中导线颜色代码

符号	导线颜色	符号	导线颜色
B	黑色	OR	橙色
BR	棕色	P	粉红色
G	绿色	PU	紫色
GY	灰色	R	红色
L	蓝色	CH	暗褐色
LG	浅绿色	W	白色
LG	天蓝色	Y	黄色
DG	暗绿色		

3. 电路识读示例

日产汽车电路识读示例如图 4-26 所示。说明如下。

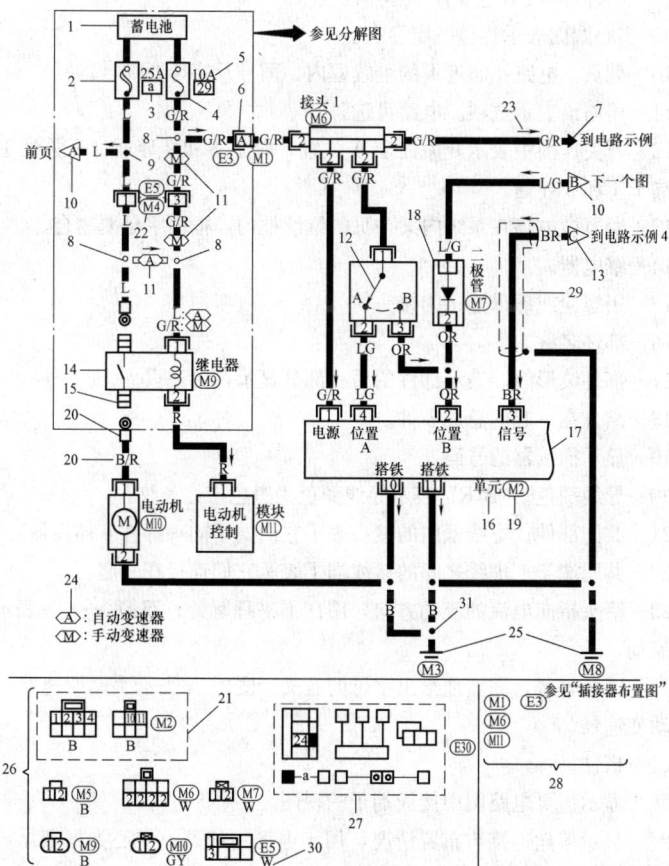

图 4-26 日产汽车电路识读示例

1—供电状态。图中表示系统由蓄电池供给电压。

2—熔丝连接。双线表示是熔丝连接装置，空心圆圈表示电流流入，实心圆圈表电流流出。

3—熔丝位置。注明熔断器在熔丝/继电器盒中的位置。

4—熔丝。单线表示熔丝，空心圆圈表示电流流入，实心圆圈表示电流流出。

5—电流大小。

6—插接器。图中 E3 是插座，M1 是插头。G/R（绿/红）是 A1 线路的颜色。

7—进入另一系统。

8—空心圆圈表示连接有可选择性。

9—实心圆圈表示连接一定存在。

10—翻页。电路在邻近页的继续框内，图号及字母要吻合。

11—用略语表示选项。电路可选。

12—开关。图中表示开关处于 A 位置，端子 1 和 2 导通；开关处于 B 位置，端子 1 和 3 导通。

13—翻页。电路在系统内某一页的继续框内，框内字母要吻合。

14—继电器。

15—用螺栓或螺母连接的接头。

16—部件名称。

17—部件波形线。表示部件的另一部分显示在另一页。

18—结合在一起的总成零件。

19—显示插接器的号码。

20—导线颜色。"B/R"表示导线颜色为黑色带红条纹。

21—共同部件。虚线框内的接头表示它们属于同一部件（插接器）。

22—共同端子。虚线之间的接线端子表示它们连接在一起。

23—箭头指向电流的流动方向，用在不易理解处；双箭头← →表示可以双向流动。

24—图标解释，完整地给出字母的意义。图中 A 表示手动变速器，M 表示自动变速器。

25—搭铁。

26—显示该页电路图中接线端子的视图。

27—显示熔丝连接与布置情况，用于电源主线路。空心方框表示电流流入，实心方框表示电流流出。

28—参考提示。表示可参考最后一页电路图，可查到多个接线端子插接器的更多信息。

29—屏蔽线。外面有虚线套的是屏蔽线。

30—插接器的颜色代码。

31—表示多根导汇聚在一起搭铁。

四　三菱汽车

1. 电路图符号

三菱汽车电路图符号见表 4-18。

表 4-18　　　　　三菱汽车电路图符号

图形符号	含义	图形符号	含义
	蓄电池		稳压二极管
	熔丝		三极管
	易熔线		蜂鸣器
阴侧 阳侧	插接器		光敏二极管
1 2 3 4 5 6 7 8	插接器平面图 阳侧		压电器件
1 2 3 4 5 6 7 8	阴侧		单丝灯泡
	插接器直接与电器 连接		双丝灯泡
	晶闸管整流器		扬声器
	线路经车身搭铁		喇叭
	电器壳体搭铁		热敏电阻
	ECU 内部搭铁		电阻器
	电动机		可变电阻器
	二极管		线圈
	电容器		脉冲发生器
	无连接点的交叉线		发光二极管
			铰接线
			谐音警报器
			光敏晶体管

2. 电路识读示例

三菱汽车电路识读示例如图 4 - 27 所示。

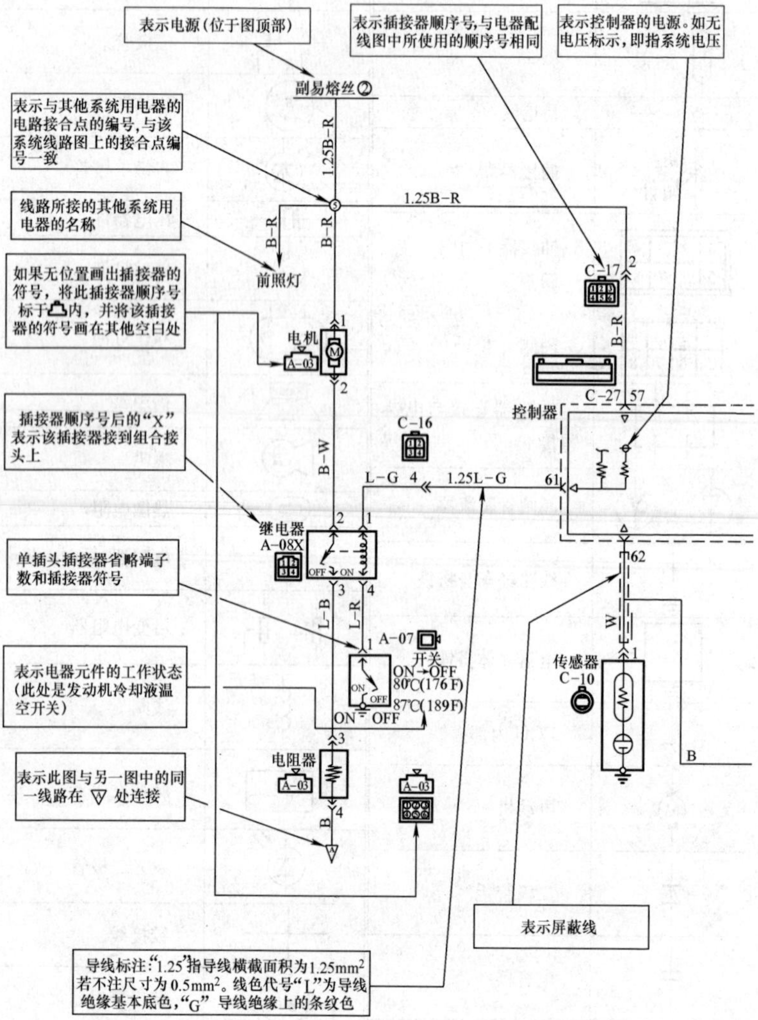

表示电源(位于图顶部)

表示插接器顺序号,与电器配
线图中所使用的顺序号相同

表示控制器的电源。如无
电压标示,即指系统电压

表示与其他系统用电器的
电路接合点的编号,与该
系统线路图上的接合点编
号一致

线路所接的其他系统用
电器的名称

如果无位置画出插接器的
符号,将此插接器顺序号
标于△内,并将该插接
器的符号画在其他空白处

插接器顺序号后的"X"
表示该插接器接到组合接
头上

单插头插接器省略端子
数和插接器符号

表示电器元件的工作状态
(此处是发动机冷却液温
空开关)

表示此图与另一图中的同
一线路在 ▽ 处连接

副易熔丝②

1.25B-R

1.25B-R

B-R

B-R

前照灯

电机
A-03

1

2

C-17

B-R

2

C-27,57

控制器

61

62

W

C-16

B-W

L-G 4

1.25L-G

继电器
A-08X

2

1

OFF ON

3

4

L-B

L-R

A-07

开关

ON→OFF
80℃(176 F)
87℃(189F)

ON

OFF

ON OFF

传感器
C-10

1

B

电阻器
A-03

3

4

B

A-03

表示屏蔽线

导线标注:"1.25"指导线横截面积为1.25mm²
若不注尺寸为0.5mm²。线色代号"L"为导线
绝缘基本底色,"G" 导线绝缘上的条纹色

图 4 - 27 三菱汽车

表示插接器
中的端子号

同一个插接器上的不同端
子用虚线连接

表示接自前一页电路
点的图

点火开关(IG1)

电阻器

2L

B-W-B-W

C-15

电磁阀
A-12

B-L-B-L

4

2L

7 C-18

有两个或两个以上的插接器接
到同一元件上时,在同一插接
器上的接头用虚线连接

2L

102 C-28

表示信号输入控制器或从控
制器输出,电流方向:
输入 输出 输入或输出

52

GND 控制器

63

C-26 6 5

105

表示来自控制器的电流可双
向流动

G-R B-R

传感器
C-35

1 2 电动机
C-02

表示搭铁用的配线接头在
此接头处线径或线色改变

2B 2B

表示两页上
的线路连续

表示该端子是备用端子,用于标
准车型中不提供的元件(本例
中为传感器)

2B

3

表示车身搭铁点(编号与电路配
线图及元件定位图中搭铁点相同
位于图底部)

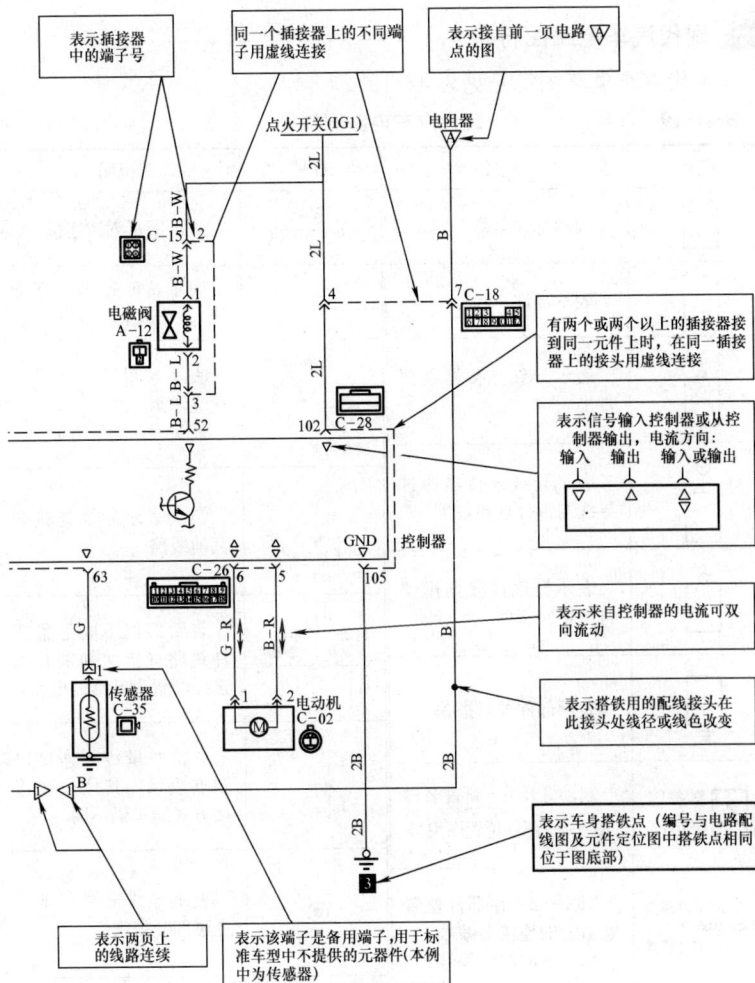

电路识读示例

第四节　韩国汽车电路识读示例

一　现代汽车电路图符号

现代汽车电路图符号见表 4 - 19。

表 4 - 19　　　　　　　　　　现代汽车电路图符号

符号	说明	符号	说明
 □	表示部件全部	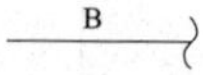 B	表示下页继续连接
 ⬚	表示部件一部分	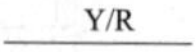 Y/R	表示黄色底/红色条导线（2 个以上颜色的导线）
	表示导线连接器在部件上	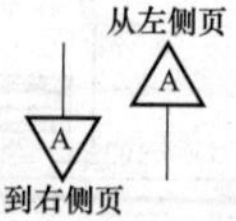 从左侧页 A	表示这根导线连接在所显示页 箭头表示电流方向
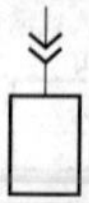	表示导线连接器通过导线与部件连接	 R 电路名称	箭头表示导线连接到其他线路
	表示导线连接器用螺钉固定在部件上	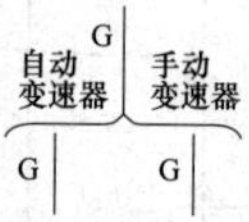 自动变速器 G 手动变速器　G　G	表示根据不同配置选择线路（指示判别有关选择配置为基准的电路）
	表示部件外壳搭铁	 L L	一定数量线束连接以圆点表示，其位置和连接方式随车辆不同
 制动灯开关 图03	制动灯开关—部件名称 图03—部件位置图编号	 G06	表示导线末端在车辆金属部分搭铁
 公连接器 10 M05-2 母连接器	M05 - 2—在部件位置索引上的连接器编号 10—对应端子编号	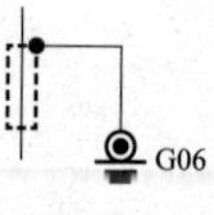 G06	表示为防波套，防波套要永久搭铁（主要用在发动机和变速器的传感器信号线上）
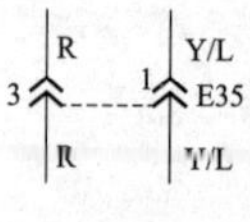 R Y/L 3 E35 R Y/L	虚线表示 2 个导线同在 E35 导线连接器上		

续表

符号	说明	符号	说明
蓄电池电源		常闭式继电器	表示线圈无电流时的继电器状态。如果线圈通电流，触点的连接发生转换
双丝灯泡		**常时电源**　易熔丝 30A　发动机室保险丝&继电器盒	常时电源—电源　易熔丝—名称　30A—容量
单丝灯泡		**ON电源**　喇叭保险丝 10A　室内保险丝&继电器盒	ON电源—点火开关"ON"时的电源　——短路片连接到每个保险丝　喇叭熔丝—编号　10A—电流容量
二极管—单向导通电流			
三极管开关或放大作用（NPN、PNP）		加热器	
开关（双触点）—表示开关沿虚线摆动，而细虚线表示开关之间的连动关系		传感器	
开关（单触点）		发光二极管—导通电流时发光	
传感器		稳压二极管—流过反方向规定以上电流	
电动机			
蓄电池		扬声器	
表示多线路短接的导线连接器			

符号	说明	符号	说明
	喇叭、蜂鸣器、警笛、警铃		常开式继电器
	电磁阀		内装二极管的继电器
	喷油嘴		内装电阻的继电器
	电容器		

现代汽车电路图缩略语及其含义

现代汽车电路图缩略语及其含义见表 4-20。

表 4-20　　　　　现代汽车电路图缩略语及其含义

缩略语	含义	缩略语	含义
	A	AMP	歧管绝对压力传感器
ABS	防抱死制动系统	ANT	天线
ABSCM	ABS 控制模块	APS	进气绝对压力传感器
A/C	空调	A/T	自动变速器
ACC	空调离合器		B
ACL	空气滤清器	B+	蓄电池正极
ACT	进气温度	BAT	蓄电池
A/D	模拟/数字	BARO	大气压力
AFC	空气流量控制		C
AFS	空气流量传感器	CC	巡航控制
ALT	交流发电机	CCV	曲轴箱通风
AMF	空气质量流量（空气流量计)	CCM	巡航控制模块
AMP	安培（电流）	CKP	曲轴位置传感器

续表

缩略语	含义	缩略语	含义
CMP	凸轮轴位置	ETACM	电子定时报警控制模块
CO	一氧化碳	ETACS	信息和时间警报控制系统
CPC	离合器压力控制	EVAP	蒸发排放污染
CPS	凸轮轴位置传感器	F	
CPU	中央处理器	FC	风扇控制
CTS	发动机冷却液温度传感器	FP	燃油泵
D		G	
DLC	数据传递插接器	GEN	发电机
DOHC	顶置双凸轮轴	GND	搭铁
DRL	白天行驶灯	H	
DTC	诊断故障代码	HALL IC	车速传感器
DTM	诊断测试模式	HEAP	前照灯远近光自动变光开关
E		HID	高亮度放电大灯
ECC	空调控制面板	HO$_2$S	加热型氧传感器
ECM	发动机控制模块	I	
ECT	发动机冷却液温度	IA	进气
EFI	电控燃油喷射	IAC	怠速空气控制
EGR	废气再循环	IAT	进气温度传感器
EGS	氧传感器	IC	集成电路
EOBD	点火失效传感器	ICM	点火控制模块
EPS	电控动力转向	ICS	电控防盗系统
ESAC	点火提前控制	ILL	照明灯
ESC	电子点火控制	IND	除霜开关
ESR	失效安全继电器	INT	积分器
EST	点火正时	ISC	怠速控制

续表

缩略语	含义	缩略语	含义
K		R	
KS	爆燃传感器	RL	左后
L		ROM	只读存储器
LAT	进气温度	RPM	发动机转速
LF	左前	RR	右后
LR	左—右	S	
M		START	起动开关
MAF	空气流量传感器	SVS	安全气囊
MAP	进气歧管压力传感器	SW	切断开关
MAX	极大值	T	
MCU	微处理器电控单元	TCM	变速器控制模块
MFI	多点燃油喷射	TCS	牵引力控制系统
MIL	故障指示灯	TP	节气门位置传感器
MIN	极小值	TPS	节气门位置传感器
M/T	手动变速器	V	
N		VAF	空气体积流量
N	空挡	VCRM	继电器控制模块
NPS	空挡开关	VIN	车辆识别代码
O		VPWR	电源电压
OFF	关闭	VSS	车速传感器
ON	接通	VVS	车速传感器
P		W	
P	停车	WOT	节气门全开
PCM	动力控制模块	WS	动力转向压力开关
PGM	程控式控制燃油喷射	—	—

三　现代轿车电路图识读说明

现代汽车电路图简洁易读，电路图按电气系统划分，表示形式上与其他汽车电路有所不同，比如每个系统的电路后面都附有电路涉及的插接器配置图，配置图上有明确的端子编号，如图4-21所示。另外，电路图中标有控制单元的端子说明。现代汽车整车电路由多个系统电路组成，每个系统电路分多页放置，每页的最顶部有系统名称和系统代码，以示区别。系统电路图包括电流的路径、各开关的连接状态以及当前其他相关电路的功能，系统电路依据部件编号并表示在电路图索引上。

1. 导线标注

汽车整车线束由主色或主色加辅助颜色条纹的导线组成，电路图中标注的是导线颜色的缩写字母，见表4-21。

表4-21　　　　　　　　　现代汽车电路图中导线颜色代码

符号	导线颜色	符号	导线颜色
B	黑色	O	橙色
Br	棕色	P	粉色
G	绿色	Pp	紫色
Gr	灰色	R	红色
L	蓝色	T	褐色
Lg	浅绿色	W	白色
Ll	浅蓝色	Y	黄色

2. 插接器

电路图的最后一页给出了系统电路图各组成部件的插接器图，未将部件连接到线束插接器时，它表明线束侧连到插接器前面。使用的端子，依据一定的规则进行编号；不使用的端子标记为＊。插接器的形状和代码说明如图4-28所示。

M05

4 3 2

未使用的端子

KET_09011_04F_W

(a)

M05

4 3 2

KET　09011　04 F　W

↑　　↑　　↑↑ ↑
A　　B　　CD E

A—导线连接器制造公司
B—端子系列号
C—导线连接器端子数量
D—导线连接器区分 —— 母导线连接器:F
　　　　　　　　　　　公导线连接器:M

E—连接器颜色

B	黑色	L	蓝色
Br	棕色	R	红色
G	绿色	W	白色
Gr	灰色	Y	黄色

(b)

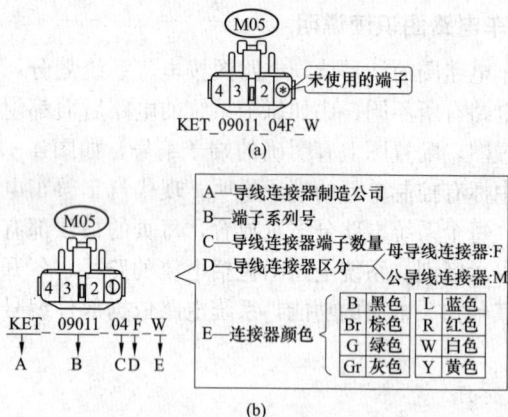

图 4-28　插接器的形状和代码说明
(a) 插接器形状；(b) 插接器代码说明

　　线束间插接器有公导线插接器和母导线插接器两种，在部件和导线连接状态下的线束侧插接器为母导线接连器，部件上的插接器为公导线插接器，如图 4-29 所示。

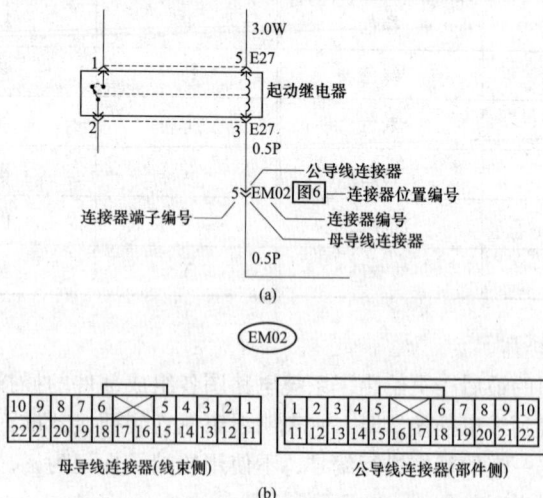

3.0W

1　　5 E27

起动继电器

2　　3 E27

0.5P

公导线连接器

5 EM02 图6 —— 连接器位置编号

连接器端子编号 —— 连接器编号
母导线连接器

0.5P

(a)

EM02

10	9	8	7	6	✕	5	4	3	2	1
22	21	20	19	18	17	16	15	14	13	12	11

1	2	3	4	5	✕	6	7	8	9	10
11	12	13	14	15	16	17	18	19	20	21	22

母导线连接器(线束侧)　　　　　公导线连接器(部件侧)

(b)

图 4-29　插接器的形状和代码说明
(a) 电路图中的插接器；(b) 插接器形状

3. 插接器端子编号与排列

母导线插接器从右上侧开始往左下侧顺序读号，公导线插接器从左上侧开始往右下侧顺序读号，如表4-22所示。某些导线插接器端子不使用该表示方法，具体情况参照导线插接器形状图。

表4-22 插接器端子编号与排列

名称	母导线连接器（线束侧）	公导线连接器（部件侧）
实际形状	卡扣 外壳 端子	卡扣 端子 外壳
电路图上标记	3 2 1 6 5 4	1 2 3 4 5 6
端子号排列顺序	3 2 1 6 5 4	1 2 3 4 5 6

4. 插接器识别

插接器识别代号由线束位置识别代号和插接器序列号组成，如图4-30所示。导线插接器位置线束布置图如图4-31所示，线束分类见表4-23。线束布置图说明了主要线束、导线插接器安装固定位置及主要线束的路线。

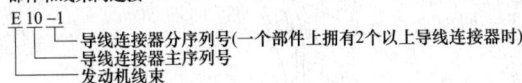

部件和线束间连接
E 10 -1
　└─导线连接器分序列号(一个部件上拥有2个以上导线连接器时)
　└──导线连接器主序列号
　└──发动机线束

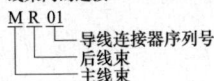

线束间的连接
M R 01
　└──导线连接器序列号
　└──后线束
　└──主线束

与接线盒的连接
接线盒和各线束间的导线连接器用下列方法表示
I/P- A
　└──室内接线盒内的导线连接器名称
　└──"室内接线盒"的缩写

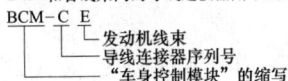

与BCM模块的连接
BCM和各线束间的导线连接器用下列方法表示
BCM- C E
　└──发动机线束
　└──导线连接器序列号
　└──"车身控制模块"的缩写

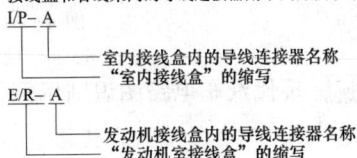

E/R- A
　└──发动机接线盒内的导线连接器名称
　└──"发动机室接线盒"的缩写

图4-30 插接器识别

表4-23　　　　　　　　　　现代悦动轿车线束分类

符号	线束名称	位置
A	气囊、气囊延伸线束	底板、仪表板下
C	控制、喷油器、点火线圈、机油控制阀线束	发动机室、蓄电池
D	车门、车门延伸线束	车门
E	前线束、前端模块、蓄电池、前警告延伸、发电机延伸线束	发动机室、蓄电池
F	底板、EPB延伸线束	底板
M	主线束、底板控制台延伸线束	室内
R	行李箱盖、车顶、BWS延伸线束	车顶、行李箱
S	座椅线束	座椅

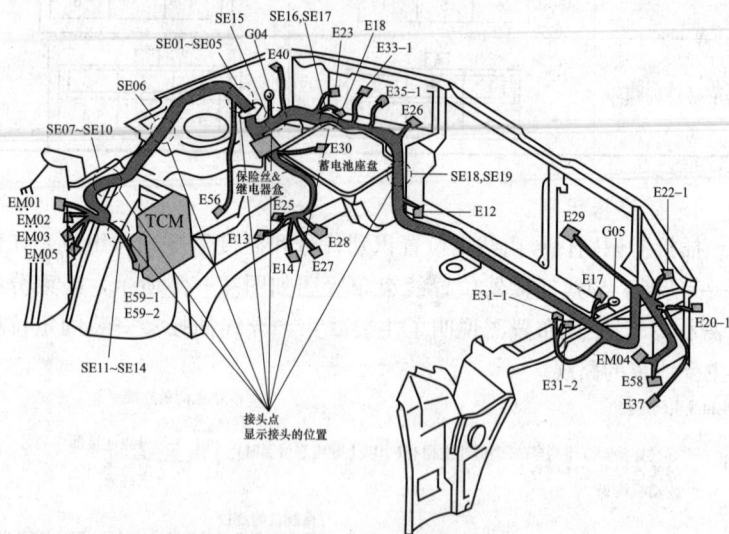

图4-31　线束布置图

四　现代汽车电路图识别示例

图4-32所示为现代伊兰特汽车电路图，伊兰特汽车具有ABS（防抱死制动系统）和TCS（牵引力控制系统）功能。

表示常时电源，蓄电池电压

箭头表示导线连接到其他电路图中的电路名称。为仔细阅读分开的电路，参考所示电路图

表示点火开关位于ON或ST挡时，电源开始供电

用弧线表示电气部件的一部分

常时电源

ON/ST电源

参考电源分配

FUSE 16 15A

FUSE 2 10A

乘客室接线盒

参考乘客室保险丝

表示保险丝的符号和额定容量。电路图中所示为室内接线盒的16号15A保险丝

11 I/P-J

12 I/P-H

0.85R

0.3R/O

M36

参考乘客室保险丝 短接连接器

表示根据不同配置选择不同的插接器

4 M36

11 M09-3(无行车电脑)
3 M10-1(行车电脑)

0.85R

MC01(1.5L)
MC04(1.6L/1.8L)
MC07(CVVT)
MC20(Diesel)

8

ABS   TCS OFF   TCS   仪表板

表示根据不同配置选择线路（这里配备巡航和无巡航的电路不同）

参照巡航控制系统(1.6L/1.8L)
MFI控制系统(柴油机)

无巡航 配备巡航

ABS   TCS OFF   TCS

0.85R   0.85R   0.3W

C31(1.5L)
C81(1.6L/1.8L)
C181(CVVT)

C82(1.6L/1.8L)
C182(CVVT)
C250(Diesel)

1   2   3

1 M09-2   20 M09-1   19 M09-1(无行车电脑)
11 M10-1 12 M10-1   6 M10-2(行车电脑)

刹车灯开关

刹车灯开关

0.3G/O   0.3G   0.5Gr(W/O Trip)
0.5Gr/B(With Trip)

2 C31(1.5L)
C81(1.6L/1.8L)
C181(CVVT)

4 C82(1.6L/1.8L)
C182(CVVT)
C250(Diesel)

0.85W   0.85W

3 ↓   14 ↓ EM03   12 ↓ EM02

0.3Br

18 C41(1.5L)
5 C91(1.6L/1.8L)
C191(CVVT)
14 C245(Diesel)

参考巡航控制系统(1.8L,CVVT)
MFI控制系统(柴油)

0.3G/O   0.3G   0.5Gr/B

参考刹车灯 短接连接器

16   17   21 E37

20 C41(1.5L)
4 C91(1.6L/1.8L)
4 C191(CVVT)
15 C245(Diesel)

ABS   TCS OFF   TCS
告警灯控制 告警灯控制 告警灯控制

ABS控制模块

0.5W

EC02(1.5L)
EC04(1.6L/1.8L)
EC06(CVVT)
EC13(Diesel)

刹车灯开关

车速输入

0.5W   18

1   2   19   20   5   6   22   23 E37

0.5R   0.5L   0.5G   0.5O

0.5O   0.5L   0.5Br   0.5W

10   11   8   2 ↓ EM03

0.5G   0.5G   0.5Br

8   20   1   11 ↓ MM01

0.5O   0.5G   0.5Br   0.5W

1   2 E02   1   2 E39   1   2 M64   1   2 M65

左前车速传感器   右前车速传感器   左后车速传感器   右后车速传感器

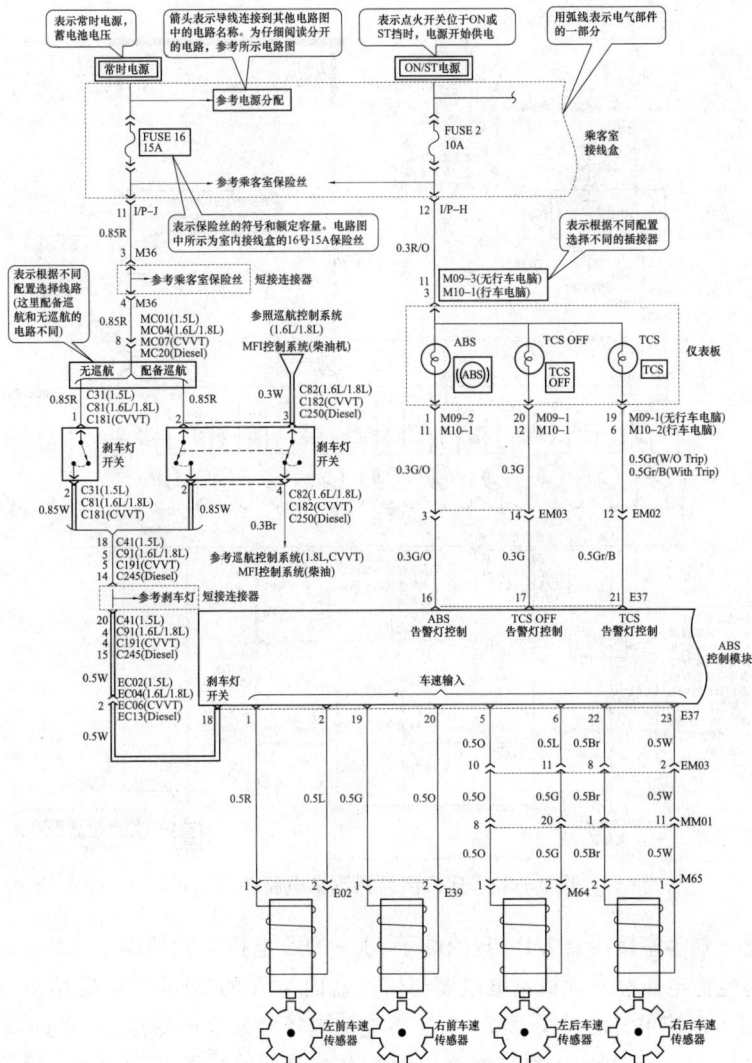

图4-32 现代伊兰特汽车电路图（一）

1. 电源电路

ABS电控单元的端子E37-4、E37-9和E37-25为供电端。当点火开关位于ON或ST时，蓄电池电压经乘客室接线盒内的11号熔

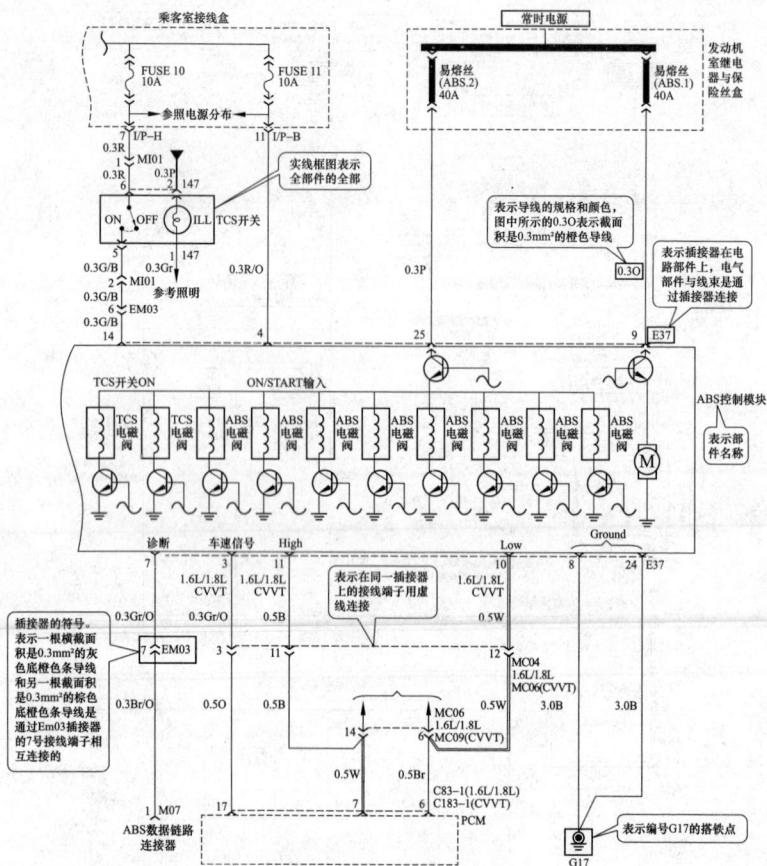

图4-32　现代伊兰特汽车电路图（二）

丝→乘客室接线盒 I/P-B 的端子 11→ABS 电控单元的端子 E37-4。
蓄电池电压经发动机室继电器与熔丝盒内 40A 的 ABS.2 号易熔丝→
ABS 电控单元的端子 E37-25。蓄电池电压经发动机室继电器与熔丝
盒内 40A 的 ABS.1 号易熔丝→ABS 电控单元的端子 E37-9，此路供
电电路为 ABS 液压泵供电。ABS 电控单元的端子 E37-8、E37-24
为搭铁端子，通过 G17 搭铁点搭铁。

2. 信号输入装置电路

信号输入装置主要有车速传感器、制动灯开关、Tcs 开关。

车速传感器电路：ABS电控单元的端子E37-1、E37-2通过E02插接器接左前车速传感器；ABS电控单元的端子E37-19、E37-20通过E39插接器接右前车速传感器；ABS电控单元的端子E37-5、E37-6通过EM03插接器、MM01插接器和M64接左后车速传感器；ABS电控单元的端子E37-22、E37-23通过EM03插接器、MM01插接器和M65插接器接右后车速传感器。

制动灯开关电路：ABS电控单元的端子E37-18外接制动灯开关。当驾驶人踩下制动踏板时，蓄电池正极电压→乘客室接线盒内的16号15A熔丝→乘客室接线盒I/P-J的端子11→短接插接器的端子M36-3→短接插接器的端子M36-4→端子MC04-8（车型配置不同，插接器的编号不同）后分两种情况，一种是配备巡航的车型，经制动灯开关的端子C82-2→制动灯开关的端子C82-1→短接插接器的端子C91-5；另一种是无巡航的车型，经制动灯开关的端子C81-1→制动灯开关的端子C81-2→短接插接器的端子C91-5。经短接插接器的端子C91-5的蓄电池电压→短接插接器的端子C91-4→插接器端子EC04-2→ABS电控单元的端子E37-18。ABS电控单元接收到制动信号，根据该信号起动ABS工作。

TCS开关电路：ABS电控单元的端子E37-14外接TCS开关。TCS开关有，即ON和OFF两种工作状态。按下TCS开关，TCS OFF指示灯亮为TCS OFF状态，TCS OFF指示灯熄灭为TCS ON状态。只有在TCS ON状态下，才进行TCS控制。当点火开关位于ON或ST挡且TCS开关位于TCS ON位置时，蓄电池电压→乘客室接线盒内的10号10A熔丝→乘客室接线盒I/P-H的端子7→MI01插接器的端子1→TCS开关的端子I47-6→TCS开关的端子I47-5→插接器MI01的端子2→插接器EM03的端子6→ABS电控单元的端子E37-14。ABS电控单元接收到TCS开关信号，根据该信号起动TCS工作。

3. 带执行器的ABS电控单元

油压电控单元和ABS ECU、ABS液压泵安装在一起组成ABS电控单元，电路图中只画出了ABS ECU表示整个ABS电控单元。

4. 警告灯灯电路

警告灯主要有ABS警告灯、TCS OFF警告灯和TCS工作指示灯。

当点火开关位于 ON 或 ST 挡时，蓄电池电压经乘客室接线盒内的 2 号熔丝→乘客室接线盒 I/P-H 的端子 12→仪表板 M10-1 的端子 3（装备行车电脑的车辆）或 M09-3 的端子 11（无行车电脑的车辆）后分别供电给 ABS 警告灯、TCS OFF 警告灯和 TCS 工作指示灯。

ABS 警告灯：ABS 电控单元的端子 E37-16 为 ABS 警告灯控制端子，当 ECU 插头脱落、系统故障或自诊断时，ABS 电控单元的端子 E37-16 输出搭铁信号，经插接器端子 EM03-3 到仪表板 M10-1 的端子 11（装备行车电脑的车辆）或 M09-2 的端子 1（无行车电脑的车辆）。此时，ABS 警告灯点亮。

TCS OFF 警告灯：ABS 电控单元的端子 E37-17 为 TCS OFF 警告灯控制端子，当 TCS 开关在 OFF 位置、TCS 故障时或 ECU 插头脱落时，ABS 电控单元的端子 E37-17 输出搭铁信号，经插接器 EM03-14 到仪表板 M10-1 的端子 12（装备行车电脑的车辆）或 M09-1 的端子 20（无行车电脑的车辆），此时 TCS OFF 警告灯点亮。

TCS 工作指示灯：TCS 工作指示灯通常处于熄灭状态，但当 ECU 插头脱落或 TCS 控制时，ABS 电控单元的端子 E37-21 输出搭铁信号，经插接器端子 EM02-12 到仪表板 M10-1 的端子 6（装备行车电脑的车辆）或 M09-1 的端子 19（无行车电脑的车辆），此时 TCS 工作指示灯点亮。

5. CAN 总线

ABS 电控单元的端子 E37-10 为 CAN-L，端子 E37-11 为 CAN-H，通过 CNA-BUS 总线，ABS 控制单元与发动机 ECU、自动变速器 TCU 进行通信。

第五节　国产汽车电路识读

一　奇瑞汽车

奇瑞汽车电路图与德国大众汽车相似，奇瑞汽车多数车系电路图是将电源放在页面顶部，搭铁放在页面下部，页面中间为电气元件，如东方之子、旗云 A15、A5 和开瑞等车型。奇瑞风云（A11）汽车则是采用了与德国大众汽车相同的横坐标式电路图，即电路图最卜端通过编号坐标标注图中各线路位置，各线路纵向平行排列，每条线路对准下框线上的一个编号。图中通常没有横向交叉跨度较大的走线，横向连接的走线采用"断口标注方式"表示，即线路断口处标注为与之相连的另一段线路所在图中的位置编号。

1. 奇瑞汽车电路图中使用的符号及其含义

奇瑞汽车电路图中使用的符号及其含义见表4-24。

表4-24　　　　　奇瑞汽车电路图中使用的符号及其含义

符号	名称	实物	符号	名称	实物
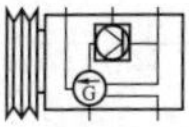	交流发电机	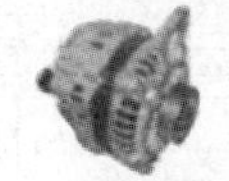		点火线圈	
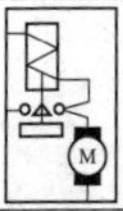	起动机		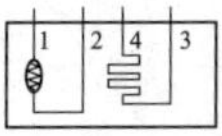	氧传感器	
	喷油器			灯泡	
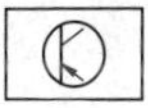	电子控制器			蓄电池	
	电动机	 怠速步进电机 　刮水器电机		指示灯	
	火花塞			螺旋电缆	
	熔断器		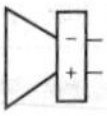	喇叭	
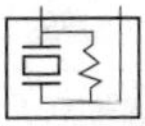	爆燃传感器		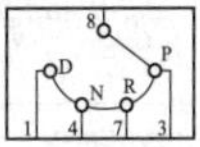	空挡起动开关	

符号	名称	实物	符号	名称	实物
	插头连接		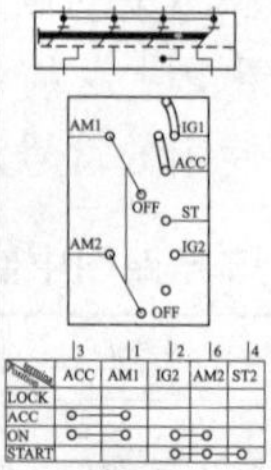	点火开关	
	点烟器		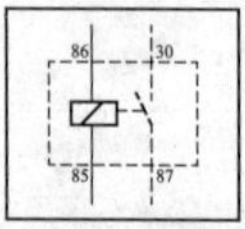	内藏二极管式继电器	
	加热器		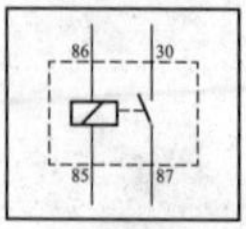	一般的继电器	

2. 奇瑞汽车电路图中导线颜色代码

奇瑞汽车电路图中导线颜色代码见表 4 - 25。

表 4 - 25　　　　　奇瑞汽车电路图中导线颜色代码

英文简写	颜色	色标	英文简写	颜色	色标
奇瑞 QQ			R	红色	
B	白色		东方之子		
A	蓝色		R	红色	
Z	紫色		B	黑色	
O	橙色		Br	褐色	
M	棕色		W	白色	
N	黑色		Y	黄色	
H	灰色		Gr	灰色	
G	黄色		G	绿色	
V	绿色		L	蓝色	

续表

英文简写	颜色	色标	英文简写	颜色	色标
Vio	粉红		Sb	铅色	
奇瑞 A5			奇瑞开瑞		
B	黑色		B	黑色	
W	白色		W	白色	
G	绿色		R	红色	
R	红色		G	绿色	
V	紫色		L	蓝色	
Y	黄色		V	紫色	
P	粉红		Y	黄色	
Br	棕色		P	粉红	
Gr	灰色		Br	棕色	
O	橙色		Gr	灰色	
Lg	浅绿		Or	橙色	
Sb	铅色		Lg	乳白	
旗云 A15			Sb	铅色	
B	黑色		风云（A11）		
W	白色		B	白色	
R	红色		N	黑色	
G	绿色		R	红色	
L	蓝色		M	棕色	
V	紫色		V	绿色	
Y	黄色		A	蓝色	
P	粉红		H	灰色	
Br	棕色		Z	紫色	
Gr	灰色		G	黄色	
Or	橙色		J	橙色	
Lg	乳白		F	粉红	

3. 奇瑞汽车电路图识读示例

奇瑞风云电路图识读方法如图 4－33 所示，奇瑞东方之子汽车电路图识读方法如图 4－34 所示。

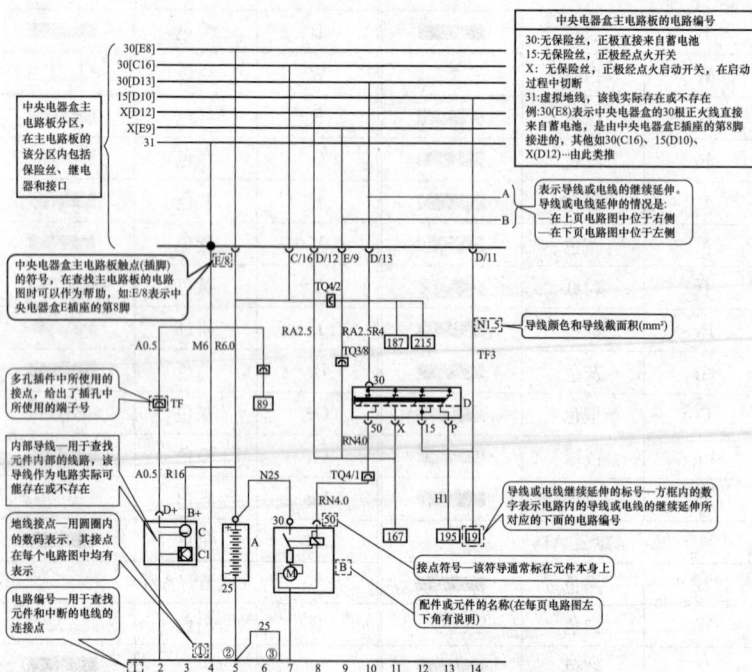

图 4－33　奇瑞风云汽车电路图识读方法

比亚迪汽车

1. 比亚迪汽车电路图中使用的符号及其含义

比亚迪汽车电路图中使用的符号及其含义见表 4－26。

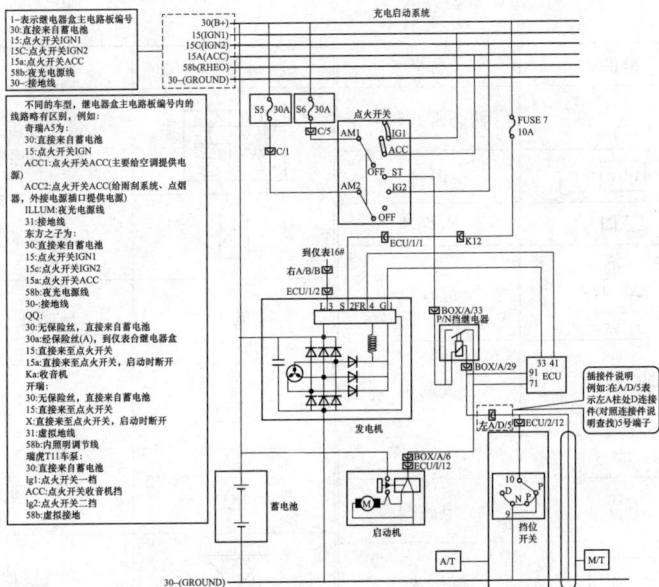

图 4-34 奇瑞东方之子汽车电路图识读方法

表 4-26 比亚迪汽车电路图中使用的符号及其含义

部件	含义	部件	含义
	熔丝		可变电阻
	蓄电池		灯泡
	继电器 1		电动机
	继电器 2		火花塞
	发光二极管		电感
	二极管		光敏三极管
	稳压二极管		三极管
	电阻		喇叭

续表

部件	含义	部件	含义
	两态常开开关	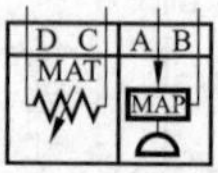 D C A B MAT MAP	进气温度、压力传感器
 10:00	时钟	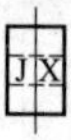 J X	连接器
	点烟器	XX	接插件 1
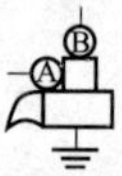	起动机	 XXX	接插件 2
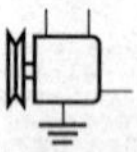	发动机	 X	接插件端子
	电容	 XXX	配线接地
	电磁阀		接地
 λ	氧传感器		扬声器
 A C B D	步进电动机		指示表
 58X	曲轴位置传感器		

2. 比亚迪汽车电路图中导线颜色代码

比亚迪汽车电路图中导线颜色代码见表 4-27。

表 4-27　　　　比亚迪汽车电路图中导线颜色代码

英文简写	颜色	色标	英文简写	颜色	色标
W	白色		Br	棕色	
B	黑色		Y	黄色	
R	红色		Gr	灰色	
G	绿色		P	粉红色	
L	蓝色		V	紫色	
O	橙色		—	—	—

第五章

汽车电路的故障检修

第一节　常用电路检修工具及其使用

汽车电路检修常用检测工具主要有跨接线、测试灯、汽车专用测电笔、万用表和故障诊断仪等。

一　跨接线

跨接线是一段多股导线，其两端分别接有鳄鱼夹或不同形式的插头，工具箱内一般都有多种形式的跨接线，如图 5-1 所示，以备相关位置的测量。

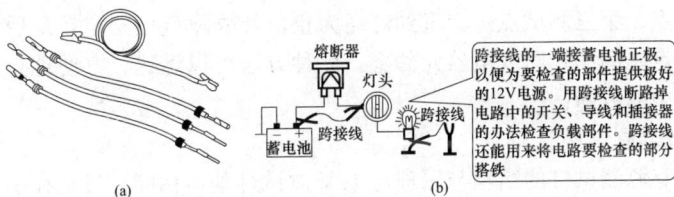

图 5-1　跨接线

(a) 跨接线外形；(b) 使用方法

> 跨接线的一端接蓄电池正极，以便为要检查的部件提供极好的 12V 电源。用跨接线断路掉电路中的开关、导线和插接器的办法检查负载部件。跨接线还能用来将电路要检查的部分搭铁

跨接线是非常实用的工具，起到了旁通电路的作用，主要用于线路故障（断路、短路和窜电）的检查。当用电设备不工作时，可将跨接线跨接在被测部件的"搭铁"端子与车身搭铁之间，若此时电器工作，则说明其搭铁电路断路；若将跨接线跨接在蓄电池正极与被试部件的"电源"端子上，此时部件工作，说明部件电源电路有故障；若用电设备仍不工作，说明用电设备本身有故障。

此外，在汽车电控系统的故障自诊断中，通常需要专用跨接线（跳线）跨接在专用检测接口，进行人工读取故障码。

使用跨接线时应注意以下事项：

（1）用跨接线将电源电压加至试验部件之前，必须确认被试部件的电源电压规定值。否则，若将车用电源（12V）直接加在用电设备上（如喷油器为5V），可能导致设备损坏。

（2）跨接线不可将被测部件"＋"端子与发动机搭铁直接跨接，避免造成电源短路。

二　测试灯

测试灯，也称测电笔，其作用及原理与跨接线基本相同，但增加了用于显示电路导通状态的灯，根据灯泡的明暗程度还可判断被测线路的电压大小。测试灯分有源测试灯和无源测试灯，有源测试灯可用欧姆表代替，无源测试灯可用电压表代替。

1．12V测试灯（无源）

测试灯如图5-2所示。当电器元件无法工作时，可先将测试灯的搭铁夹搭铁，再用探针短接于电器元件"电源"端子处。若灯不亮，则说明被测线路断路，应再继续沿电流的流向依次有序地短接在第二测试点、第三测试点…，直到灯亮为止。其故障点可判定在最后两个测试点之间的线路或电器元件上。此种方法可以迅速、方便地查找到线路中的故障。

2．有源测试灯

有源测试灯的结构与原理与12V测试灯基本相同，只是在手柄内加装两节1.5V干电池，如图5-3所示。由于测试灯自身带有电源，故检测方法略有不同。

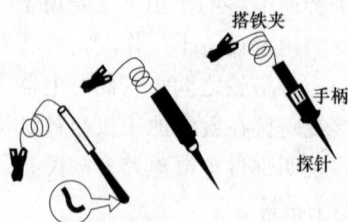

图5-2　12V测试灯

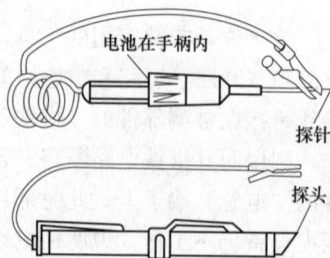

图5-3　自带电源的测试灯

此外，采用短路法可对线路中的断路故障进行快速诊断。如将测试灯（有源）跨接在所测线路的两端，若灯不亮，则可判定在被测线路中有断路故障，再继续依次有序地缩小测试范围，直到灯亮为止。断路"点"应判定在最后两个被测点之间的线路中。

同理，也可采用断路法对线路中的短路或串线故障进行快速查寻。如将测试灯（无源）直接跨接在熔丝处，然后再依次有序地断开待测线路中的插接器，直到测试灯灯灭为止。短路"点"应在最后两个被测点之间的线路中。

注意：不可用测试灯检查汽车电子控制系统，除非维修手册中有特殊说明，方可进行。

三 汽车专用测试笔

汽车专用测试笔可测试汽车电路，还可通过电笔的灯光指示判断发电机及其调节器的工作情况，汽车专用测试笔如图5-4所示。

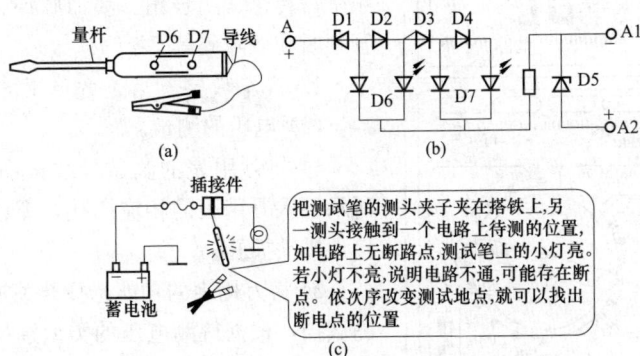

图5-4 汽车专用测试笔
(a)外形；(b)原理；(c)使用

汽车专用测试笔有A型和B型两种。A型对应12V电气系统，B型对应24V对应电气系统。使用时，将电笔的负极用鳄鱼夹与搭铁可靠连接，将电笔的量杆头逐次接触被测点，电笔上的额双色发光二极管可组合显示6种颜色，对应6种不同的电压。测试笔显示颜色与电压的对应关系见表5-1。

表 5-1　　　　　　　测试笔显示颜色与电压的对应关系

视孔	显示颜色	12V 电气系统/V	24V 电气系统/V	说明
D6	红	11	23	D7 不亮
	橙	12	24	
	橙绿	12.6	24.6	
D7	红	13	25	D6 显示橙绿色
	橙	14	26	
	橙绿	15	27	

四　**万用表**

　　万用表分指针式万用表和数字式万用表两种，数字式万用表可测量直流电压、交流电压、电阻、电流、频率、转速、闭合角、喷油脉冲、二极管判断和故障码等。

　　1. 汽车数字万用表的使用方法

　　(1) 电压的测量。

　　1) 将万用表的测试导线按图 5-5 所示接入万用表的相应插孔，黑色导线接入搭铁插孔。

　　2) 将万用表的功能选择开关置电压测试挡，根据待测电压的类型选择直流或交流挡位。

　　3) 将万用表的测试导线接入待测电路，黑表笔接搭铁，红表笔接信号线。

　　4) 闭合待测电路，观察万用表显示的电压值。

　　5) 按下控制区域的 HOLD 按钮，锁定测量值。

　　(2) 电阻的测量。

　　1) 按图 5-5 所示，将万用表的黑

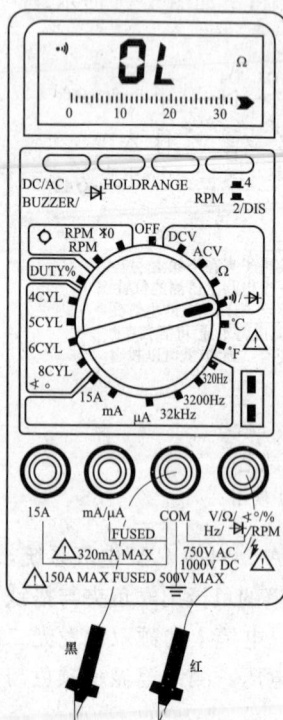

图 5-5　汽车数字万用表

色导线接入搭铁插孔，红色导线接入电压/电阻等信号拾取插孔。

2）将万用表的功能选择开关置于电阻测试挡，若此时不设置量程，万用表为自动量程状态。

3）若需要设置量程，则按下量程控制键，进入手动量程设置模式，此后每按下一次该键，量程范围将更换一次；若要返回自动量程，可按下该键 2s 后松开，即可返回自动量程。

4）将万用表的测试导线接入待测元件，黑色导线和红色导线分别连接待测元件的接线端子。

5）观察万用表显示值。

6）按下控制区域的 HOLD 按钮，锁定测量值。

7）注意事项。

① 当输入断路时，显示屏显示过量程状态"1"。

② 若被测电阻超过设置量程，则指示过量程状态"1"，此时必须换用高挡量程。当被测电阻在 1 MΩ 以上时，需数秒后方能稳定读数。

③ 检测在线电阻时，必须确认被测电路已关闭电源，方可进行测量。

④ 当选用 200MΩ 量程进行测量时，两表笔短接时读数为 1.0，此读数为固定的偏移值。如被测电阻为 100MΩ 时，读数为 101.0. 正确的阻值为显示值减去 1.0 即 101.0－1.0＝100。测量高阻值时应尽可能将电阻直接插入"V/ Ω"和"COM"插孔，表笔在高阻抗测量时容易感应干扰信号，使读数不稳。

（3）电流导通性测试。

1）按图 5-5 所示，将万用表的黑色导线接入搭铁插孔，红色导线接入电压/电阻等信号拾取插孔。

2）将万用表的功能选择开关置于电路通路/二极管测试挡位。

3）将万用表的测试导线接入被测电路。

4）断路测试。将跨接线的一端搭铁，另一端接入被测电路；或将红色导线接入电路，黑色导线搭铁，若万用表的蜂鸣器发出报警声，则表明测试导线连接的电路出现断路故障，逐渐移动测试导线的接入位置，直到蜂鸣器发生报警声，该位置即电路断路之处。

5）电路搭铁测试。将待测电路的电源线和搭铁线断开，万用表的两表笔一端搭铁，另一端接入待测电路，万用表的蜂鸣器发出报警声，表明被测电路存在搭铁故障；断开被测电路中的插接器，将测试表笔逐渐在电路导线上移动，即可找出搭铁点。

（4）电流的测量。

如图5-6所示，将万用表串联在被测电路中，其红色（＋）表笔接电流输入端，黑色（－）表笔接输出端。将转换开关转到"电流"挡，并选择测试量程。为避免万用表超负荷，可选稍大量程，但不要过大，一般应使测试值达到全量程的1/2～3/4，以减少测试误差。

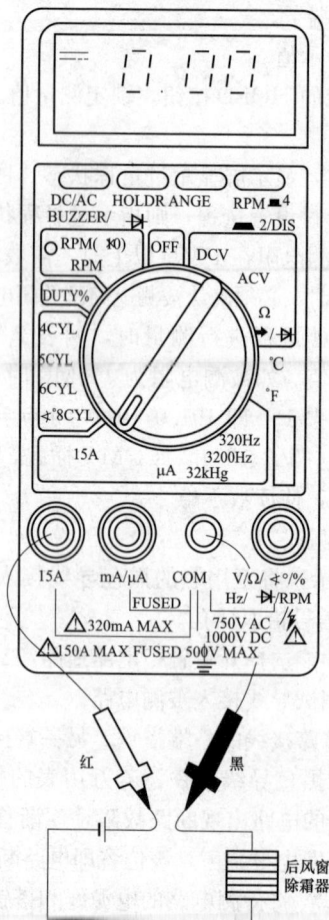

图5-6 电流的测量

（5）信号频率检测。

如图 5-7 所示，将功能选择开关转至频率挡（Freq），公用搭铁插孔（COM）的测试线搭铁，（V Ω Hz）插孔的测试线接被测信号线，此时显示屏显示被测信号的频率。

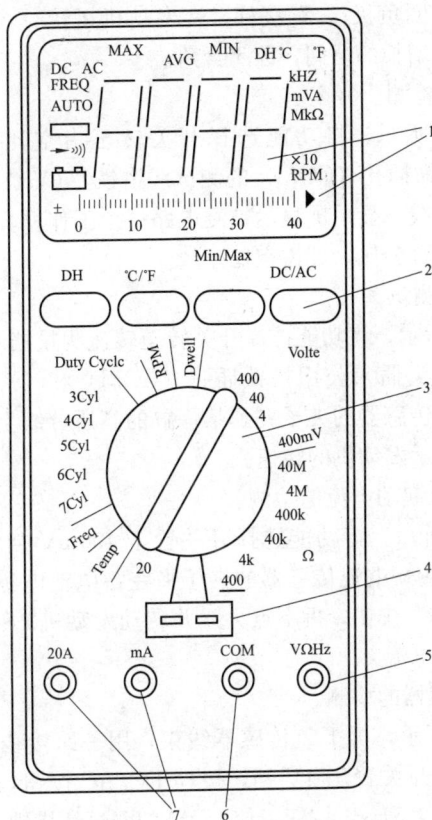

图 5-7 汽车专用数字万用表

1—4 位数字显示器；2—功能按钮；3—功能选择开关；4—温度测量插孔；5—测量电压、电阻、频率、闭合角、占空比及转速插孔；6—公共搭铁插孔；7—测量电流插孔

（6）温度检测。

如图 5-7 所示，将功能选择开关转至温度挡（Temp），将温度探针插入温度检测插孔，按下温度测量选择钮℃/℉，将温度探针接触

被测物体表面，显示屏显示被测物体的温度。

（7）闭合角检测。

如图 5-7 所示，将功能选择开关转至发动机气缸的闭合角测量挡（Dwell），公用搭铁插孔（COM）的测试线搭铁，（V Ω Hz）插孔的测试线接点火线圈负极"-"接柱，在发动机运转时，显示屏显示点火线圈初级电流增长的时间，即闭合角。

（8）占空比检测。

如图 5-7 所示，将功能选择开关转至占空比测量挡（Duty Cycle），公用搭铁插孔（COM）的测试线搭铁，（V Ω Hz）插孔的测试线接被测信号线，显示屏显示被测电路一个工作循环中脉冲信号所保持时间的相对百分比，即占空比。

（9）转速的测量。

如图 5-7 所示，将功能选择开关转至转速测量挡（RPM），将测量转速的专用插头插入公用搭铁插孔（COM）和（V Ω Hz）插孔，再将感应式转速传感器的夹子夹到某一缸的高压分线上，在发动机工作时，显示屏显示发动机的转速。

（10）发动机起动电流的检测。

如图 5-7 所示，将功能选择开关置于 400mV 挡（1mV 相当于 1A），将霍尔效应式电流传感器的夹子夹在蓄电池电源上，按动"最小最大 Min/Max"按钮，拆下点火线并转动发动机 2~3s，显示屏显示发动机的起动电流。

（11）氧传感器的检测。

如图 5-7 所示，拆下氧传感器线束，用一跨接线与氧传感器相连。将功能选择开关置于 4V 挡，按动 DC/AC 按钮，并置于 DC 状态，再按动"Min/Max"按钮，使 COM 的测试线搭铁，V Ω Hz 插孔与氧传感器的跨接线相连。发动机快怠速运转至 2000r/min，此时氧传感器温度可达到 360℃ 以上。排气浓时，氧传感器输出电压为 0.8V；排气稀时，氧传感器输出电压为 0.1~0.2V。当氧传感器温度低于 360℃ 时，无电压信号输出。

（12）喷油器喷油脉宽的测量。

如图 5-7 所示，将功能选择开关转至占空比测量挡（Duty

Cycle），测量出喷油器喷油的占空比之后，再将功能选择开关转至频率挡（Freq），测量出喷油器的喷油频率，计算喷油器喷油脉宽：喷油脉宽＝占空比/工作频率。

2. 汽车万用表使用注意事项

（1）使用汽车万用表时，先将 Power 钮按下，若电池电量不足，则显示屏左上方会出现"＋－"符号；同时注意测试笔插孔旁边的符号，这是提示测试电压和电流不要超出指示数字。使用汽车万用表之前，将量程置于待测量挡位。

（2）不能使用万用表测量 1000V 以上的直流电压或 750V 以上的交流电压。

（3）测试时，车辆停放应可靠，并将车辆制动。

（4）用万用表测试时，不得随意操纵车辆。

（5）不能使用绝缘性能差、破损或磨损的测量导线。

（6）使用数字式万用表时，若电路或部件处于通电状态，则严禁测其电阻。否则，外部电流会因流入万用表而将其损坏。

五　汽车专用故障诊断仪

为检测汽车电子控制系统故障，世界各大汽车公司都配有故障诊断仪（又称解码器），其使用方法有所不同。VAS5051 故障诊断仪将汽车故障自诊断、检测仪器及技术资料与现代技术结合在一起，大众汽车所有车型检修都将使用 VAS5051。下面以 VAS5051 故障诊断仪为例，介绍其主要功能和使用方法。

1. VAS5051 的基本原理

VAS5051 基础数据系统中基础数据存于 CD－ROM 中，包括最新的知识：装备、ECU 故障码、故障特征、汽车结构及其功能和零部件、功能检测、技术文件、数据分级组合并且相互联系。基础数据容易增补和调整，能接受新车型，也可以吸收新资料，利用车间维修经验，补充新的故障特征及其说明。诊断系统有如下功能。

（1）识别车辆及其标准/选装配备。

（2）自动检测车辆上的电气系统。

（3）根据检测方案并通过选择故障特征来运行"故障查询指示"。

（4）可以直接选择检测。

（5）生成"易使用自诊断"功能。

（6）在自动吸纳一个功能检测后生成新的检测方案。

2. VAS5051 的特点（图 5-8）

（1）可移动式设备，供电采用主电缆接 220V 电压或通过车辆上的蓄电池，由设备内装的电池提供备用电源。

（2）使用压感式彩色触屏操作。

（3）装配在一起的诊断和检测仪器模块。

（4）装配在一起的 CD—ROM，提示信息语言可以选择。

（5）红外插口用于控制打印机。

（6）VGA 插口用于连接外部监视器。

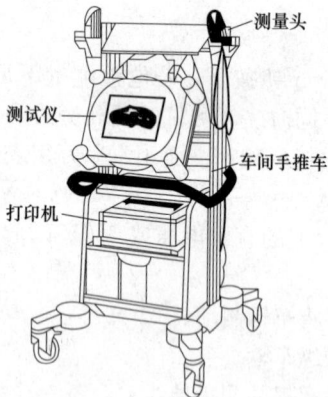

图 5-8　VAS5051 外形

（测量头、测试仪、车间手推车、打印机）

（7）通过新改进的 ISDN 连接线进行遥控诊断。

VAS5051 正面是显示器，用于人机信息交流，触摸屏替代了鼠标和键盘，接口处于盖板后面，主电源接口用于车间操作，其他接口用于维修服务及扩展测试仪功能。VAS5051 的主要部件如图 5-9 所示。

3. VAS5051 的使用

（1）接通测试仪，测试过程自动开始。当系统起动标志出现在显示器上时，测试仪即可工作。首次接通测试仪，显示器不显示功能按钮"汽车自诊断"和"故障查询指南"。当进入"管理"模式，整个系统起动标志出现。

（2）按标志起动如下方式：汽车自诊断、检测、故障查询指南、管理。

（3）"汽车自诊断"方式提供当前 V. A. G1551 和 V. A. G1552 测试仪所具备的功能，通过汽车诊断插口进行连接。

（4）车辆系统或功能用光亮条选择。当选择"询问全部故障存储"时，车辆上所有 ECU 都被查询并显示出来。在建立了联系后，则显示 ECU 标识。在显示器标志"选择诊断功能"中，可运行各种功能。

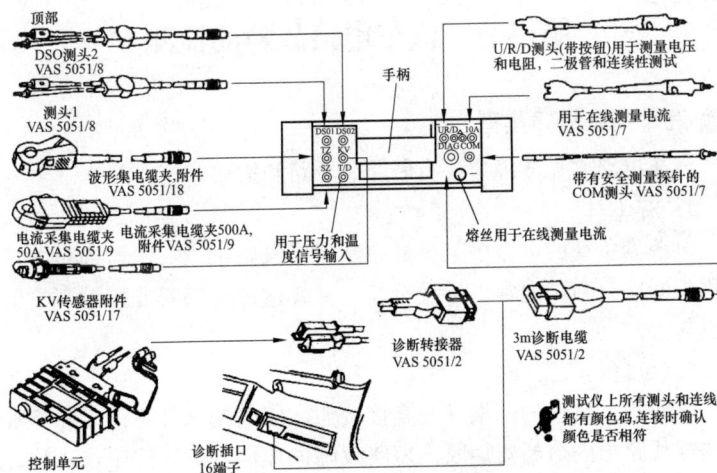

图 5-9 VAS5051 的主要部件

应用"查询故障存储",可以在下一屏中显示故障码表。

（5）在"测试"方式，可使用万用表或"数字存储示波器"。万用表用于车辆所有元件、直流电压、交流电压、电流和电阻的测试。

（6）通过选择"测试"屏上同名指示块可激活测量方式"数字存储示波器"。数字存储示波器（DSO）存入模拟信号的当前值，并以曲线形式显示在显示器上。DSO 可同时显示两个频道的电压波形。

（7）系统检测中若未发现故障，就要根据观察到的故障特征在使用"故障查询指南"方式时选择"抱怨"。在输入"抱怨"后就会由检测仪生成一个特殊的检测方案，用于显示故障特点。

（8）检测仪通过检测方案使用人机对话方式指导维修人员。所有检测条件和排除故障所必须的步骤以及各个测试所需的检测设备和检测内容都被定义。故障查询结束后，可以用"打印/诊断"功能打印检测步骤报告。

（9）诊断系统可在"管理"方式下进行设定。

第二节　汽车电路故障的检测

一 汽车电路故障类型

汽车电路常见故障主要有断路、短路和搭铁。

1. 断路

电源到负载的电路中某一处中断时，电路中没有电流通过，该故障称为断路。断路通常由导线折断、导线连接端松脱或接触不良等原因引起。

2. 短路

电源正、负极的两根导线直接接通，使电器部件不能工作，导线发热或线路中的熔断器烧断。短路故障的原因有：导线绝缘破坏，并相互接触；接线时不慎，使两线头相碰；开关、接线盒、灯座等外接线螺丝松脱，造成和线头相碰；导线头碰触金属部分等。

3. 搭铁

电路搭铁，很像负载部件被旁路的短路。由于电气设备绝缘不良，导线损坏、绝缘老化、破裂、受潮等，致使电流未到达负载部件便流到搭铁点。

二 汽车电路故障的检测方法

1. 直观诊断法

汽车电路发生故障时，有时会出现冒烟、异响、火花、发热和焦臭等异常现象，可通过人的眼、鼻、耳、手感觉到，从而直接判断出故障部位及原因。例如汽车行驶中，转向灯与转向指示灯突然不亮，用手摸闪光器，感觉其发热烫手，说明闪光器已烧坏。

2. 断路法

汽车电路发生搭铁（短路）故障时，可用断路试验法判别，如图5-10所示。将怀疑存在短路故障的线路断开，判定断开线路是否搭铁。若线路中存在搭铁故障，而使该电路中的熔丝熔断，将试灯两端引线跨接于断开的熔丝两端的接线柱上，此时试灯应亮。然后再将插接器逐个断开，当断开插接器 4 时试灯亮，而断开插接器 3 时，试灯不亮，说明插接器 3 与插接器 4 这段线路搭铁。

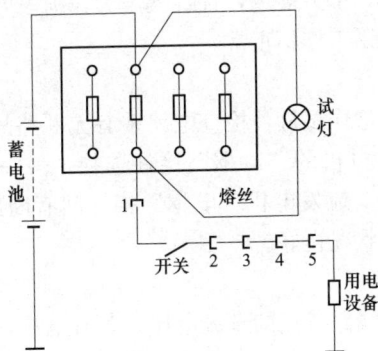

图 5-10　断路试验法

3. 短路法

汽车电路断路故障，可用短路法判断，即用螺丝刀或导线将被怀疑有断路故障的电路短接，观察仪表指针变化或电器设备的工作状况，从而判断出该电路中是否存在断路故障。例如怀疑汽车电路中的各种开关有故障，可用导线将开关短接来判断开关是否出现故障。

4. 检查熔断器法

当汽车电系出现故障时，首先应查看熔断器是否完好。如汽车在行驶中，若某个电器突然停止工作，同时该支路上的熔断器熔断，说明该支路有搭铁故障存在。某个系统的熔断器反复熔断，则表明该系统一定有类似搭铁的故障存在，不应只更换熔断器，应查明原因，彻底排除故障。

5. 仪表法

通过观察汽车仪表板上的水温表、电流表、燃油表和机油压力表等指示情况，判断电路有无故障及故障部位。如汽车已加满油，当接通点火开关后，燃油表指示最低刻度位置，说明燃油油位传感器出现故障或该线路搭铁。

6. 高压试火法

对高压电路进行搭铁试火，观察电火花状况，判断点火系的工作情况。取下点火线圈或火花塞的高压导线，将其对准火花塞或缸盖等搭铁部位，距离约5mm，然后接通点火开关，起动发动机，观察跳火情况。若火花强烈，呈天蓝色，且跳火声大，则表明点火系工作基本正常；否则，点火系工作不正常。

7. 试灯法

利用用一个灯泡作试灯，检查电路中有无断路故障。例如，用试灯的一端和交流发电机的"电枢"接柱连接，另一端搭铁。若灯不亮，说明蓄电池至交流发电机"电枢"接柱间有断路现象；若灯亮，说明该段电路工作状况良好。

8. 万用表法

用万用表测量线路各点的直流电压，若有电压，说明该测试点至电源间的电路畅通；若无电压，说明该测试点与上一个测试点之间的电路断路。另外，通过万用表对电路或元器件的各项参数进行测试，并与正常技术状态的参数对比，可判断故障部位所在。如就车测量蓄电池的充电电流与端电压，判断充电电路是否充电；测量电气部件中线圈绕组的电阻值，判断绕组有无断路或短路；测量引线两端间的电阻，判断电路有无断路等。

9. 换件法

换件法常用于故障原因比较复杂的情况，能对可能产生的原因逐一进行排除。用一个已知完好的零部件来替换被认为或怀疑是有故障的零部件，以此试探出故障判断是否正确。若替换后故障消除，说明原零件有故障；否则，装回原件，进行新的替换，直至找到故障部位。

10. 故障征兆模拟法

当车辆送修时，故障并不出现，因此必须模拟故障发生的条件，进行故障诊断。

(1) 振动法。当振动可能是引起故障的原因时，即可采用振动法进行试验。图5-11所示为用振动法模拟故障基本试验方法主要如下。

1) 插接器。在垂直和水平方向轻轻摇动插接器，见图5-11 (a)。

2) 配线。在垂直和水平方向轻轻地摆动配线，见图5-11 (b)。插接器的接头、振动支架和穿过开口的插接器体都应仔细检查。

3) 零件和传感器。用手指轻拍装有传感器的零件，检查是否失灵，见图 5-11 (c)。切记不可用力拍打继电器，否则可能会使继电器断路。

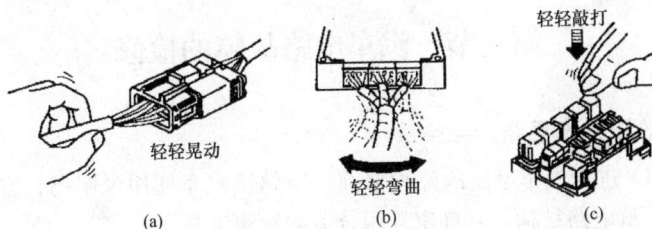

轻轻晃动 (a)

轻轻弯曲 (b)

轻轻敲打 (c)

图 5-11 用振动法模拟故障

（2）加热法。有些故障只是在热车时出现，可能是因为有关零件或传感器受热引起的。可用电吹风或类似加热工具加热可能引起故障的零部件或传感器，检查是否出现故障，如图 5-12 所示。但必须注意：加热温度不得高于 60℃（温度限制在不致损坏电子元器件的范围内）；不可直接加热 ECU 中的零件。

（3）水淋法。当有些故障是在雨天或高湿度的环境下产生时，可用水喷淋在车辆上，检查是否发生故障，如图 5-13 所示。但应注意：不可将水直接喷淋在发动机电控元件上，而应喷淋在散热器前面间接改变湿度和温度；不可将水直接喷在电子器件上；尤其应该防止水渗漏到 ECU 内部（若车辆漏水，漏入的水可能侵入 ECU 内部，所以当试验车辆发生漏水故障时必须特别注意）。

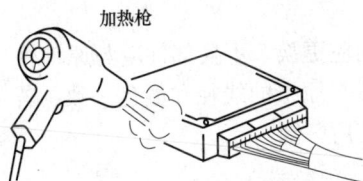

加热枪

图 5-12 加热法模拟故障

图 5-13 用水淋法模拟故障

（4）电器全接通法。当怀疑故障可能是因用电负荷过大而引起时，可接通车上全部电气设备（包括加热器鼓风机、前照灯、后窗除霜器等）检查是否发生故障。

第三节　汽车电路故障的检修

一　故障检修思路

（1）进行汽车电路故障检修前，应熟读汽车使用说明书，查明电路，了解电路结构，并确定采用合适的检测工具。

（2）汽车电路出现故障时，应先弄清故障的症状，判明故障所在的局部电路，再对该局部电路进行检验，查明故障所在部位，予以排除。

（3）汽车电路故障的产生原因很多，如元件老化、自然磨损、调整不当、环境腐蚀、机械摩擦、导线短路或断路等。汽车电路出现故障时，应先对故障进行初步诊断，切忌盲目拆卸，乱接瞎碰。要善于发现故障前的异常征兆和故障特征，结合整车电路进行分析，尽可能缩小故障诊断范围。

（4）检修故障时，应根据故障范围，先检查故障率较高且容易检查的部件，然后检查故障较低、不易检查的部件。只有当某部件的故障已经确认，必须打开进行修理时，方可进行拆卸。要尽量做到不拆或少拆零件，采用正确的检查方法和测试手段。

（5）汽车电路出现故障，应先就车对电路进行检查和测试，判断故障部位，再对故障部位的外部性能及内部参数进行测试或检查，找出故障发生点。

（6）若电气设备损坏无法修复，则应更换。更换部件应与原部件的规格、型号一致，导线的更换应尽量与原来的线径和颜色一致。若用其他颜色导线代替，应与相邻导线有所区别。

二　电路检修注意事项

检修汽车电气系统，首先不要随意更换电线或电器，否则有可能因短路、过载而引起火灾。同时，还应注意以下事项：

（1）拆卸蓄电池时，应先拆下蓄电池负极线束；安装蓄电池时，最后蓄电池连接负极线束。拆装蓄电池线束时，应确保点火开关或其他开关都已断开，否则会损坏半导体元器件。

（2）不允许使用电阻表及万用表的 R×100 以下低阻欧姆挡检测小功率晶体管，以免电流过载造成元件损坏。更换晶体管时，应首先接入基极，拆卸时，应最后拆卸基极。

（3）靠近振动部件（或发动机）的线束部分应用卡簧固定，将松弛部分拉紧，以免由于振动造成线束与其他部件接触。

（4）拆装汽车电器元件时，应轻拿轻放，以免使其承受过大冲击。

（5）与尖锐边缘磨碰的线束部分应用胶带缠起来，以免损坏。安装固定零件时，应确保线束不要被夹住或被破坏，应确保插头接插牢固。

（6）拆装电气元件时，应切断电源。如无特殊说明，元件引线端子距焊点应在 10mm 以上，以免电烙铁烫坏元件，且宜使用恒温或功率小于 75W 的电烙铁。

（7）更换烧坏的熔断器时，应使用相同规格的熔断器。使用比规定容量大的熔断器会导致电器损坏或产生火灾。

（8）进行维护时，若温度超过 80℃（如进行焊接时），应先拆下对温度敏感的零件（ECU）。

（9）熔断器熔断后，必须找到故障原因，彻底排除故障。不要使用更高额定值的熔断器进行更换。一定要参阅维修手册或用户手册，以确认更换的电路保护装置符合规定。

（10）不允许换用比规定容量大的易熔线。易熔线熔断，可能是主要电路发生短路，需要仔细检查，彻底排除隐患。

（11）检查传统的汽车电器故障，往往可以用试火法逐一判明故障部位及其原因。但汽车电控系统绝不允许使用这种方法，必须借助专用仪器和工具，按照规定法进行检测。否则，"试火"产生的过流会损坏电路和元件。

三　利用电路图检查电路故障

当汽车电气系统出现故障时，应先确定故障现象和故障发生的条件，由此大致确定故障范围。检查时，应先检查电源、故障系统的供电情况及故障元件。若上述检查还不能确定故障原因，则需借助电路图进行故障诊断。电路图可提供电气设备的基本电路、电器元件的安装位置、线束及插接器的基本情况。使用电路图进行故障诊断时，可按下述步骤进行：

① 在电路图中找出故障系统电路，并仔细阅读分析。

② 通过阅读电路图，找出故障系统电路中所包含的电器元件、线束和插接器等。

③ 通过电路图找出上述电器元件、线束和插接器在车上的安装位置及电器元件与连接器上各端子的功能或编码。

④ 对怀疑有故障的部件进行检测。

⑤ 根据电路图检查线束的短路和断路情况，直至确定故障部位。

1. 电路原理图

(1) 电路原理图分析。

① 由电路原理图可获知该车的基本信息与配置，如发动机缸数、点火方式、ECU 型号、其他装备的型号、是否配置 ABS、ASR 等。

② 依据电路原理图可分析一些部件的工作特性和工作原理。

③ 由电路原理图可获知各部件、各系统之间的关系，如发电机与蓄电池之间的关系及连接方式等。

④ 由电路原理图可获知一些部件和系统的特点，如喇叭开关通常控制喇叭的搭铁电路等。

(2) 电路原理图在故障分析中的应用。

① 通过分析电路原理图可确定故障诊断方案，比如一个制动灯不亮，应检查不亮的制动灯灯泡及相应线路，若两个制动灯都不亮，应考虑检查制动开关及其熔丝。

② 根据电路原理图可确定故障检测点和检测步骤，比如喇叭不响，应先检测喇叭供电端子是否有 12V 电压，若有，说明喇叭熔丝正常；将喇叭搭铁线直接搭铁，若喇叭不响，则喇叭发生故障，若喇叭响，则检查喇叭开关，依据上述方法可快速找到故障点。

2. 电控系统电路分析

(1) 电控系统电路图的功能。

① 通过电控系统电路图可知汽车电控技术装备配置情况和控制方式，如发动机是否采用 CAN 总线、ECU 配置状况等。

② 通过电控系统电路图可看出各电控单元接收和发送哪些信号，各传感器之间在线路连接方式上有何关系，执行器、继电器受控于哪个电控单元，以及这些部件之间的关系，如是否共用电源或共用搭铁等。

③ 根据电控系统电路图可了解点火系统的工作特点和控制方式，如喷油器是通过电控单元控制其搭铁进行工作，电动汽油泵通常通过控制其电源进行工作。

④ 分析不同车型的电控系统电路图，可获知相互之间在控制技术、线路、工作方式等方面的差异；通过比较同一车系不同车型电控系统的电路图，可了解汽车技术的改进、更新及相互之间的差异。

(2) 电控系统电路图在故障分析中的应用。

① 根据线路连接的部件，可知导线是电源线、搭铁线、参考电压线或是信号线。通常电控单元与传感器之间是参考电压线、信号线或搭铁线，电控单元与电控单元之间、电控单元与其他模块之间为信号线；现代车型电控系统的电路图中每条导线的端子含义都标注得非常清楚，依据这些信息可确定线路检查时应选择的检查工具以及检测内容，比如检测信号线路中的信号时，应选用发光的二极管做成的试灯或示波器；检测一般电源线和参考电压时，可以采用普通数字万用表。

② 依据电控系统电路图可为故障诊断提供方案，缩小检测范围，如捷达轿车的喷油器、电动汽油泵、活性炭电磁阀等部件的电源电压均来自汽油泵继电器，而电动汽油泵有自己的熔丝。分析这些部件的电源电路故障、继电器故障、线路故障或其他故障时，可借助上述信息，快速锁定故障点。

③ 根据电控系统电路图可确立故障检测方法和步骤，如捷达轿车电动汽油泵不工作时，需确定是电源电路故障、搭铁电路故障，还是电动汽油泵故障。按照先简单后复杂的原则，先检测电源电压是否正常，若没有电压，再检测电动汽油泵熔丝，进而检查汽油泵继电器；若有电压，则检查电动汽油泵是否有故障，若电动汽油泵正常，可用普通试灯的一端接电动汽油泵导线侧插接器的电源端子，另一端接搭铁端子，在起动发动机时，检查灯泡是否正常发亮，以此判断搭铁线

路是否存在故障。

3. 布线图、线束图在汽车电路检修中的应用

（1）布线图。布线图是汽车线路在车身上的具体布置，能直观地表达汽车电器所在位置和功能，便于快速找到需要修理和更换的电器部件。

（2）线束图。线束图是汽车线路在车体上的具体分布，与布线图相对应。若熟知汽车线型分色标准，则可快速查到线路中的短路和断路。

四 汽车常见电路故障检修

汽车电路检查通常采用两种方法，一种是利用万用表的电压挡，沿着电路图中的线路分段用万用表检查电压或用试灯测试亮灭；另一种是用万用表的电阻挡测量相应导线的通断及搭铁情况。

1. 汽车电路断路故障的检测

按图5-14所示检查配线是否断路时，可用"检查导通"或"检查电压"法确定断路的部位。

检查导通方法，如图5-15所示。脱开插接器A和C，测量A、C之间的电阻。

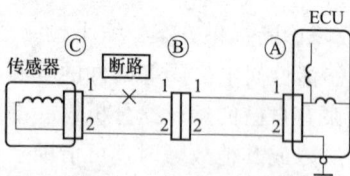

图5-14　断路的检查线路
1、2—端子

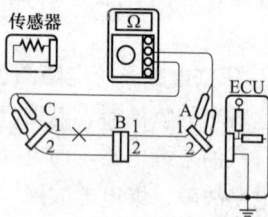

图5-15　检查配线是否导通
1、2—端子

（1）若插接器A端子1与插接器C端子1之间不导通，插接器A端子2与插接器C的端子2之间导通，从而检查出在插接器A的端子1与插接器C的端子1之间断路。

（2）脱开插接器B，测量插接器A与B、B与C之间的电阻。若插接器A的端子1与插接器B的端子1之间导通，插接器B的端子1

与插接器 C 的端子 1 之间不导通，则在插接器 B 的端子 1 与插接器 C 的端子 1 之间断路。

（3）检查电压。在 ECU 插接器端子上加有电压的电路中，可用检查导通电压的方法来检查断路故障。如图 5-16 所示，在各插接器接通的情况下依次测量 ECU 输出端子电压为 5V 时，插接器 A 的端子 1、插接器 B 的端子 1 和插接器 C 的端子 1 与车身之间的电压，若测量结果为：插接器 A 的端子 1 与车身之间为 5V；插接器 B 的端子 1 与车身之间为 5V；插接器 C 的端子 1 与车身之间为 0V，则可判定在 B 的端子 1 与 C 的端子 1 之间配线有断路故障。

2. 汽车电路短路故障的检测

短路故障检测电路如图 5-17 所示。若配线有短路搭铁，可通过检查是否与车身或搭铁线的导通来判断短路的部位。

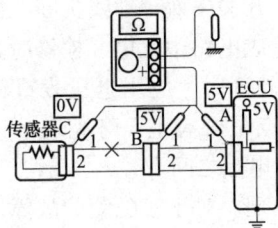

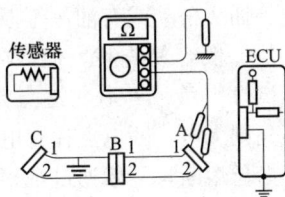

图 5-16　测量电压　　　　图 5-17　测量有无短路
1、2—端子　　　　　　　1、2—端子

（1）检查与搭铁线的导通情况，脱开插接器 C 和 A，测量插接器 A 的端子 1 和 2 与车身之间电阻，若插接器 A 的端子 1 与车身搭铁线之间导通；插接器 A 的端子 2 与车身搭铁线之间不导通，则可判断在插接器的端子 2 与车身之间短路搭铁。

（2）脱开插接器 B，分别测量插接器 A 和 B 的端子 1 与车身搭铁之间的电阻，若插接器 A 的端子 1 与车身之间不导通；插接器 B 的端子 1 与车身之间导通，则可判断出插接器 B 的端子 1 与车身之间短路搭铁。

3. 电路接触不良故障的检修

用电装置不能正常工作，例如灯光发暗等。在电流较大的电路中，接触不良处有发热和烧蚀现象。其故障原因主要有：导线插头连接不牢、焊接不良或插头松动。检修时，用导线与待检查处并联。若灯光亮度增大，则说明该处接触不良。断开电路开关，用万用表测量接触处的电阻，按其数值大小，也可以判断故障所在。

4. 继电器及相关电路的检测

检查时，可用万用表的电阻挡测量继电器的线圈，检查其电阻是否符合要求；若电阻符合要求，再给继电器线圈加载工作电压，检查触点的工作情况。若为常开触点，加载工作电压后，触点应闭合，测得电阻为0；若为常闭触点，加载工作电压后，触点应断开，测得电阻为无穷大。

5. 熔断器故障及相关电路的检测

熔丝完好，但接通电路开关后，用电装置不工作。其故障原因主要有：由于导线插头脱落、接触不良、开关失效、导线折断、搭铁线未搭铁、插头松动或有油污等原因，造成电路中无电。检修时，外部断路部位一般容易查找，但故障不在外部时，应用电压表或试灯查找。将试灯与负载并联，逐点判定该点是否有电，灯亮表示该点有电，不亮则无电，断电点在有电点和无电点之间。

若熔丝熔断，一般通过观察就可发现。对于较隐蔽的故障，需要进行详细检查。用万用表电阻挡测量熔断器是否熔断，也可用试灯进行检查。熔断器熔断后，须找到故障原因，彻底排除故障。更换熔断器时，须换用与原规定容量相同的熔断器，不要随意使用比原规定容量大的熔断器。

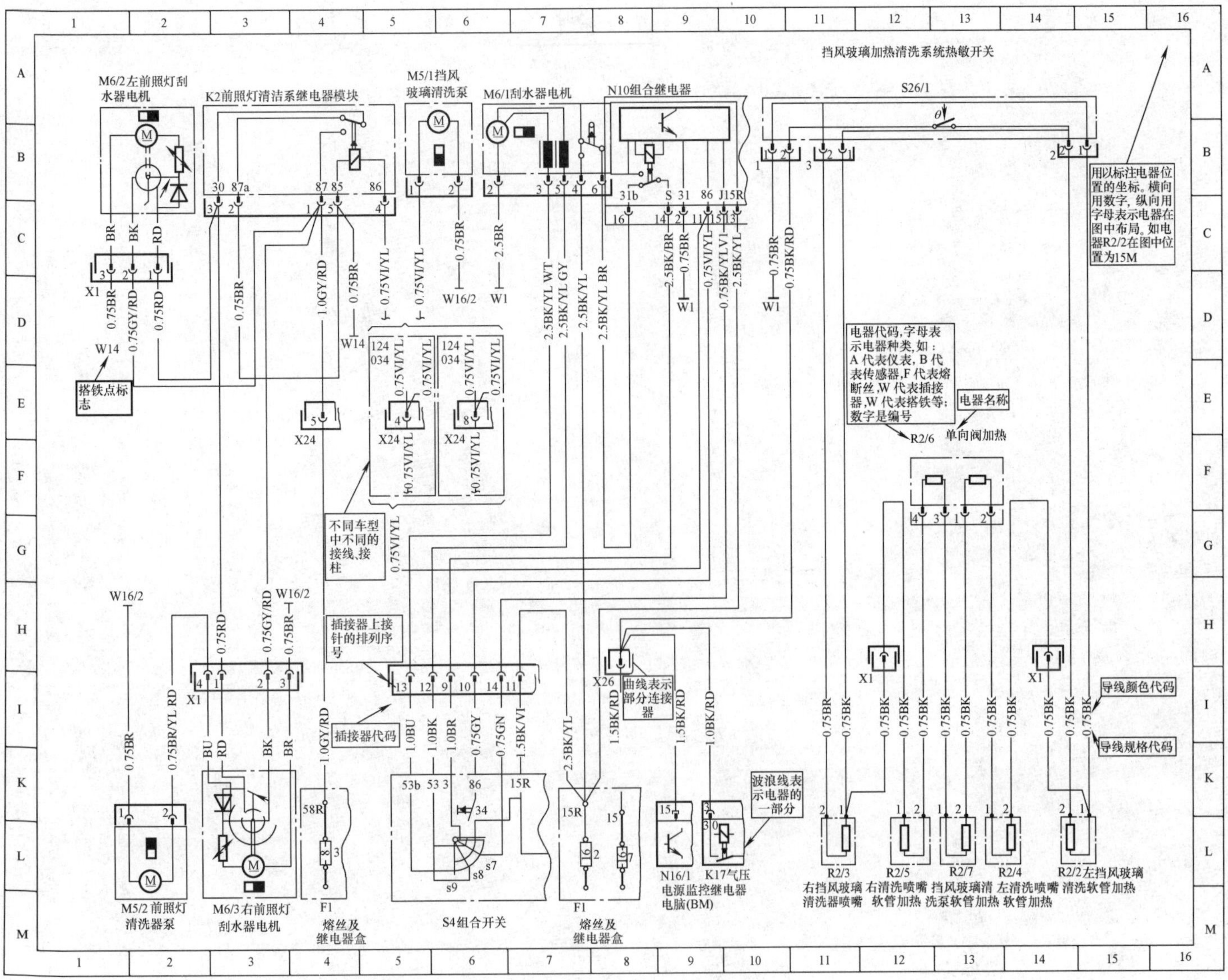

图 4-4　奔驰汽车电路识读示例